40 DIAS NA FLORESTA

MAT YOUKEE

40 DIAS NA FLORESTA

A incrível e real história dos quatro irmãos que sobreviveram perdidos na selva amazônica

Tradução: Daniela Belmiro

MATRIX

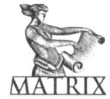

© 2025 - Mat Youkee
Direitos em língua portuguesa para o Brasil:
Matrix Editora
www.matrixeditora.com.br
/MatrixEditora | /@matrixeditora | /matrixeditora | /matrixeditora

Título original em inglês: Forty days in the jungle.
Publicado sob licença do autor

Diretor editorial
Paulo Tadeu

Capa, projeto gráfico e diagramação
Marcelo Córreia

Tradução
Daniela Belmiro

Revisão
Adriana Wrege
Silvia Parollo

CIP-BRASIL - CATALOGAÇÃO NA PUBLICAÇÃO
SINDICATO NACIONAL DOS EDITORES DE LIVROS, RJ

Youkee, Mat
40 dias na floresta / Mat Youkee; [tradução Daniela Belmiro]. - 1. ed. - São Paulo: Matrix, 2025.
248 p.; 23 cm.

Tradução de: 40 days in the jungle
ISBN 978-65-5616-538-7

1. Crianças indígenas - Amazônia - Sobrevivência. 2. Resgate de sobreviventes - Relatos. 3. Acidentes aéreos - Amazônia. I. Belmiro, Daniela. II. Título.

25-95886 CDD: 613.6909152
  CDU: 929:629.7:614.8(811.3)

Gabriela Faray Ferreira Lopes - Bibliotecária - CRB-7/6643

Sumário

Nota do autor 9
Os personagens 13
Glossário 17

PARTE I Magdalena
CAPÍTULO UM O Povo do Centro 21
CAPÍTULO DOIS A mão esquerda 31
CAPÍTULO TRÊS Ovelha negra 39
CAPÍTULO QUATRO El Carramán 57
CAPÍTULO CINCO S.O.S. 73

PARTE II Quarenta dias
CAPÍTULO SEIS Um mundo de cabeça pra baixo 89
CAPÍTULO SETE Villavicencio 95
CAPÍTULO OITO Casa Dumar 105
CAPÍTULO NOVE Apaporis 117
CAPÍTULO DEZ O general 123
CAPÍTULO ONZE A garota de vestido azul 133
CAPÍTULO DOZE Milpesos 143
CAPÍTULO TREZE Os destroços 147
CAPÍTULO CATORZE A Voragem 157
CAPÍTULO QUINZE Panfleto 165

CAPÍTULO DEZESSEIS Uma aliança improvável **167**
CAPÍTULO DEZESSETE A videira da alma... **179**
CAPÍTULO DEZOITO Milagre **191**

PARTE III As crianças da floresta
CAPÍTULO DEZENOVE Duas Colômbias **197**
CAPÍTULO VINTE Boatos.. **207**
CAPÍTULO VINTE E UM A batalha **217**
CAPÍTULO VINTE E DOIS Custódia **227**

Epílogo.. **235**
Agradecimentos **245**

Para os filhos da floresta

Nota do autor

No final da tarde do dia 9 de junho de 2023, ouviu-se repentinamente o ecoar de um buzinaço produzido pelos carros que trafegavam pelas ruas planejadas do Centro de Bogotá. A reação dos motoristas, que geralmente é ouvida quando a seleção colombiana marca um gol em alguma partida de futebol, nesse dia aconteceu em resposta à notícia de última hora anunciada pelas rádios do país. Quatro crianças indígenas acabavam de ser encontradas com vida pela equipe de resgate, quarenta dias depois de o avião que as levava ter desaparecido em algum ponto sobre a floresta remota que cobre a parte sul do país.

O buzinaço em Bogotá marcou o momento catártico, e também inesperado, da divulgação da notícia. Três semanas antes, a aeronave acidentada, um Cessna HK-2803, havia sido localizada com o nariz fincado no chão da floresta e a traseira suspensa no ar, tão vertical quanto os troncos das árvores ao seu redor. Os corpos dos três adultos que viajavam a bordo foram identificados no local, mas não havia sinal das quatro crianças que estavam com eles. Noite após noite, os colombianos passaram a acompanhar pelos telejornais o passo a passo da grande operação de resgate que foi mobilizada para encontrá-las. A história tinha uma lista de personagens que pareciam saídos do *casting* de alguma das telenovelas tão amadas no país. Havia pais desesperados e avós com poderes telepáticos, soldados de um esquadrão de elite desnorteados e curandeiros sábios, espíritos traiçoeiros da floresta e um pastor-belga heroico chamado Wilson. Mas, depois que maio deu lugar a junho e a perspectiva de que as crianças ainda fossem encontradas com vida passou a ser quase nula, muitos colombianos já não alimentavam mais a esperança de que haveria um final feliz.

A essa altura, eu estava me sentindo tão pessimista quanto eles. Depois de ter passado dez anos escrevendo sobre a Colômbia e vivendo no país, eu também tinha um pé atrás com relação às supostas notícias boas. Para os 48 milhões de cidadãos colombianos, é comum ver tanto sucessos inesperados quanto vitórias duramente conquistadas serem lançados por terra por obra da simples tragédia ou pela revelação de alguma farsa operando nos bastidores. Períodos de desabrochar econômico são tragados rapidamente por crises financeiras. Lideranças políticas com grande carisma e apelo popular quase sempre acabam desmascaradas por seu envolvimento com esquemas de corrupção. A cada milícia ou grupo guerrilheiro que é desmantelado pelo poder público, outros logo surgem para tomar o seu lugar. E são as populações rurais, vivendo nas áreas mais remotas – em especial aquelas pertencentes a uma das 87 nações originárias que compõem o país –, as que mais sofrem os impactos disso tudo.

Quando surgiu a postagem na rede social X (o antigo Twitter) com a notícia de que as crianças haviam sido resgatadas, a onda de euforia foi geral. Em menos de cinco minutos, eu já havia enviado um e-mail ao meu editor do *The Guardian* pedindo para fazer a cobertura da história, e nos dias que se seguiram também entreguei matérias para diversos veículos de comunicação, espremendo até o bagaço cada nova informação que aparecia para suprir o imenso interesse da mídia internacional pela história das crianças que haviam ficado perdidas na floresta. Fui convidado para fazer participações por vídeo em programas de entrevistas no Reino Unido e para falar a rádios australianas. Recebi uma enxurrada de e-mails de documentaristas pedindo a minha ajuda para entrar em contato com as crianças e suas famílias. O resgate foi a notícia do ano na Colômbia.

Mas, justamente quando o interesse internacional chegava ao ápice, um manto de silêncio se estendeu sobre o caso. Depois de terem passado um mês inteiro no hospital, as quatro crianças foram entregues à custódia dos órgãos de proteção à infância do país, e elas estavam sob a guarda do governo colombiano até o momento em que este livro estava sendo escrito. Um ano depois do acontecido, Lesly, a mais velha dos quatro irmãos, deu um depoimento breve sobre o tempo passado na floresta para os investigadores que buscavam determinar as causas que levaram à queda do avião. As únicas outras fontes possíveis de informação eram de familiares que tinham visitado as crianças e de membros das equipes de resgate, e os relatos fornecidos por essas pessoas eram vagos e muitas vezes contraditórios. Muitas questões continuavam sem resposta.

Antes de ter se tornado uma história de sobrevivência, o destino do HK-2803 e de seus passageiros teve ares de um caso de mistério. A lista de nomes truncada e cheia de erros de ortografia que foi divulgada inicialmente pela Autoridade de Aviação Civil colombiana despertou uma vaga curiosidade do público a respeito da identidade da família e dos motivos para a viagem. Após o resgate, entretanto, as questões pareceram se multiplicar. *Quem são essas pessoas? Por que estavam a bordo do avião? Por que as equipes de resgate levaram tanto tempo para achar as crianças? Como elas conseguiram sobreviver?*

A ideia de escrever este livro surgiu do meu desejo de encontrar respostas para essas perguntas. Entre o final de 2023 e o início de 2024, eu viajei diversas vezes até a Amazônia colombiana para conversar com amigos e familiares dos passageiros do HK-2803, e também com os militares e voluntários indígenas que haviam participado das buscas. Isso nem sempre foi uma tarefa fácil. A atmosfera de medo reinante na região da bacia do rio Caquetá muitas vezes impedia as pessoas de falar livremente, e muitas delas pediam que sua identidade fosse omitida dos relatos. Boa parte das histórias que elas tinham para me contar não era alegre. Eu ouvi sobre disputas familiares, traições, acusações e ameaças. Mas o tempo todo, durante essas conversas, eu fui aconselhado – e muitas vezes até mesmo pressionado – a contar a *verdadeira* história do que havia acontecido e a explorar as circunstâncias históricas e políticas mais profundas que acabaram por moldar o destino do Cessna HK-2803 e de seus passageiros.

Desde que comecei a minha investigação pessoal, eu tinha o palpite de que, por trás do milagre feliz que foi o resgate daquelas crianças com vida, a história delas devia carregar verdades mais amplas e duras sobre as circunstâncias enfrentadas pelos povos da Amazônia colombiana. São populações que vivem na pobreza, dominadas por grupos armados, vendo sua cultura ser carcomida pela economia extrativista e as suas necessidades serem negligenciadas pelo Estado. A minha suspeita era de que os holofotes que se voltaram para a região no verão de 2023 só serviriam para reforçar por um breve momento a importância de preservar as culturas originárias da Amazônia, mas que o assunto logo voltaria a cair no esquecimento. E que as condições que haviam sido responsáveis por criar o desastre permaneceriam sem solução.

A pesquisa para a escrita deste livro incluiu conversas com antropólogos e historiadores, ativistas da luta pelos direitos humanos e analistas de segurança. Mas eu queria fundamentar a minha história o máximo possível nas palavras e nos atos das pessoas que tinham ligação mais próxima com as crianças, assim como daqueles que participaram diretamente da operação de resgate. Quando me vi diante de relatos contraditórios, precisei recorrer ao meu próprio discernimento para tentar desemaranhar a verdade, ou, na impossibilidade de fazer isso, optei por deixar indicados os trechos de discordância e dúvida, para que o próprio leitor decidisse. Eu tentei, da melhor maneira que pude, descrever os atos e as motivações mais prováveis das crianças no período em que estiveram na floresta, sem me perder demais em especulações sobre o que devia estar se passando pela cabeça delas. Essa inevitável licença criativa que precisou ser utilizada nesses trechos está nos capítulos 6, 9, 12, 15 e 18.

Os personagens

Puerto Sábalo e Chukiki

Magdalena Mucutuy: pertencente à etnia Uitoto, mãe de Angie, Lesly, John Andrés, Soleiny, Tien e Cristin
Andrés Jacobombaire: primeiro marido de Magdalena (casados em 2008)
Angie Jacobombaire Mucutuy (nascida em 2007): primeira filha de Andrés e Magdalena
Lesly Jacobombaire Mucutuy (nascida em 2009): segunda filha de Andrés e Magdalena
John Andrés Jacobombaire Mucutuy (nascido em 2012): filho de Andrés e Magdalena
Soleiny Jacobombaire Mucutuy (nascida em 2014): terceira filha de Andrés e Magdalena
Narciso Mucutuy: pai de Magdalena
Maria Fatima Mucutuy: mãe de Magdalena
Fidencio Mucutuy: irmão de Narciso, tio de Magdalena
Manuel Miller Ranoque: namorado de Magdalena
Tien Noriel Ranoque Mucutuy (nascido em 2019): filho de Manuel e Magdalena
Cristin Neriman Ranoque Mucutuy (nascida em 2022): filha de Manuel e Magdalena
William Castro: amigo de infância de Manuel Ranoque, governador de Puerto Sábalo (2023)
Diana Rodríguez: amiga de infância de Magdalena, hoje vivendo em Bogotá
Adelia Rotieroke: madrinha de Magdalena, residente em La Chorrera

A família Mendoza
Herman Mendoza: defensor dos direitos dos povos originários, passageiro do HK-2803
Delio Mendoza: irmão mais novo de Herman e pesquisador amazônico, membro da equipe de buscas vinda de Araracuara
Ismael Mendoza: pai de Herman e de Delio, ex-guarda do presídio de Araracuara
Diana Mendoza: irmã mais nova de Herman e de Delio, organizadora da equipe de buscas

Pilotos e equipe de buscas da Avianline
Hernando Murcia: piloto do voo HK-2803
Fredy Ladino: proprietário da Avianline Charters
Harry Castañeda: piloto da Avianline
José Miguel Calderón: piloto de selva, ex-colega de Hernando Murcia
Ferney Garzón: membro da equipe de buscas da Avianline
Andrés Londoño: membro da equipe de buscas da Avianline
Florencio Tamborrero: residente em Cachiporro e membro da equipe de buscas da Avianline

Comando Combinado de Operações Especiais (CCOES)
General Pedro Sánchez: comandante do CCOES
Capitão Edwin Montiel: líder do Destacamento Dragon 4
Sargento Wilmer Miranda: segundo em comando do Destacamento Dragon 4
Tenente Juan Felipe Montoya: líder do Destacamento Destroyer 1
Sargento Juan Carlos Rojas: segundo em comando do Destacamento Destroyer 1
Capitão Armando Guerrero: chefe de logística da Operação Esperança

Araracuara
Edwin Paky: cartógrafo e pesquisador, primo de segundo grau de Herman Mendoza
Henry Guerrero: membro da equipe voluntária de buscas de Araracuara, professor
Nestor Andoke: membro da equipe de buscas de Araracuara, caçador

Serafina Guerrero: matriarca da família Guerrero, preparadora de *yagé*
Martha Muñoz: proprietária da venda perto da pista de pouso
Superintendente Jeison Castro: policial lotado em Araracuara
Santiago Buraglia: consultor da Yauto, empresa de créditos de carbono

Puerto Leguízamo
José Rubio Rodriguez: curandeiro
Eliécer Muñoz: membro da equipe de buscas de Puerto Leguízamo
Nicolás Ordoñez: membro da equipe de buscas de Puerto Leguízamo
Dairo Kumariteke: membro da equipe de buscas de Puerto Leguízamo
Edwin Manchola: membro da equipe de buscas de Puerto Leguízamo

Glossário

agua panela: bebida quente feita com açúcar mascavo
ambil: tabaco líquido amplamente utilizado pelo Povo do Centro
barbasco: raiz de árvore que contém toxinas leves, usada para paralisar os peixes nas lagoas
cacique: líder tradicional de uma tribo ou clã, título reservado a indivíduos com bom conhecimento da história e cosmologia do seu povo
caguana: suco típico da Amazônia, feito com abacaxi
casabe: pão achatado feito de mandioca ralada, com miolo gelatinoso
chagra: pequeno pedaço de terra desbastado todos os anos para o plantio da lavoura
colono: colonizador branco estabelecido na floresta
cupuazú: cupuaçu, fruto de casca marrom e polpa branca, parente do cacau
duende: espírito metamorfo
fariña: granulado grosso, semelhante à granola, feito de mandioca
guácharo: pássaro amazônico que se abriga em cavernas
lancha: canoa longa e sem capota, feita de madeira, dotada de motor de popa
maloca: construção cerimonial de teto alto e abobadado, feita de palha trançada
mambé: pó verde produzido a partir das folhas e cinzas de coca, consumido pelos homens
minga: costume indígena de unir forças para alcançar um objetivo comum
monte: porção de mata virgem ao redor dos povoados
paisanos: povos nativos que partilham a mesma região de origem

sabaleta: peixe pequeno e com pouca carne
sábalo: peixe grande e carnudo nativo da Amazônia colombiana
siringa: seringueira, a árvore do látex
tepui: monte de arenito com o cume achatado
tucupi: molho picante feito de mandioca
vereda: pequeno povoado às margens de um rio
yagé: sumo com propriedades alucinógenas, extraído de certa espécie de videira

PARTE I

Magdalena

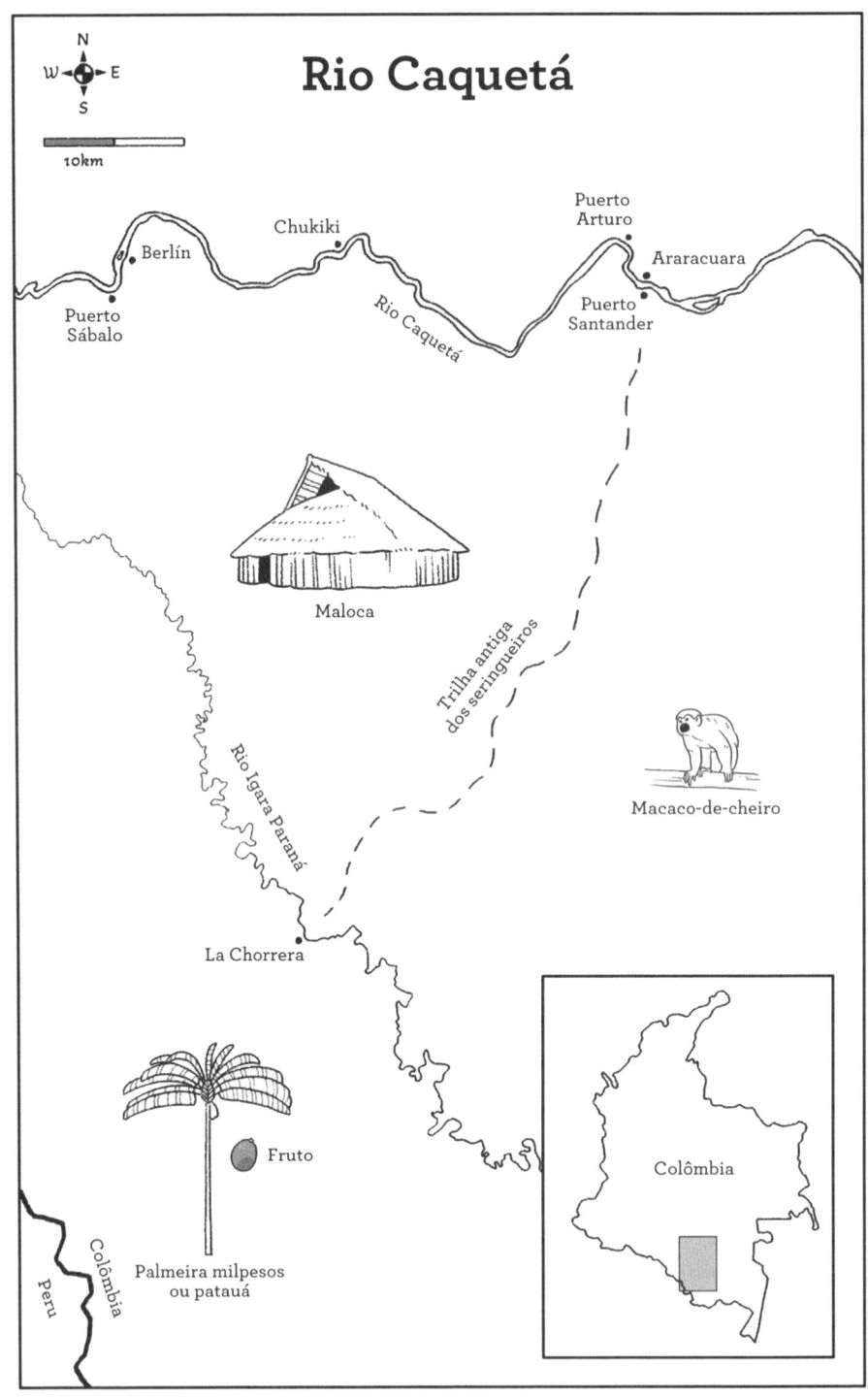

CAPÍTULO UM
O Povo do Centro

No início da manhã do dia 16 de abril de 2023, um barqueiro guiava sua pequena embarcação pelo canal central, vasculhando a margem do rio em busca de uma lacuna na mata densa, de algum afluente escondido sob o arco formado pelos galhos das árvores. Era a estação das chuvas, e o rio Caquetá estava caudaloso e largo.

A selva pode ser um ambiente soturno, desorientador e inóspito. Mas há certas horas do dia e certos pontos de vista capazes de revesti-la de uma beleza idílica, fazendo com que pareça quase benevolente. Esse momento era um deles. O ar da manhã soprava fresco, e, riscando a amplidão do céu, havia nuvens rarefeitas como se fossem plumas. O canto distante dos pássaros nas margens era o único som que se ouvia, além do ronco cadenciado do motor de popa e do bater das ondas contra o casco. Vista assim do meio do rio, a mata era uma estreita faixa verde no horizonte, com os troncos mais próximos da água brilhando esbranquiçados sob a luz do sol ainda baixo. Para além deles, só a escuridão.

A embarcação era uma *lancha,* uma comprida canoa aberta feita de madeira, com um motor de popa de 40 cavalos atrelado à parte traseira. Aos pés do barqueiro, via-se uma garrafa PET de 2 litros cheia de gasolina e um pedaço de lona encerada para ser usada como cobertura no caso de uma pancada repentina de chuva. Essa região remota da Amazônia colombiana, onde os rios funcionam como estradas, é pontilhada por dezenas de pequenos assentamentos ribeirinhos, as chamadas *veredas*. Para a população nativa que vive nesses lugares, a *lancha* é a salvação. Ela é o meio de transporte mais universal e versátil, que faz as vezes de táxi, ônibus escolar e veículo de entregas.

O barqueiro moveu o leme, seguindo na direção da entrada do afluente que o levaria até a *vereda* de Chukiki. Sentada em um toco de árvore à sombra, com algumas mochilas junto aos seus pés, Magdalena Mucutuy ouviu o barulho do motor de popa. Com trinta e três anos, ela já tinha seis filhos, mas o corpo continuava tão atlético quanto na juventude. Os braços, delgados e musculosos, tinham um tom acobreado que contrastava com o branco de sua camiseta. O rosto estreito, com os malares bem marcados, emoldurava uma boca larga e lábios cheios. Ela se pôs de pé e mandou as crianças pegarem suas bagagens.

Magdalena levava Cristin no colo, a filha de dez meses que tivera com seu namorado, Manuel Ranoque. Cristin era um bebê robusto, com braços gorduchos e cabelos compridos até a altura dos ombros, que haviam sido presos pela mãe num coque alto.

Ao redor do toco de árvore, Tien e Soleiny brincavam. Tien, irmão de Cristin por parte de pai, era um menino agitado e travesso de quatro anos que adorava provocar as irmãs mais velhas. Muita gente costumava comentar o quanto ele se parecia com o pai. Soleiny era a mais nova das quatro crianças geradas na relação anterior de Magdalena. Aos nove anos, era uma menina falante e sorridente, mas também um tanto teimosa, que insistia em usar sempre o cabelo preso em duas marias-chiquinhas, o seu penteado favorito.

Dois dos filhos de Magdalena ainda viviam com a família do seu ex-companheiro. Entre os que esperavam a lancha ao redor do toco da árvore nesse dia, a quarta criança era Lesly. Com treze anos, mas já bem forte e com membros longos e esguios, ela era a que mais se parecia com sua mãe. Calada e diligente, Lesly levava a sério a responsabilidade de ser a mais velha dos irmãos. Quando a proa da *lancha* atracou no barranco lamacento da margem, foi ela que ajudou a acomodar a bordo a bagagem da família e a cobrir tudo com a lona. E foi sua tarefa também fazer com que Tien e Soleiny se sentassem quietos na prancha transversal de madeira, que servia como banco, e parassem de brigar.

De todos os filhos, Lesly era a única que entendia os motivos que tinham levado sua mãe a tomar a decisão repentina de deixar para trás a vida na floresta.

Enquanto a *lancha* voltava pelo afluente em direção ao Caquetá, Lesly observava Magdalena com seus olhos escuros – a mãe ninava Cristin com um dos braços e com a outra mão conferia as mensagens de Manuel na tela do seu celular. Nelas estavam os detalhes de um plano de fuga. Assim que eles chegassem a Araracuara, a uma hora de viagem rio abaixo, Magdalena deveria seguir imediatamente para o posto policial que havia dentro da base do Exército e exigir que providenciassem lugares no primeiro voo para San José del Guaviare, cidade a 360 quilômetros ao norte. De San José, eles embarcariam em um ônibus rumo a Bogotá, a capital do país, localizada na Cordilheira dos Andes, onde Manuel estaria à sua espera.

Magdalena nunca tinha saído da floresta que cobre o sul do país. Enquanto o avanço da proa pela água agitada lançava respingos no ar, ela dirigiu um último olhar apreensivo para a paisagem às suas costas, encarando o clarão cinzento do sol da manhã por trás das nuvens. Um último olhar na direção de Chukiki, o povoado em que havia nascido e onde, naquele dia mais cedo, havia se despedido friamente de seus pais. Um pouco mais acima, também às margens do Caquetá, ficava Puerto Sábalo, a *vereda* onde Magdalena tinha vivido nos últimos cinco anos. Era lá que ela havia construído uma casa, uma lavoura, uma vida. Do seu assento a bordo da *lancha*, ela viu pela última vez aquele trecho tão conhecido do rio Caquetá deslizar para longe.

William Castro ainda se recorda do dia, no início de 2019, em que viu seu velho amigo Manuel Ranoque aparecer em Puerto Sábalo com uma mulher que levava três crianças a tiracolo. Manuel era um homem parrudo, forte, e embora William não o visse havia muitos anos, ouvia sempre falar a seu respeito. Trabalhando com mineração ilegal a bordo de uma das dragas que vasculhavam o leito do Caquetá de cima a baixo, Manuel ficara conhecido na região por beber e gostar de farra. A última notícia que William tivera era que Manuel fora preso pelos militares e que estava numa cadeia em Leticia, cidade de fronteira entre a Colômbia e o Brasil.

Mas agora ele chegara parecendo mais calmo, mais maduro. Fez questão de apresentar William a Magdalena e às duas filhas dela, Lesly e Soleiny, e estava derretido de amores por Tien, ainda um bebê de colo, do modo como costumam ficar sempre os pais de primeira viagem. Manuel resolvera voltar ao povoado em que tinha nascido, segundo contou a William, para construir uma casa e levar uma vida mais estável. O amigo, que era um católico devoto, ficou feliz com a novidade.

– A chegada deles foi boa para nós, porque vinham com muitas crianças – William se recorda. – E nós queríamos repovoar a comunidade.

Ele considerou algo admirável que Manuel tivesse assumido a responsabilidade pelas duas enteadas. A mãe de William, professora na escola local, ficou animada com a ideia de receber novos alunos, depois de ter passado anos vendo as suas turmas diminuírem e deixarem para trás só a visão triste das cadeiras vazias.

William relata tudo isso sentado no chão, as costas apoiadas contra a parede de sua casa em Puerto Sábalo. Ele tem um par de galochas nos pés, veste uma camiseta preta e tem o corpo magro coberto por uma camada brilhante de suor, depois de ter passado o dia trabalhando numa escavação de valas de drenagem. Em outros dias, ele se dedica aos serviços de manutenção – substituindo tábuas de madeira apodrecidas das paredes das casas, tirando a ferrugem do gerador a diesel da comunidade e cuidando da queima do lixo. Hoje em dia, manter Puerto Sábalo protegido contra os efeitos danosos da floresta é o seu trabalho em período integral, mas já houve um tempo em que William nutria planos ambiciosos para a sua comunidade.

A casa dele é a mais imponente de Puerto Sábalo, com três andares e as paredes pintadas de amarelo e azul-bebê. Dentro dela há uma TV bem grande, uma geladeira e um crucifixo pendurado na parede. Ao entardecer, uma brisa fresca entra pelas janelas amplas.

– As pessoas daqui normalmente constroem só uma caixa de madeira, põem uma divisão no meio e vão morar nela – ele explica. – Eu quis fazer uma coisa diferente.

A ideia era dar um exemplo a ser seguido, criar um novo estilo para o povoado. A intenção de William era fazer uma casa ainda maior e mais confortável, mas o prazo para a conclusão da obra já estava estourado, e o seu orçamento também. Agora, ele se pergunta onde estava com a cabeça quando decidiu levar adiante um projeto tão ambicioso às margens do rio Caquetá.

– É um elefante branco – declara.

Tanto para William quanto para Manuel, Puerto Sábalo representa uma herança que faz os irmãos se sentirem responsáveis por preservar. Em 1932, os bisavôs dos dois, homens da etnia Uitoto que trabalhavam para os brancos de uma empresa de extração de látex, estavam descendo o Caquetá em suas canoas em busca de árvores da *siringa* prontas para serem sangradas, quando passaram por um comprido banco de areia coberto de patos. Depois de atirar em alguns deles usando seus rifles Winchester, os homens lançaram anzóis na água ao redor do banco de areia e fisgaram uma quantidade impressionante de *sábalos*, o saboroso peixe de água doce nativo da região.

Aquele dia ficou marcado na memória dos trabalhadores até bem depois de terem voltado à labuta extenuante como seringueiros, e eles conversavam com frequência sobre as suas lembranças daquele trecho do Caquetá tão rico em caça e em pesca. No final da década de 1960, os dois homens se embrenharam na mata com o objetivo de voltar ao lugar das suas recordações. Eles fundaram ali uma nova comunidade, batizando-a com o nome do peixe que habitava as suas águas. A intenção deles era criar um lugar onde os Uitoto pudessem cultivar o seu modo de vida tradicional e independente.

Quando começou a namorar a Magdalena, Manuel falava com carinho a respeito do seu povoado natal e da infância que passara junto do seu avô, *cacique* de Puerto Sábalo, um ancião e líder espiritual que conhecia os segredos de cada planta da floresta e que sabia entoar os cantos Uitoto dos seus ancestrais.

No entanto, quando chegou pela primeira vez ao lugar de nascimento do namorado, Magdalena encontrou uma Puerto Sábalo bem diferente. Cerca de dez famílias viviam agora no local, algumas delas num amontoado de casas de madeira sobre palafitas à beira do rio. As outras tinham construído as suas casas mais longe, numa colina próxima. As *malocas* originais, construções abobadadas feitas de palha que constituem o centro da vida social e espiritual dos Uitoto, jaziam abandonadas, apodrecendo.

Nenhum *sábalo* nadava nas águas rasas do rio, nenhum pato tomava sol no banco de areia. Os mais velhos reclamavam que o modo de vida tradicional do seu povo estava esquecido. Os povos originários da Amazônia costumavam viver em harmonia com a selva. Cada homem ia até a beira do rio atirar num pato ou arpoar um peixe para garantir a comida do dia para a sua família. Ao longo de uns poucos anos durante a década de 1980, no entanto, os moradores dizimaram a população de patos e lançaram redes nas águas, até que não restasse nenhum peixe. Os animais eram vendidos na cidade de Araracuara, situada mais abaixo, às margens do rio. A onda de fartura gerada por essas vendas jamais voltaria a se repetir, e o dinheiro foi embora depressa, deixando para trás um rastro de fome e desavenças.

– Só o que sobrou foi a história – diz William, triste. – Você tem que ser muito bom pescador para apanhar um *sábalo* aqui hoje em dia.

Manuel estava certo de que seria capaz de deter o declínio do seu povoado natal, e a sua volta a Puerto Sábalo foi uma injeção de ânimo na letargia da *vereda*. Alguns dos mais velhos ainda se lembravam dele quando criança. Um menino inconsequente e arruaceiro, recordavam, até o dia em que havia ido embora do povoado atrás de trabalho, aos dezessete anos de idade. Agora ele estava com vinte e sete, dono de um corpo musculoso e uma disposição aparentemente inesgotável para o trabalho braçal. William reconheceu no amigo uma alma irmã, um homem com energia de sobra e disposição para voltar a movimentar o povoado.

– Se eu dissesse ao Manuel para cavarmos uma vala, ele já estava com a pá em riste e pronto para começar. Era pau para toda obra – conta ele.

Munido de uma serra elétrica, Manuel embrenhou-se no *monte*, a mata virgem ao redor da *vereda*, para cortar a lenha de que precisaria para construir a nova casa para a sua família. Ele iniciou uma criação de galinhas e revendia arroz e óleo de cozinha aos moradores locais para garantir uma renda extra. A sua chegada foi uma injeção bem-vinda de espírito empreendedor.

Menos de um ano depois da chegada de Manuel, William se mudou para Florencia, capital do Departamento de Caquetá e único local onde o seu filho deficiente teria como receber o tratamento de que precisava. Quando William voltou para Puerto Sábalo, em 2022, Manuel havia terminado de construir a sua casa – dois cômodos erguidos sobre palafitas e cobertos por um telhado de palha – e assumira o posto de líder efetivo da comunidade.

– Ele tinha amadurecido, mas ficou também um pouco arrogante – William relembra. – Juntos, nós formamos meio que um partido político. Eu era o conselheiro dele, o seu braço direito. Ele dizia que a comunidade necessitava disso ou daquilo, que precisávamos ter mais suprimentos e acesso aos serviços públicos. Ele tinha razão. Puerto Sábalo não era reconhecido oficialmente pelo governo do país. Nós não tínhamos conta bancária, e sem ela não podíamos trabalhar com as instituições oficiais.

Os dois homens se reuniam à noite na casa de William. Eles precisavam conseguir uma bomba para puxar água potável de nascentes no interior. Precisavam conseguir um contrato favorável de fornecimento de gasolina para alimentar o gerador. E tinham que pressionar as autoridades para melhorar o acesso e a qualidade do ensino da escola secundária local, que ficava mais acima, na margem do rio.

Os dois concordavam, também, que Puerto Sábalo precisava recuperar a sua essência, resgatar a cultura indígena tradicional. O povoado já não tinha um *cacique* havia vinte anos, porque não havia quem tivesse o conhecimento aprofundado da história e da cosmologia do povo Uitoto necessário para a função. Manuel parecia determinado a despertar a comunidade do estado de letargia em que se encontrava, e ele tinha um plano para isso.

Uma parte da sua estratégia envolvia incluir Puerto Sábalo em uma rede de créditos de carbono. Ao longo de 2022, profissionais da Yauto, firma de consultoria baseada em Bogotá, fizeram visitas regulares ao povoado. Em reuniões conduzidas na *maloca*, os consultores explicaram da melhor forma possível para os moradores locais as vantagens que teriam caso se comprometessem a proteger a floresta circundante. Se conseguissem reduzir o desmatamento feito para a criação de gado ou obtenção de lenha, eles teriam direito a um crédito de carbono, que poderia ser vendido pela Yauto a empresas poluentes de países desenvolvidos interessadas em compensar as suas emissões.

Nem todos os moradores de Puerto Sábalo compreenderam em detalhes o programa da ONU para redução das emissões provenientes do desmatamento e da degradação florestal, o REDD+, mas eles entenderam que o dinheiro obtido serviria para custear os projetos sociais tão necessários ao povoado e que ainda sobraria o suficiente para ser distribuído em pagamentos mensais a cada morador.

Manuel queria ser o representante da comunidade junto à Yauto. Em dezembro de 2022, ele concorreu ao cargo de governador de Puerto Sábalo, tendo William como seu secretário. A iniciativa foi vista com ceticismo por alguns dos moradores mais velhos da comunidade. O posto de governador era uma posição administrativa, mas, no entender deles, Manuel estava na verdade almejando um lugar mais prestigioso do que tinha qualificações para assumir.

– Ele chegou aqui, fincou o seu cajado na terra e disse: "Eu vou ser o novo *cacique*" – explica um dos anciãos.

Na época, no entanto, não houve quem se dispusesse a apresentar uma candidatura oponente à de Manuel, e ele acabou sendo eleito governador. Na visão de William, essa foi a maneira de a comunidade reconhecê-lo como um novo homem, depois das turbulências da adolescência.

– A comunidade o elegeu para o cargo para que ele virasse essa página da sua vida – ele diz. – E eu depositei muita confiança no Manuel. *Muita* mesmo.

Enquanto o namorado se dividia entre o trabalho braçal e as articulações da política comunitária, Magdalena desempenhava o papel de esposa zelosa, embora os dois nunca tivessem chegado a se casar. Nos primeiros anos, a única opção que tiveram foi se alojar na *maloca* em ruínas que havia pertencido ao avô de Manuel. E ela fez o melhor que pôde para transformá-la num lar. O chão era de terra batida, mas não faltava espaço. A mobília da família – uma mesa, algumas cadeiras e um tacho grande de metal – parecia minúscula debaixo do teto alto da *maloca*.

Num canto, ficava o braseiro onde Magdalena preparava com mandioca ralada o *casabe,* pão achatado que tem a casca crocante e um miolo gelatinoso. A mandioca é uma das bases da alimentação na Amazônia. Resistente à seca e capaz de vicejar mesmo em solos pobres em nutrientes, é cultivada há muitos séculos pelos povos originários da região. Nesse tempo, eles desenvolveram também diversos métodos – como demolhar, fermentar ou cozinhar – para remover o cianeto contido no tubérculo.

Magdalena plantava a própria mandioca. A algumas centenas de metros da *maloca*, ao final de uma trilha que subia a colina e passava por frágeis pontes improvisadas com tábuas cruzando os riachos, ficava a sua *chagra*, um pequeno pedaço de terra para o cultivo de plantas. Todo mês de setembro, Manuel desmatava um pedaço da floresta com sua serra elétrica e queimava os galhos das árvores derrubadas, criando uma camada fértil de cinzas na superfície do solo. Magdalena então plantava mandioca, milho e banana-da-terra em fileiras cuidadosamente espaçadas. Ao longo do ano inteiro, ela catava as ervas daninhas e tratava de proteger sua lavoura contra as pragas. A *chagra* vicejava, saudável e organizada, com os finos galhos em formato de "V" dos pés de mandioca cobertos por uma folhagem densa.

Mais do que uma fonte de alimento para a família, a *chagra* era um recanto eminentemente feminino. Se os homens dominavam a cena na *maloca*, na *chagra* as mulheres do povoado trocavam alimentos e sementes, ajudavam umas às outras na lida com a terra e transmitiam seus conhecimentos sobre as plantas às novas gerações. Às vezes, as *chagras* ficavam a vários quilômetros de distância do povoado, bem embrenhadas no *monte*, e era lá que as meninas desenvolviam o seu conhecimento da floresta e a conexão com ela. Desde menina, a *chagra* era o lugar onde Magdalena se sentia mais em casa.

Ela nasceu em 1990, terceira filha de Narciso Mucutuy, do povo Muinane, e de Maria Fatima Valencia, uma Uitoto. A Amazônia colombiana abriga 44 etnias nativas diferentes, mas as tribos que vivem na bacia Caquetá-Putumayo, situada entre os dois rios na região da fronteira com o Peru, ao sul do país, são conhecidas coletivamente como o Povo do Centro. Além dos Uitoto e dos Muinane, as outras etnias principais que o compõem são os Andoque, os Bora, Ocaina e Nonuya, e, hoje em dia, os casamentos entre elas são normais. Membros do Povo do Centro costumam referir-se uns aos outros como *paisanos*. A palavra em espanhol significa "compatriotas" e é usada pelos indígenas para se referir àqueles que são da mesma região. O elo que une as etnias do Povo do Centro, diferenciando-as de outros povos originários amazônicos, são as práticas cerimoniais e de cultivo que compartilham entre si.

O Povo do Centro também costuma se intitular o "Povo do Tabaco, da Coca e da Mandioca-Mansa", que são os três produtos agrícolas considerados sagrados na região. O primeiro é o *ambil,* uma pasta viscosa e escura de tabaco esfregada com os dedos na língua e nas gengivas. Para o paladar estrangeiro, o gosto lembra um pouco o da pasta de levedura britânica *marmite* com um toque de peixe, e o efeito euforizante sutil e imediato explica por que a substância tem a fama de facilitar o diálogo e de inspirar a inteligência e o raciocínio.

O cultivo do tabaco utilizado para preparar o *ambil* é atribuição exclusiva dos homens da comunidade. O mesmo vale para o plantio das folhas de coca, que são trituradas e misturadas às cinzas de árvores da região para preparar o *mambé,* um pó verde que é aplicado no espaço entre os dentes inferiores e a mucosa da bochecha, utilizado pelos homens durante as cerimônias na *maloca*. Os meninos aprendem a *mambear* com seus pais – se o *mambé* não for devidamente umedecido com saliva, o pó pode acabar sendo inalado para os pulmões e provocar ataque de tosse e, em casos extremos, asfixia.

O Povo do Centro também utiliza uma variedade específica de mandioca-mansa para preparar bebidas cerimoniais consumidas nos rituais de dança da *maloca*. Essas danças constituem, há muitos anos, um traço distintivo da cultura local. Durante a visita de um antropólogo alemão a uma aldeia Uitoto, em 1914, membros da tribo disseram a ele: "Nós trabalhamos para poder dançar". Embora de lá para cá a vestimenta usada nas danças tenha mudado – é comum hoje ver jovens Uitoto trajando camisetas de times de futebol e calçando tênis –, esses rituais preservam um papel importante no cultivo das relações entre aldeias.

Em Puerto Sábalo, no entanto, é cada vez mais raro acontecerem danças rituais. Ao cair da noite, depois que o gerador a diesel começa a funcionar, as famílias se reúnem nas casas de cujo telhado despontam os discos cinzentos das antenas parabólicas. Quando não há nenhuma partida de futebol sendo transmitida pela TV, elas assistem a novelas cujo enredo se passa em Bogotá, Medellín, ou na cidade caribenha de Cartagena. Os atores em cena são a mais perfeita imagem do *glamour*, vestem roupas da moda e circulam por ambientes luxuosos.

Ao longo de sua vida, Magdalena viu muitos parentes e amigos migrarem para Bogotá. Os mais inteligentes conseguiam ingressar, muitas vezes por meio de bolsas de estudo, nas universidades da capital. Outros conseguiam empregos por meio de amigos. Alguns viam-se forçados a ir para a cidade, por temerem pela própria segurança caso insistissem em permanecer na floresta.

Quando voltavam para visitar o povoado, na época de férias, esses emigrantes muitas vezes reclamavam da vida na capital, uma cidade plantada a 2.600 metros de altitude, na gelada Cordilheira dos Andes. Eles chamavam Bogotá de *la nevera*, "a geladeira". E falavam mal do trânsito intenso nas ruas, sobre não conseguirem se orientar em meio às torres de tijolos e vidro, sobre o ritmo de vida acelerado. Encontrar trabalho era sempre difícil, manter-se aquecido, uma tarefa impossível, e eles sentiam falta da aldeia, da *chagra*, da comida local. Mas tudo isso era dito num tom de quem não quer se vangloriar. Os *paisanos* podiam perceber, olhando para as roupas que eles vestiam e os telefones celulares que tinham nas mãos, que a cidade grande era também uma terra de oportunidades.

Se Magdalena havia chegado a alimentar alguma ambição de um dia se mudar para a cidade, a vida a levara por outros caminhos. Ela não fora muito longe nos estudos, quase não tinha dinheiro, e havia as crianças para tomar conta e a *chagra* para cultivar. De uma hora para a outra, porém, ir embora da floresta transformou-se na sua única opção.

Uma noite, no início de abril de 2023, Manuel Ranoque desapareceu. Na manhã seguinte, William Castro reparou que uma das *lanchas* do povoado não estava atracada no local de sempre. Manuel havia viajado a noite inteira até Araracuara e, ao chegar lá, rumou diretamente para o posto da polícia. De lá, o embarcaram em uma aeronave da Força Aérea, que decolou na mesma tarde para longe da floresta. Manuel relatou à polícia que guerrilheiros armados o tinham obrigado a deixar o povoado, e agora a sua companheira e as crianças estavam correndo perigo se continuassem lá.

CAPÍTULO DOIS
A mão esquerda

Nas *veredas* das margens do rio Caquetá, algumas vezes se ouvem comentários entre os *paisanos*, quase sempre aos sussurros, sobre *la mano izquierda*. A expressão, deliberadamente ambígua, é utilizada por dois motivos. Primeiro, porque não parece sensato falar de maneira aberta sobre os grupos armados que vivem à espreita, nas margens do rio Caquetá. E, em segundo lugar, porque são tantas as facções guerrilheiras, os cartéis de drogas e gangues paramilitares infiltrados na região que fica difícil acompanhar quem exatamente está no poder a cada momento. Na década de 1960, mais ou menos na mesma época em que os homens Uitoto erguiam as primeiras casas do seu assentamento em Puerto Sábalo, a rebelião popular contra o governo de direita estabelecido no país se consolidava na forma de um exército rebelde.

As Forças Armadas Revolucionárias da Colômbia (FARC) nasceram nas colinas tomadas por plantações de café, ao sul de Bogotá, mas não demorou para que os revolucionários decidissem se embrenhar na Floresta Amazônica, que oferecia um esconderijo natural fora do alcance do exército colombiano. Em 1999, quando Magdalena estava com nove anos de idade, guerrilheiros das FARC assumiram o controle de Araracuara e da região circundante. As tropas eram bem organizadas, exibindo uniformes camuflados, fuzis AK-47 e braçadeiras nas cores da bandeira colombiana: amarelo, vermelho e azul.

Naquela região, totalmente negligenciada pelo Estado, muitos indígenas acolheram de bom grado a ordem aparente trazida pelos guerrilheiros. É isso que me explica Juan Alvaro Echeverri, um antropólogo que na época estava trabalhando em Araracuara.

– Sob o jugo dos guerrilheiros, as coisas funcionavam às mil maravilhas. Na verdade, a população estava bem satisfeita – diz ele. – Eles instituíram regras determinando que quem roubasse, se embebedasse ou agredisse a sua esposa seria mandado para trabalhar na manutenção da estrada [de Araracuara]. E a estrada acabou ficando mais bem-conservada do que nunca.

Em novembro de 2003, entretanto, dois destacamentos militares desembarcaram na pista de pouso da cidade, e uma base do Exército começou a ser construída. Ao longo da década seguinte, o Povo do Centro ficou no meio do fogo cruzado enquanto os militares tentavam retomar o controle da região do jugo das FARC. Eles se viam forçados a se render e a cooperar com um dos lados, apenas para se verem punidos pelo outro por conta disso. Os nativos começaram a delatar uns aos outros. Tomados pela paranoia, os guerrilheiros começaram a fazer execuções sumárias. Em suma, como Echeverri relata, "a merda tomou conta".

Assim, quando foi organizado o plebiscito sobre o tratado de paz entre o governo colombiano e as FARC, em 2016, a população do Departamento de Caquetá votou em massa pelo fim da violência. Em todo o país, 90% dos guerrilheiros das FARC largaram as armas nos anos seguintes. Mas o Povo do Centro não teve a mesma sorte que o restante da Colômbia. Na selva, às margens do Caquetá, o cenário foi bem diferente.

Ivan Mordisco, comandante do Primeiro Front das FARC, que operava na floresta do sul do país, foi o único membro do alto escalão da guerrilha a se mostrar contrário às negociações de paz. Ele alegava que os companheiros que concordavam em largar as armas estavam traindo seus princípios esquerdistas. Mas a realidade era que a região controlada pelas suas tropas, tomada pela mineração ilegal e pelas rotas fluviais de tráfico de cocaína, era lucrativa demais para ser deixada de lado.

Com o rosto sempre bem barbeado e um ar intimidador, apesar dos óculos professorais que usava, Mordisco mostrou-se um estrategista ousado e um alvo difícil de capturar. Quando as FARC decidiram enviar o seu mais temido veterano para fazê-lo capitular, Mordisco acabou recrutando-o para o seu lado. Em julho de 2022, o exército colombiano divulgou a notícia de que havia abatido o comandante numa operação aérea – mas, nove meses mais tarde, ele apareceu na TV bem vivo e brandindo uma metralhadora de fabricação israelense. O Estado Mayor Central (EMC), como ficou conhecida a nova guerrilha dissidente liderada por ele, se expandiu depressa no vácuo deixado pela retirada das FARC.

No início, os moradores de Puerto Sábalo não notaram muita diferença em relação à situação que tinham vivido por décadas. Os guerrilheiros tratavam dos seus negócios nas vias fluviais e na floresta para além do povoado, e raramente pediam algo aos *paisanos* que não fosse o seu silêncio a respeito do que viam acontecer no território. Em meados de 2020, no entanto, em plena pandemia de covid-19, Magdalena e seus vizinhos nas margens do Caquetá começaram a receber mensagens dos guerrilheiros nos seus celulares.

Como todas as outras mães colombianas, Magdalena andava assustada com os impactos que o novo vírus mortal poderia causar à sua família. Era quase impossível encontrar máscaras faciais e álcool na região. Não havia clínicas equipadas para tratar os casos mais graves, e o respirador mecânico mais próximo ficava a milhares de quilômetros de distância. O governo havia cancelado todos os voos para a área, e já começava a faltar comida no povoado.

O EMC assumiu a responsabilidade que o Estado colombiano estava deixando de lado. Pelo WhatsApp, os guerrilheiros estabeleceram regras de confinamento e toques de recolher. Nos rios, foram montados postos de triagem para impedir o acesso de quem não fosse morador da região. E foi o EMC também que garantiu comida e auxílio financeiro para as populações mais vulneráveis. Mordisco reuniu sob o seu comando grupos dissidentes menores, e o Estado Mayor Central tornou-se o poder em exercício na selva, alcançando um patamar de controle do território só visto na época do apogeu das FARC.

– Na pandemia, o EMC se deu conta de que podia controlar abertamente o território e que ninguém viria atrás deles para impedir isso – diz Sergio Saffon, analista de segurança. – E a região do Caquetá se tornou o berço de um novo projeto nacional de dissidência das FARC – completa ele.

De 2020 em diante, ver guerrilheiros circulando por Puerto Sábalo passou a ser algo cada vez mais comum. Magdalena os viu muitas vezes entrando no povoado para tratar com os homens – às vezes surgindo de dentro da floresta nos seus uniformes verde-oliva, às vezes atracando em *lanchas* e vestindo trajes civis. Eles pediam informações e tratavam de apaziguar as disputas entre vizinhos. Mas, a fim de conseguir manter o controle sobre o seu território em expansão, eles precisavam angariar novos membros para suas tropas.

Boatos sobre tentativas feitas pela guerrilha para recrutar crianças nativas se espalharam pela margem do Caquetá. Num assentamento rio acima, pais reclamavam que a direção da escola havia convidado membros do EMC para falarem aos alunos sobre teoria revolucionária. Meninos eram seduzidos para se unir ao movimento, aliciados por guerrilheiras atraentes ou com promessas de riqueza. Entre 2020 e 2022, pelo menos vinte crianças foram recrutadas na região amazônica da Colômbia, segundo dados de grupos locais de defesa dos direitos humanos, e esse número teve um salto em 2023. Nos primeiros seis meses do ano, dezoito jovens nativos entraram para os grupos armados.

Quando não era possível persuadir as crianças, elas eram levadas à força. Em março de 2023, um líder do EMC, conhecido como *El Gato,* raptou quatro crianças de um povoado indígena localizado a 50 quilômetros rio acima de Puerto Sábalo. Dois meses depois foram encontradas mortas, executadas pelos guerrilheiros por terem tentado escapar. Magdalena estava temerosa por Lesly, que, com treze anos, corria o risco de ser alvo do recrutamento. Segundo o relato de Manuel, a menina contou à mãe que havia sido abordada por guerrilheiros em fevereiro daquele ano.

Depois que Manuel fugiu de Puerto Sábalo no meio da noite, no início de abril, Magdalena viu-se repentinamente sozinha. Primeiro, ela se refugiou com o irmão na *vereda* de Berlín e, em seguida, levou as crianças para a casa de seus pais, em Chukiki. Durante aqueles cinco dias, parentes contam que ela ia para o meio das árvores, longe dos ouvidos de todos, para falar ao celular. Pelos gestos irritados que fazia, e a postura de ombros caídos, eles sabiam que ela estava discutindo com Manuel.

No dia 16 de abril, Magdalena chegou a uma decisão. A sua família não podia mais ficar na floresta. Ela precisava levar as crianças para Araracuara e, de lá, embarcar no primeiro avião que estivesse de partida.

A bordo da *lancha,* Magdalena viu o rio se estreitando à sua frente, a corredeira ficar mais caudalosa e a velocidade da água aumentar. Nas margens, o terreno subia em encostas cobertas de mata densa, e logo eles estavam cercados dos dois lados por penhascos cinzentos que chegavam aos cinquenta metros de altura. Dezenas de cascatas desaguavam dessas formações rochosas direto para o leito do rio, criando uma nuvem de respingos que cintilava à luz do sol.

O Caquetá é um rio imponente e turbulento. Ele nasce nas terras úmidas e varridas pelo vento das montanhas andinas e desce depressa para leste por vales e desfiladeiros profundos, até chegar às planícies mais baixas da região amazônica. Ele as atravessa num leito cheio de curvas até cruzar a fronteira com o Brasil e se juntar às águas do Amazonas, a 2.800 quilômetros de sua nascente. Como outros rios da selva colombiana, o Caquetá é pontilhado por corredeiras e cascatas impossíveis de atravessar, o que tem contribuído ao mesmo tempo para isolar e proteger a região.

Magdalena e seus filhos agora passavam pelo meio de um *tepui*, um dos montes de arenito com o cume achatado que se erguem do meio da floresta, como se fossem sentinelas solitárias nessa parte da Amazônia. Os ancestrais dos Uitoto acreditavam que essas estranhas torres rochosas abrigavam perigosos espíritos primitivos e que haviam sido plantadas no meio da mata para ficar a uma distância segura dos homens. No estreito desfiladeiro, a *lancha* joga de um lado para o outro, abrindo caminho através da água turbulenta. Em tempos de seca, quando as rochas ficavam ainda mais próximas da superfície, essa era uma travessia arriscada, enfrentada apenas pelos barqueiros mais experientes. Nesse dia, no entanto, a *lancha* atravessou incólume, emergindo de repente do desfiladeiro estreito para um leito novamente mais tranquilo e mais largo.

Trinta minutos mais tarde, eles chegaram a Puerto Arturo, o porto da localidade de Araracuara. Um amontoado de velhos barcos de comércio pintados com cores vivas ocupava as águas rasas da pequena enseada. Na rampa coberta de lama, um grupo de homens empilhava caixas de papelão com alimentos e engradados de cerveja num reboque atrelado a um trator. Um homem branco gordo e sem camisa, usando um chapéu de palha de aba larga, dirigia o veículo. O trator era o único transporte robusto o suficiente para transportar a mercadoria pela estrada deteriorada. Magdalena recusou as ofertas de alguns condutores de mototáxis para levá-la até a cidade. Ela acomodou a mochila nos ombros, segurou Cristin bem junto do corpo e, com os outros três filhos ao seu lado, começou a caminhar pela árdua subida.

A estrada estava em péssimo estado – não passava de uma trilha de barro claro e escorregadio, cortada por filetes de água corrente e grandes buracos. Ao longo de dois quilômetros, ela serpenteava encosta acima até o topo de um outro *tepui*, que se erguia sobre Araracuara e a selva ao seu redor.

Chegando ao alto, Magdalena conduziu as crianças pelo caminho de cascalho que levava até a base militar, uma construção formada por paredes de sacos de areia verdes com três metros de altura, encimadas pelo disco enorme de uma parabólica vermelha. Na entrada, uma placa de madeira exibia o emblema do Regimento de Selva Bilac 50: uma pantera negra sobre um par de rifles cruzados. Magdalena falou com os guardas, e eles a deixaram passar. Dentro da base, o superintendente de polícia Jeison Castro estava à sua espera.

– Assim que eles entraram, ela veio ter comigo – ele se recorda. – Estava com um bebê de colo e mais três crianças. Ela me disse que era a companheira de Ranoque e que eu precisava embarcá-la num avião.

Castro é um velho policial parrudo, com o cabelo curto e grisalho. Em sua longa carreira na polícia colombiana, ele passou por diversos postos na selva. Araracuara, no seu entender, é o mais desafiador de todos. Antigamente, antes da sua chegada, existia um posto policial na cidade, mas agora os policiais, em sua maioria, ficavam confinados num pequeno escritório atrás das paredes seguras da base militar.

Havia muitas partes da sua jurisdição, especialmente lugares na margem oposta do rio, onde a polícia não ousava pôr os pés se não fosse em grupos com pelo menos vinte homens. Rotas conhecidas de tráfico de drogas passavam pelo meio da selva a poucas centenas de metros de distância, mas os recursos policiais eram escassos, e a disposição mais escassa ainda, para que tomassem alguma atitude a respeito delas. Ao mesmo tempo, a população nativa ou via os policiais com desconfiança, ou não queria se arriscar a ser flagrada cooperando com eles. Para Castro, a única coisa a ser feita, portanto, era entrincheirar-se na base militar e aguardar que chegassem as ordens para a sua próxima transferência de posto, preferencialmente para Leticia, a cidade mais desenvolvida da região amazônica, com seus restaurantes, cafés e aparelhos de ar-condicionado. De tempos em tempos, no entanto, algum *paisano* procurava a base para comunicar uma ocorrência policial.

Uma semana antes, nas primeiras horas da madrugada, Manuel Ranoque havia se postado diante da mesa do superintendente Castro, encharcado e parecendo exausto. Ele disse ao policial que estava correndo risco de vida. Os guerrilheiros haviam procurado por ele em Puerto Sábalo, para exigir uma taxa de 10% dos rendimentos da comunidade com o novo contrato dos créditos de carbono. Manuel havia se recusado a pagar e, na noite anterior, fora acuado por um guerrilheiro conhecido como *El Paisa*, que lhe deu um prazo de poucas horas para desaparecer do povoado. Ele disse a Castro que precisava sair da floresta o mais depressa possível e insistiu com o policial para que ajudasse a sua família a fazer o mesmo. Por acaso, uma aeronave militar pousou no local naquele mesmo dia, e Jeison Castro convenceu o piloto a transportar Manuel até San José del Guaviare.

Agora, Magdalena estava postada diante da mesa do policial, da mesma forma que o seu companheiro fizera na semana anterior. O seu pedido para que fosse levada embora da floresta em segurança era complicado, pelo fato de que não havia nenhum voo militar programado para as próximas semanas. No dia seguinte, entretanto, partiria o avião cargueiro que fazia o percurso semanal até San José del Guaviare. Como Castro não tinha autoridade para obrigar o piloto civil a levar a família a bordo, só lhe restava apelar para o seu senso de dever humanitário.

Magdalena pareceu satisfeita com essa solução. Ela tinha parentes em Araracuara, com quem poderia pernoitar. Enquanto esperavam pelo avião de carga, ela pensou que seria boa ideia aproveitar para vacinar Cristin na pequena clínica que havia em Puerto Santander, na margem oposta do rio.

Na tarde daquele mesmo dia, Magdalena desceu com os filhos pela estrada que havia na encosta oposta do *tepui*, na direção de Araracuara. A cidade era estruturada como um assentamento indígena. As casas de um só andar, feitas de madeira, ficavam afastadas umas das outras – algumas no meio de campos, outras abrigadas dentro da mata – e eram ligadas por trilhas percorridas a pé. Bem no centro, com seu aglomerado de dormitórios e salas de aula cercado por árvores frutíferas, ficava o prédio público mais notório da cidade: o Internado, a escola católica onde Magdalena havia estudado muitos anos antes.

Enquanto eles caminhavam pela trilha à beira do rio, Tien ficou para trás, olhando fascinado para os pescadores. Nos grandes rochedos que pontilhavam o rio, havia plataformas suspensas de bambu que se estendiam sobre a água. Sobre elas os homens aguardavam, imóveis, com os braços dobrados e os arpões em riste, à espera da passagem de alguma dourada gigante. Lesly apressou o irmão, conduzindo-o pelo meio do capim até o lugar onde a mãe deles negociava com um barqueiro para que fizesse a travessia da família.

Na margem oposta ficava Puerto Santander, um povoado habitado por *colonos* brancos que se estabeleceram ali na segunda metade do século XX. Nas suas ruas, dispostas paralelamente formando uma grade regular, edificações de tijolos de concreto com vários andares se amontoavam, parede com parede. Na parte mais alta havia um modesto posto médico, onde um único doutor recém-formado garantia os cuidados essenciais à população do entorno.

Magdalena embarcou as crianças, e a *lancha* começou a fazer a lenta travessia do rio. Vinte anos antes, ela havia feito esse mesmo percurso quando escapara de Araracuara pela primeira vez.

CAPÍTULO TRÊS
Ovelha negra

Um mês depois desse dia, depois que o corpo de Magdalena Mucutuy foi identificado nos destroços do Cessna 206, uma única foto dela foi divulgada pela imprensa local. A foto mostrava um meio perfil seu contra uma parede de tábuas de madeira, com Magdalena vestindo uma blusa vermelha debruada de branco e o cabelo preso para trás. A expressão do rosto, séria e atenta, era como se ela estivesse ouvindo algum dos mais velhos falar na *maloca*. Uma figura miúda, de aparência acanhada. A imagem exata, para muitos colombianos, da típica mulher indígena.

No drama que se seguiu, da busca pelos filhos desaparecidos, o papel de Magdalena no desenrolar dos acontecimentos foi amplamente subestimado. Ela ficou sendo uma espécie de lacuna no centro da história. Mas foram a vida dela, o seu caráter e as decisões difíceis que precisou tomar que criaram as circunstâncias responsáveis pelo embarque da família no Cessna, em maio de 2023. E são um sinal, também, da posição precária a que muitas mulheres acabam relegadas nas comunidades amazônicas.

Nos povoados indígenas da floresta, os papéis de gênero continuam definidos por fronteiras rigorosas. Os homens são criados para aprender a caçar, construir ou viver do comércio e para assumir posições de liderança na comunidade. Nas *malocas*, as decisões geralmente são tomadas em áreas reservadas apenas à presença masculina, muitas vezes sob a influência de preparações rituais tradicionais, como o *mambé*, cujo consumo é vetado às mulheres. As mulheres frequentam a escola, mas, para muitas delas, o que é considerado verdadeira educação é o aprendizado das habilidades requeridas de uma boa esposa: cultivar e preparar alimentos, cuidar das tarefas domésticas e criar os filhos.

Desde a década de 1980, colombianos abastados que vivem em centros urbanos preferem contratar empregadas domésticas de origem indígena, na crença de que elas serão mais obedientes e trabalhadoras e que se mostrarão dispostas a aceitar salários mais baixos sem reclamar. E, mesmo que essa imagem tenha se transformado um pouco à medida que mulheres indígenas foram ganhando proeminência na esfera pública do país, Magdalena, crescida nos anos 1990, parecia se encaixar no estereótipo tradicional.

Hoje, quando lhe pedem para descrever a filha, o primeiro impulso de Fatima Mucutuy é elogiar a sua presteza.

– Ninguém precisava lhe mandar fazer nada, Magdalena estava sempre trabalhando – ela diz. – Se houvesse roupa para lavar ou se a varanda da casa precisasse ser limpa, ela não era de reclamar. Simplesmente se levantava e fazia o que tinha que fazer, sempre alegre.

Manuel, ao explicar o que o atraiu em Magdalena no primeiro momento, fala:

– Ela era muito capaz, muito trabalhadeira. Sempre cuidou bem das minhas roupas, sempre cozinhou e cuidou de mim.

Mas a sua amiga de infância Diana Rodriguez se recorda de um lado diferente de Magdalena, descrevendo-a como uma menina que nutria uma paixão exuberante pelos esportes, muita curiosidade sobre o mundo e um lado impulsivo e rebelde.

Sentada em um café de Bogotá, numa tarde tipicamente fria e úmida da cidade, Diana arqueia o corpo para proteger a sua bebida. Hoje, ela faz parte dos cerca de 20 mil indígenas que deixaram seus povoados natais e migraram para a capital desde 1990. Aos trinta e cinco anos, ela tem o corpo envolvido por um casaco forrado grosso e o cabelo preso num rabo de cavalo austero, deixando o rosto quadrado descoberto. Na têmpora direita, vê-se uma grande cicatriz em forma de "C" deixada pela coronha da arma de um guerrilheiro quando Diana tinha 11 anos. A sua aparência severa se suaviza quando ela começa a falar de Magdalena e da infância das duas às margens do Caquetá.

Os melhores momentos eram as tardes que elas passavam a bordo da canoa. Se tivessem vontade de pescar, bastava um anzol e linha para encherem o barco de peixes. Outras vezes, elas desafiavam uma à outra a remar até perto das corredeiras, rindo enquanto a canoa girava e corcoveava, agarrando-se nos galhos ou pedras do caminho para que ela não virasse. Se ouvissem falar de algum barco de comércio que tivesse virado rio acima, a diversão era vasculhar as margens atrás de mercadorias trazidas pela correnteza. As duas juntaram uma coleção de chinelos de dedo de cores e tamanhos variados.

Elas estudavam no Internado, a escola de Araracuara fundada e administrada por monges capuchinhos. Diana era uma aluna do externato, e Magdalena, uma interna. Elas frequentavam as aulas pela manhã e à tarde cantavam no coro e praticavam esportes na quadra de cimento da escola. Diana se destacava no basquete, enquanto Magdalena preferia o time de futebol de salão.

Em setembro de 2004, os treinos se tornaram algo mais sério. Magdalena e Diana acordavam cedo para se juntar a outras meninas e mulheres da comunidade na quadra. Pela primeira vez, Araracuara estava preparando uma equipe para competir no torneio esportivo apelidado pelos *paisanos* de "Olimpíada Indígena". Embora fosse a integrante mais nova do time de futebol, o talento de Magdalena com a bola a tornava uma parte fundamental da equipe, e ela não queria deixar suas companheiras na mão.

O problema era que o torneio aconteceria em La Chorrera, cidade indígena localizada a 60 quilômetros ao sul, perto da fronteira com o Peru. A única maneira de chegar lá era por meio de uma caminhada de cinco dias pelo meio da selva, e os pais de Magdalena, Fatima e Narciso, não queriam nem saber do assunto. No entender deles, aquela viagem seria arriscada demais para uma menina de catorze anos.

Ao raiar do dia, em uma manhã de novembro, Diana ficou esperando à beira do rio, sem saber se a amiga iria aparecer ou não. Naquele trecho do rio de frente para Puerto Santander, abaixo do ponto onde os homens arpoavam as douradas, as águas eram mais calmas e os rochedos menores e mais arredondados, só com o topo despontando para fora do rio. A superfície dessas pedras era crivada de petróglifos – gravuras de rostos sorridentes, espirais, serpentes – entalhados laboriosamente pelos povos ancestrais. Diana estava sentada numa delas quando viu Magdalena surgir do meio das árvores.

– Ela veio correndo pela trilha, estava fugindo – recorda-se a amiga. As duas garotas entraram numa das *lanchas* e entregaram algumas notas amassadas de pesos ao barqueiro.

– Vamos, vamos, temos que sair logo daqui – falou Magdalena.

Quando chegaram a Puerto Santander, elas se esconderam no pátio da igreja. Magdalena estava com medo de que algum parente a visse e quisesse impedi-la de fazer a viagem. Mas não demorou para que, olhando por cima do muro da igreja, as duas avistassem o restante da delegação esportiva de Araracuara chegar à margem do rio e começassem a subir a colina na direção da entrada da trilha que atravessaria a floresta. Juntando depressa as suas coisas, Diana e Magdalena correram para se unir às companheiras.

– Quando estávamos no meio do grupo e já embrenhadas na mata, Magdalena se acalmou e começou a rir – Diana conta. – Ela disse: "Será que minha mãe vai me castigar na volta?". A preocupação não era por nós termos ido, mas sim com o que ia acontecer quando voltássemos.

Mas Magdalena não teria que enfrentar a ira de Fatima. Ela não voltaria a ver sua mãe pelos próximos dez anos.

Essa viagem para La Chorrera, em 2004, foi também a última vez que Diana e Magdalena estiveram juntas. No ano seguinte, Diana aceitou uma suposta oferta de emprego para trabalhar num dos barcos de comércio que navegavam pelo rio Caquetá. Era uma armadilha. Em vez de começar o trabalho, ela foi levada até um acampamento na floresta para ingressar nas FARC. Diana conseguiu escapar e, em 2008, mudou-se para Bogotá como *desplazada*, uma refugiada. Desde então, a sua vida na cidade grande não tem sido fácil.

– Eu queria ir embora da floresta. Sabia cozinhar e limpar, e enganava a mim mesma dizendo que a vida na cidade seria mais fácil – ela conta. – Só que, na verdade, é mais difícil.

Diana não pôde se despedir de Magdalena. Ela sempre achou que as duas voltariam a se encontrar. Mesmo depois que foi embora da floresta, Diana tinha a intuição de que, a qualquer momento, Magdalena apareceria em Bogotá. Ela sempre percebera uma inquietude na amiga, um desejo de escapar da floresta e da vida monótona de tarefas domésticas que havia sido reservada a ela. Diana se lembra das muitas vezes em que, quando as duas estavam a bordo da canoa, ainda pequenas, Magdalena lançava um olhar triste na direção dos barcos de comércio que passavam rio abaixo. E da maneira como, em seguida, a amiga se voltava para ela e dizia:

– Não seria bom se eles parassem para nos pegar e nos levassem embora daqui?

A trilha de Araracuara para La Chorrera era tão perigosa quanto os pais de Magdalena haviam imaginado. Vista do alto, a floresta parece plana como um grande oceano verde, mas essa é uma ilusão criada pelas copas das árvores, que crescem todas até a mesma altura. Por baixo delas, Magdalena e Diana subiram encostas íngremes e lamacentas e desceram até o fundo de vales onde a trilha desaparecia na beira de riachos que elas atravessavam com a água chegando até a altura do peito.

Elas sobreviviam à base de sardinhas em lata e de *casabe*, e, de vez em quando, havia um ensopado de macaco preparado orgulhosamente por algum dos grupos encarregados de caçar. À noite, elas esfregavam sal nas coxas arranhadas e fofocavam, deitadas nas suas redes. Magdalena enchia Diana de perguntas sobre o namorado novo da amiga, um cabo da Marinha que a presenteara com roupas e comida antes da partida da equipe. Ela parecia curiosa e talvez sentisse uma pontinha de inveja. Magdalena ainda não havia namorado ninguém.

Durante os dias de caminhada, ela impressionava as companheiras de time com sua habilidade para encontrar comida no meio da floresta.

– Ela estava caminhando na trilha e, de repente, começava a sacudir uma árvore – Diana conta.

E Magdalena então voltava mastigando alguma fruta ou semente, que oferecia para partilhar com as companheiras. Mas, nessas vezes em que entrava na mata para pegar as frutas, Magdalena começou a reparar que alguns dos troncos das árvores tinham marcas de cortes antigos.

A trilha agora utilizada por elas era o produto de um holocausto. Ela havia sido aberta no meio da floresta no início do século XX pelas mãos dos nativos. Ao longo de duas décadas, milhares de homens Uitoto, Andoque e Muinane passaram por ela levando pesados carregamentos de látex curado. Por toda a região amazônica, o crescimento acelerado da extração da borracha para dar conta da crescente demanda global por pneus teve um efeito devastador sobre as populações indígenas. E nenhuma delas pagou um preço mais alto do que o Povo do Centro. Na bacia do Caquetá-Putumayo, a *siringa* dava um látex de qualidade inferior ao que era extraído no Peru e no Brasil, e as corredeiras e quedas d'água da região faziam com que o custo do seu transporte fosse exorbitante. O que havia de vantajoso naquele território era uma imensa mão de obra potencial, que tivera pouco contato anterior com a economia de mercado. E Julio César Arana, um vendedor de chapéus de palha peruano que se tornou magnata do comércio fluvial, estava determinado a extrair daquele povo até a última gota de lucro que conseguisse.

Financiada por capital britânico, a sua Peruvian Rubber Company estabeleceu dezenas de seringais onde um "capitão" branco era ajudado por um pequeno grupo de trabalhadores negros trazidos de Barbados. A tarefa árdua de escravizar tribos inteiras foi delegada aos próprios indígenas. Jovens nativos, chamados de *muchachos,* eram munidos com rifles, treinados para agir com truculência e enviados ao encalço de grupos rivais. Os indígenas capturados, ou "civilizados", de acordo com a terminologia adotada na empresa, eram submetidos a uma rotina extenuante de trabalhos braçais. Toda manhã, eles sangravam a *siringa* e coletavam a sua seiva. À tarde, batiam o látex e o curavam em fornos de barro para que fosse transportado até os portos.

O impacto da indústria de extração da borracha sobre o Povo do Centro foi devastador. Na virada do século XX, a sua população total estava estimada entre 50 mil e 100 mil indígenas. Duas décadas mais tarde, restavam menos de 10 mil. Os relatos de sadismo violento com que os barões da borracha castigavam os nativos por fim chegaram à imprensa dos países desenvolvidos. Começaram a ser publicadas histórias sobre os milhares de trabalhadores que eram açoitados até a morte, sobre mulheres estupradas diante dos seus maridos, sobre pessoas que tinham membros decepados como forma de punição ou por entretenimento e sobre bebês que tinham a cabeça despedaçada contra troncos de árvores. Recorrendo a uma linguagem bastante nova para a época, o emissário britânico enviado para investigar as operações da Peruvian Rubber Company descreveu as práticas da empresa como "um crime contra a humanidade".

Mas Magdalena, assim como muitas outras crianças da sua geração, nunca ouvira falar muito sobre esse período triste da história do seu povo. Ainda existiam anciãos Uitoto que guardavam lembranças dos relatos feitos por seus avós. Eles conheciam os locais na floresta onde seus antepassados haviam sido executados. Eles sabiam onde ficavam as ruínas das *malocas* incendiadas com clãs inteiros dentro delas, no coração distante do *monte*. Eles poderiam dizer quais dos clãs haviam oferecido resistência contra os brancos e quais se tornaram cúmplices deles. No entanto, tinham feito uma promessa de não passar adiante esse conhecimento tão perigoso.

Nos anos que se seguiram ao apogeu da exploração da borracha, o Povo do Centro tentou reconstruir o seu mundo devastado. Eles abandonaram suas antigas casas no coração do *monte* e fundaram novas comunidades, como Puerto Sábalo, nas margens dos rios. As memórias do período da exploração da borracha, junto com histórias anteriores de guerras entre os clãs e feitiçaria, foram sepultadas simbolicamente pelos mais velhos no *cesto das trevas*. Um cesto que jamais poderia ser aberto, que representava um "arsenal nuclear" de recordações que só poderiam levar a mais guerra.

Quando Magdalena, Diana e o resto da delegação de atletas de Araracuara chegaram ao final da antiga trilha dos seringueiros, elas seguiram marchando por uma estrada de terra até a entrada de uma construção imponente, como nunca tinham visto na vida. Era um prédio com grossas paredes de pedra, adornado por amplas sacadas de madeira no andar superior. A "Casa Arana", como era chamada, havia sido a sede da Peruvian Rubber Company. Agora, funcionava como uma escola. Os andares superiores, bem arejados e com vista para o alto das copas das árvores, tinham servido de moradia para os funcionários brancos da companhia e agora haviam sido convertidos em dormitórios para os estudantes. O porão onde funcionara a antiga masmorra para prisioneiros Uitoto agora era o depósito onde ficavam armazenadas as carteiras e cadeiras escolares. A Casa Arana fora transformada em símbolo da resistência da cultura dos povos originários contra a depredação promovida pelo capitalismo extrativista. O Povo do Centro escolhera voltar o seu olhar para o futuro, em vez de revisitar o passado.

Para sobreviver aos anos que restavam do século XX e recuperar o seu modo de vida tradicional, os *caciques* das tribos abriram o que chamaram de *cesto da vida*. Ele continha todo o conhecimento ancestral acumulado pelos antigos sobre a vida e a fecundidade. De dentro desse cesto saíram técnicas de plantio, conselhos para a criação das crianças, receitas e rituais. O Povo do Centro, como outras populações do Amazonas, enxerga o seu território como uma entidade viva, onde as ações de cada pessoa têm consequências para todo o ambiente. Muitos antropólogos se admiraram com o nível de compreensão demonstrada por eles a respeito da relação de simbiose que existe entre as diferentes espécies de plantas e delas com as complexas lavouras que esses povos cultivam no meio da floresta, entremeadas de árvores frutíferas nativas. Após o holocausto, antigas rixas entre tribos e clãs foram deixadas de lado. A filosofia que unia todas elas, uma que priorizava a "abundância" – de alimento, de crianças, de vida em geral –, foi a ferramenta utilizada para reforçar os laços de cooperação entre os diversos grupos. O casamento entre tribos tornou-se a norma, e, na década de 1970, as primeiras organizações políticas indígenas se estabeleceram. Em 1988, numa tentativa de virar definitivamente a página desse episódio vergonhoso da história, o então presidente colombiano, Virgilio Barco, usando um cocar de penas, escolheu os degraus da entrada da Casa Arana para fazer o discurso que anunciava a devolução de seis milhões de hectares de terras amazônicas às tribos originárias.

Naquele novembro de 2004, a mesma Casa Arana, que continuava sinistramente incólume ao apodrecimento e à erosão que a selva promove, sediou a cerimônia de abertura das Olimpíadas Indígenas. O esporte também podia ser uma ferramenta poderosa para promover a cooperação e a solidariedade intertribal. Diana e Magdalena ficaram eufóricas por poder interagir com atletas e torcedores indígenas de toda a Amazônia e também vindos de outras terras. Quando a equipe ficou sabendo que uma das atletas de Araracuara ainda não havia chegado, Magdalena, a mais jovem e que estava em melhor forma, foi escolhida para disputar no lugar dela a corrida de longa distância. Diana ainda se lembra de como a amiga, que correu de pés descalços, manteve um ritmo consistente e conseguiu ultrapassar o pelotão dos líderes iniciais nos metros finais da prova.

– Todo mundo começou a rir, sem conseguir acreditar – recorda Diana. – Como Magdalena ainda conseguia correr descalça, depois de ter passado quase uma semana caminhando pelo meio da floresta? Todo mundo achou que os pés dela deviam estar cobertos de bolhas.

Nas laterais da pista de provas, um rapaz Uitoto de vinte e dois anos que morava na região cutucou o seu amigo.

– Quem é essa garota de Araracuara? – perguntou.

Andrés Jacobombaire era filho do governador de Santa Maria, uma das vinte e duas comunidades que formavam o município de La Chorrera. Ele tinha o cabelo preto espetado para cima e estava com as roupas enlameadas depois de ter passado a tarde jogando como goleiro do seu time de futebol. No dia seguinte, quando Magdalena e suas companheiras foram descansar numa sombra durante o intervalo do jogo, Andrés se aproximou e ofereceu a ela um copo de *tinto*, o café forte e doce típico da região. Ele disse que Magdalena jogava como Carlos Valderrama, o grande craque de cabelos loiros e cacheados que era o astro da seleção colombiana na época.

– Foi amor à primeira vista – recorda Andrés. – Ela era bonita, mas também uma garota *del ambiente* – conta ele, querendo dizer que Magdalena era sociável, interessante, divertida de ter por perto.

Na noite seguinte, durante a festa de encerramento, num velho depósito de madeira que servia como bar, Andrés convidou Magdalena para acompanhá-lo no calor da pista de dança. Os dois bailaram uma salsa de mãos dadas, depois ficaram mais juntinhos sob os acordes melancólicos do *vallenato* e, por fim, gingaram ao ritmo do merengue, o preferido de Magdalena. Então se beijaram. E se despediram.

Na manhã seguinte, a equipe de Araracuara estava se preparando para ir embora de La Chorrera. A liderança do time tinha negociado um bom preço com um barqueiro que levaria as atletas até um ponto mais acima no rio, de maneira que a caminhada de volta pela trilha levaria apenas dois dias. Mas, quando já estavam a bordo da *lancha*, Diana notou que Magdalena parecia mudada. Durante a competição, ela havia se mostrado alegre e sociável, animada por estar num lugar novo e com pessoas novas. Agora, ia sentada em silêncio, com a cabeça baixa e o olhar perdido nas profundezas da água.

Depois que elas desembarcaram naquela mesma tarde e começaram a caminhada de volta para Araracuara, Magdalena parecia aérea, perdida nos próprios pensamentos. Diana tratou de se manter ao lado da amiga, mas logo percebeu que as duas tinham ficado muito para trás do resto da equipe. Em algum ponto lá na frente, soou um tiro. Os caçadores deviam ter acertado um macaco, pensou Diana. O barulho pareceu tirar Magdalena do transe em que estava.

– Vá você – disse Magdalena à amiga. – Eu vou ficar aqui. Vou voltar para La Chorrera.

E, dando meia-volta, saiu correndo na direção de onde elas tinham vindo. Diana correu atrás. Quando as duas chegaram de volta à margem do rio, o barqueiro já tinha saído com a *lancha*, mas ele ouviu os gritos das meninas e retornou para buscá-las. Magdalena disse a ele que as duas haviam se perdido da equipe. Essa pequena mentira seria repetida por ela aos *paisanos*, que se preocuparam ao ver as meninas chegarem sozinhas a La Chorrera.

Por duas noites, elas dormiram na casa dos pais de Andrés, uma habitação típica de dois cômodos construída com sarrafos de madeira elegantemente pintados de vermelho e marrom. Sentada com a amiga na varanda que dava para um pequeno campo de futebol logo em frente, Magdalena disse a Diana que não voltaria mais para Araracuara. Ela sabia que certamente receberia um castigo por ter desobedecido aos pais, mas não era essa a sua preocupação. A menina não queria voltar para a mesma vida de tarefas intermináveis e passar a vida inteira às margens do rio Caquetá. Além disso, Andrés era um rapaz bonito e gentil. Talvez a história deles desse certo.

No dia seguinte, Diana conseguiu embarcar de carona num voo de carga que estava de partida para Araracuara, graças a um piloto que conhecia sua mãe. Quanto a Magdalena, ela passaria os treze anos seguintes da sua vida morando em La Chorrera.

Ainda hoje, os habitantes da cidade guardam memórias vívidas da jovem fugitiva. Eles uniram forças para ajudá-la. Depois que os pais de Andrés deixaram claro que não admitiriam que os dois vivessem sob o seu teto sem estarem casados, Magdalena foi acolhida por Ermalita Rotieroke, uma mãe solteira de três crianças que morava na vizinhança. Ermalita ofereceu comida e um teto à menina de Chukiki, em troca de ajuda na lida com a casa e com as crianças.

Magdalena logo se tornou parte da família. Ermalita ajudou-a a se matricular na escola local, para que pudesse concluir seu último ano de estudos. Quando chegou o dia da sua primeira comunhão, o irmão e a cunhada de Ermalita aceitaram ser seus padrinhos.

– Ela era uma boa menina – me disse Adelia Rotieroke, madrinha de Magdalena, quando eu estive em La Chorrera. – Com Ermalita, ela estava sempre na lavoura de mandioca. Os ensopados que as duas preparavam juntas eram deliciosos. Magdalena adorava jogar futebol e fazer artesanato. E estava sempre alegre, eu ainda me lembro de como ela provocava o padrinho, chamando-o de rabugento, só para fazê-lo rir.

Sem familiares ou amigos na nova cidade, Magdalena viu-se numa posição delicada. Os vizinhos se recordam de que, nas semanas seguintes, foi ela que correu atrás de Andrés. Ele estava preocupado com a pouca idade da namorada, mas Magdalena logo o fez ceder.

Certo dia, ainda no início do relacionamento, Andrés a levou para ver a ponte que cruzava um trecho do rio com fortes corredeiras, no limiar da cidade. Era uma ponte pênsil, 50 metros de uma combinação bamboleante de tábuas, corrimãos de madeira e cabos de aço. Magdalena nunca tinha visto nada parecido. Ela ficou apavorada com o modo como a ponte balançava, com o branco das corredeiras que conseguia ver por entre as tábuas, recorda Andrés, mas ele lhe disse para segurar bem firme no corrimão, até que ela conseguiu chegar ao meio da ponte e pôde contemplar a vista.

– É lindo! – exclamou Magdalena.

La Chorrera fica numa das paisagens mais pitorescas de toda a Floresta Amazônica. As corredeiras que passam por baixo da ponte pênsil se abrem num amplo remanso onde há dois grandes bancos de areia – um de cor dourada e outro num tom cinza-azulado –, como se fossem duas ilhas em uma lagoa tropical. Ao redor, a floresta se ergue em colinas suaves e não muito altas. As fachadas de casas de madeira, com terraços suspensos voltados para a água, despontam do meio da folhagem. Chegando pela ponte à margem oposta, é possível avistar o grande frontão do telhado e as compridas sacadas de madeira da Casa Arana por cima das copas das palmeiras.

Nos meses que se seguiram, Magdalena caiu de amores por La Chorrera. Comparada a Araracuara, era uma cidade com muito mais coisas para fazer, com mais lojas, restaurantes e lugares para cultivar uma vida social. E o lugar estava crescendo rapidamente, à medida que mais *paisanos* construíam novas comunidades nas margens das trilhas e dos cursos d'água que irradiavam de sua parte central. No total, havia 22 comunidades estabelecidas na cidade, que conviviam livremente umas com as outras. Além disso, havia mais segurança ali. A "mão esquerda" não estava tão fortemente presente, os *paisanos* eram simpáticos e sociáveis e não era preciso tomar tanto cuidado com tudo que se dizia.

Acima de tudo, Magdalena adorava as danças tradicionais que aconteciam nas *malocas*. As cerimônias, que tinham corrido o risco de desaparecer no período que se seguiu ao ápice da extração da borracha, estavam sendo retomadas em La Chorrera. Magdalena e suas amigas pintavam o rosto e os braços com a tintura escura do fruto da Kipara e se davam as mãos, balançando o corpo para a frente e para trás, enquanto os homens abanavam folhas de palmeira acima da cabeça.

Foi depois de uma dessas danças, no final de 2006, que Andrés chamou Magdalena para morar com ele numa *maloca* que sua família tinha a 8 quilômetros da cidade, à beira da trilha que ia até Araracuara e perto de uma grande *chagra*.

Em agosto de 2007 nasceu a primeira filha do casal, Angie, e no ano seguinte eles celebraram seu casamento na igrejinha branca plantada no alto de uma colina em La Chorrera. Foi uma cerimônia católica, mas depois dela o casal rumou para a maloca nos arredores da cidade, onde aconteceu uma celebração indígena tradicional. A comunidade viu a união com bons olhos.

– Foi um belo casamento, eles serviram muita comida – conta Adelia. – Nós tínhamos gostado de Magdalena desde o início, e ela encontrou um marido bom, um homem que não bebia e que não batia nela. Eles tinham comida e condição para tomar conta dos filhos.

Andrés guarda no seu celular uma foto daquele dia. A imagem mostra Magdalena usando um vestido branco e luvas até a altura dos cotovelos, segurando um minúsculo buquê de flores vermelhas. Do seu lado esquerdo vemos Andrés, trajando uma calça preta e camisa branca com mangas longas ondulando ao redor dos braços. Entre os dois, de mãos dadas com os pais, vemos a pequena Angie de vestido verde. Foi uma cópia dessa mesma foto que Magdalena mandou para sua mãe, Fatima.

Os recém-casados levavam uma vida simples. Magdalena cuidava da *chagra* enquanto Andrés ganhava a vida como madeireiro, derrubando partes da floresta com sua serra elétrica para abrir espaço para o cultivo e ganhando pesos extras com a venda de tábuas e sarrafos para serem usados como material de construção. O seu bem mais precioso era o rifle que usava para caçar, embrenhado no *monte*, trazendo para casa geralmente um peru selvagem ou um macaco, que eram preparados por Magdalena.

Nos fins de semana, eles iam até a cidade visitar os pais de Andrés. O pai dele contava para Magdalena as histórias do clã mantidas vivas pela tradição oral e lhe ensinava as cantigas locais. Com a sogra, ela aprendia receitas como a do *tucupi*, um molho picante preparado com o sumo da mandioca, típico da região. Com o passar dos anos, Andrés acabaria construindo uma nova casa para eles, com dois cômodos sobre palafitas altas, na parte de trás do terreno da família, mas, por ora, o casal ainda morava fora da cidade e perto da sua lavoura. Segundo a tradição Uitoto, crianças concebidas na *chagra* crescem fortes e desembaraçadas. Lesly nasceu em novembro de 2009, e depois dela veio um menino, John Andrés, seguido por Soleiny.

– Eles viviam bem e passavam sempre para nos visitar – uma vizinha conta. – Nós fazíamos muita festa, todo mundo era feliz. Mas, depois que a mãe dela chegou, tudo ficou diferente.

Eu encontrei Fatima Mucutuy pela primeira vez num restaurante em Villavicencio, uma cidade ao pé dos Andes. Ela é uma mulher de quase setenta anos, com o corpo magro e miúdo e uma névoa cinzenta toldando o olho direito. Antes de começarmos a conversar, Fatima desatarraxa a tampa de um potinho de *ambil* e aplica a pasta de tabaco na língua. Se a sua aparência física sugere fragilidade, essa impressão se dissipa assim que começa a falar. Ela é uma mulher assertiva e desembaraçada, e sempre foi assim, faz questão de dizer, desde que era mais nova.

– Eu nasci desse jeito – fala. – Meu pai e meu marido me diziam para não falar tão alto, para não rir tanto, mas eu não sei viver acabrunhada. Eu levo a vida no ritmo do *monte*.

O *monte*, a porção de selva indomada ao redor dos assentamentos indígenas, sempre fascinou Fatima. Bem jovem, ela era o que se podia chamar de um espírito livre, tendo passado algum tempo no lado brasileiro da fronteira, onde expandiu seu conhecimento sobre as plantas da floresta e sobre outras culturas indígenas. Em Magdalena, ela via uma aprendiz dedicada.

– Ela gostava de verdade de trabalhar na *chagra* – Fatima conta. – Ela amava cultivar abacaxi, amava semear. "Diga a fruta que você quiser", ela costumava dizer, "que eu sei como plantar". Ela não deixava ninguém jogar sementes fora.

Mas, em novembro de 2004, o período de aprendizado da filha teve um fim abrupto.

– Nós nunca lhe demos permissão para ir para La Chorrera – afirma a mulher. – Magdalena tinha só catorze anos, foi uma irresponsabilidade enorme.

No Natal de 2014, já tinham se passado dez anos desde que Fatima vira a filha pela última vez. Nenhum membro da família de Magdalena pôde comparecer ao casamento. O dinheiro, como sempre, era muito curto para que pudessem comprar um assento num dos voos de carga que partiam para La Chorrera, e Fatima não podia nem cogitar fazer a caminhada de cinco dias pela trilha, em razão dos cuidados com seus outros filhos ainda pequenos. Algo que a torturava, na época, era a impressão de que a filha não tinha feito uma boa escolha. Andrés podia ser o filho de um Uitoto *mayor*, mas o nome Jacobombaire não dizia nada para o povo de Araracuara. E, para piorar as coisas, o rapaz não tinha feito a viagem até Chukiki para pedir a Narciso a mão de sua filha.

A foto da cerimônia que Magdalena enviou parecia, aos olhos de Fatima, confirmar as suas suspeitas. Como tinha sido tirada na *maloca*, de frente para a luz de um jeito que borrava ligeiramente a expressão no rosto da moça, seus lábios pareciam contorcidos de um jeito que formava mais um esgar do que um sorriso.

Nos anos que se seguiram à partida da filha, Fatima costumava falar por telefone regularmente com Magdalena, mas agora os telefonemas tinham começado a rarear. E ela não conseguia se livrar da sensação de que a moça estava lhe escondendo algo, de que a vida que estava levando não era tão confortável quanto queria fazer parecer.

– Eu estava muito agoniada – diz Fatima. – Sempre tinha sentido saudade, mas começou a parecer que ela estava se esquecendo de mim, e os anos de ausência passaram a pesar mais do que nunca.

Em dezembro de 2014, acompanhada por três filhos já adultos e por um dos seus netos, Fatima enveredou pela trilha na mata rumo a La Chorrera para rever sua filha.

A lembrança que continua gravada na memória do povo, quase dez anos depois da visita de Fatima a Santa Maria, diz muito sobre a personalidade e o carisma dela. A sua presença não passou em branco. De dia, ela fazia uma ronda pela cidade em visitas às grávidas e aos doentes, usando seus conhecimentos como parteira e curandeira para ajudar a todos. À noite, ia com Magdalena aos bares locais. Essa sua estada, entretanto, não a convenceu de que a filha estava levando uma boa vida. A casa que Andrés havia construído nos fundos do terreno dos pais era simplória demais. E, aos olhos da mãe, Magdalena parecia muito magra e empobrecida.

– Tudo estava caindo aos pedaços, e ela não tinha nem uma peça boa de roupa – conta Fatima. – Aquilo me cortou o coração, mas eu não falei nada. Só dizia a ela para tratar de escovar os cabelos, porque daquele jeito estava parecendo uma velha.

Fatima comprou roupas novas para a filha e a levou para ser avaliada no posto de saúde.

A *chagra*, por outro lado, estava sempre limpa e organizada. Fatima ficou impressionada com a colheita de cará, de banana-da-terra, e com a qualidade da mandioca produzida por lá. A disposição da filha para o trabalho continuava a mesma de sempre. Nas duas semanas que ficou na cidade, Fatima viu como Magdalena estava o tempo todo limpando, varrendo e cozinhando, e como não deixava que ninguém mais ao seu redor movesse uma palha. E reparou também no jeito arrogante e mandão da sogra, que tolerava que o filho fizesse corpo mole e nunca tomasse o partido da própria esposa. Com a ponta de ressentimento que às vezes vemos naqueles que vêm de um povoado menor, Fatima achava que, se Magdalena tinha ido para La Chorrera atrás de uma vida melhor, a verdade era que ela estava numa situação pior do que estaria se vivesse perto da própria mãe em Chukiki.

– Eu disse só umas poucas palavras – conta Fatima. – Falei: "Filha, você se mata de trabalhar feito uma mula, e nem para a caça o seu marido vai, mesmo tendo um rifle".

Segundo a lembrança dos moradores de Santa Maria, foram mais do que só umas poucas palavras. Eles dizem que as críticas de Fatima eram bem frequentes, e ditas em alto e bom som. A impressão, contam, era de que a mulher estava determinada a separar o casal. Depois que Fatima foi embora, tendo alongado sua estada por um mês e meio, os vizinhos começaram a ouvir pela primeira vez o som de vozes exaltadas vindo da casinha construída sobre palafitas. A mãe de Andrés começou a dizer, para quem quisesse ouvir, que Magdalena andava repetindo as queixas da mãe dela, usando inclusive as mesmas palavras de Fatima. Que eles eram pobres, que ele era um preguiçoso, que não era um bom pai nem bom marido. No início de 2015, quando Angie caiu doente, Andrés a levou para ser tratada em Leticia e passou vários dias fora. De acordo com Fatima, na ocasião Magdalena teve a certeza de que ele estava tendo um caso.

Nos meses que se seguiram, Andrés tentou melhorar a situação. Em novembro do mesmo ano, acompanhado por Magdalena, Lesly e Soleiny, ele viajou até Chukiki. Eles foram recebidos calorosamente. Narciso mostrou ser um sujeito *buena gente* e logo perdoou o genro por não ter ido lhe pedir a mão de Magdalena. Os dois pescaram juntos e partilharam o *ambil* e o *mambé*. Andrés trabalhou incansavelmente na *chagra* da família, cortando árvores com a sua serra elétrica, queimando troncos. Mas, já mais para o final da estada, ele caiu doente, com febre amarela, e passou dias suando e tendo calafrios. Andrés se recuperou o suficiente para enfrentar a viagem de volta até La Chorrera, mas, quando chegou ao seu povoado, os amigos e os familiares repararam que ele parecia mais lento – a fala estava arrastada, as palavras pareciam travar na ponta da língua.

E a sua situação ficaria pior. Numa tarde, em fevereiro de 2017, Andrés estava em La Chorrera, trabalhando na *chagra* com Magdalena. Numa das extremidades do terreno, ele havia montado um palanque de tábuas com dois metros de altura e estava em cima dele podando os galhos de algumas árvores ao redor. Já quase no final do dia de trabalho, enquanto olhava para a próxima árvore que seria podada, Andrés deu um passo atrás e pisou em falso, no vão entre duas tábuas do palanque. Ele caiu para trás. Embora tenha conseguido atirar para o lado a serra ligada, ele foi bater com as costas em cheio num toco de árvore que estava no chão. O primeiro pensamento que lhe ocorreu foi que tinha quebrado a coluna. Magdalena foi correndo pedir ajuda a um vizinho, e, juntos, os dois ampararam Andrés para que voltasse cambaleante até a *maloca*. Lá ele pôde descansar, mas nunca mais se recuperou de verdade. Da mesma forma que a sua fala foi falhando aos poucos, Andrés começou a perder o movimento das pernas. O posto médico local não tinha estrutura para lhe fornecer mais do que cuidados rudimentares. Nos meses que se seguiram, o seu estado de saúde piorou tanto que Andrés viu sua capacidade de movimento ser reduzida a uns poucos passos, curtos e lentos.

Embora fisicamente incapacitado, ele continuava com as suas faculdades mentais intactas, e os vizinhos concluíram que Andrés ainda era capaz de contribuir com a comunidade. Mais tarde, no mesmo ano, ele foi nomeado governador de Santa Maria, um cargo que exigia sua presença nas reuniões organizadas na *maloca* central de La Chorrera. Em setembro de 2017, num dia em que voltava para casa, às cinco da tarde, Andrés foi recebido por sua filha mais velha, Angie, que correu ao seu encontro. Ela lhe disse que a mãe havia levado Lesly, então com sete anos, e Soleiny, um bebê de colo, e embarcado com as duas num voo para Araracuara. Andrés se lembrou de uma discussão que tivera com a esposa naquele dia pela manhã. Havia sido uma briga boba sobre um pacote com roupas e utensílios de cozinha que ela estava querendo mandar para a mãe. À noite, um dos vizinhos lhe contou que tinha visto Magdalena na pista de pouso, entregando o pacote à mulher que pesava as encomendas numa balança de mola. Até que, no último instante, relatou o homem, ela havia tomado as filhas e embarcado com elas no tal avião.

Naquela tarde, em Araracuara, Fatima tinha ido até a pista de pouso esperar pelo pacote enviado por Magdalena. Ela não imaginava, nem em sonho, que veria a filha e as netas desembarcando daquele avião.

– Eu não fazia ideia de que minha filha estava a caminho – conta ela. – Todo mundo ficou feliz. As pessoas diziam: "Magda, há quanto tempo nós não nos víamos!".

Até hoje, em La Chorrera, os familiares e amigos que ela fez em Santa Maria lamentam a partida de Magdalena. Todos dizem que Andrés era um bom marido, um homem que deu a melhor vida que pôde para sua esposa, até ser abatido pela doença e pelo acidente.

– Magdalena um dia me disse: "Eu não aguento mais, ele não trabalha, não faz nada" – uma das vizinhas se recorda. – Eu disse a ela que isso era porque ele estava doente. "Você sabe que quando estava saudável Andrés era trabalhador, que dividia as tarefas com você", falei. Mas ela disse que isso já não lhe adiantava de nada.

O fato de Magdalena ter levado duas das filhas de Andrés para viver no povoado às margens do Caquetá, e mais tarde sob o mesmo teto que outro homem, é considerado um ato de negligência. Casos assim se repetem por toda a Colômbia; a tempestade emocional que se segue com frequência é acirrada e as repercussões têm maior alcance nas pequenas comunidades. Não é à toa que uma expressão local diz: *Pueblo pequeño, infierno grande*. Na Amazônia colombiana, a situação ainda é agravada pela pobreza e pelo isolamento.

Andrés conta que ligou muitas vezes para Magdalena, tentando convencê-la a voltar, para o bem de Angie e John Andrés, os dois filhos que deixara para trás. Mas, segundo se recorda, ela reagiu friamente aos seus apelos. "Escuta, Andrés, a nossa história acabou", disse Magdalena, antes de desligar o telefone.

Quando Andrés fala desse período, é possível sentir a tristeza e uma ponta de raiva na sua voz. Ele se pergunta até hoje se falhou ao não perceber os sinais. Desde sempre, diz que percebia uma certa melancolia em Magdalena e tinha a sensação de que ela escondia algum segredo. Um dia, logo no início do relacionamento dos dois, ele havia reparado numa cicatriz profunda na panturrilha direita dela. Quando a pressionou para que lhe contasse sobre isso, Magdalena disse que era de uma surra que tinha levado. Ela contou a ele que não tinha tido uma infância feliz, que recebera menos afeto que os irmãos e era obrigada a trabalhar mais do que eles. Andrés deduziu que isso tinha sido o que a levara a buscar uma vida nova em La Chorrera.

– Eu sou a ovelha negra da família – ela lhe contou.

Araracuara vista do alto

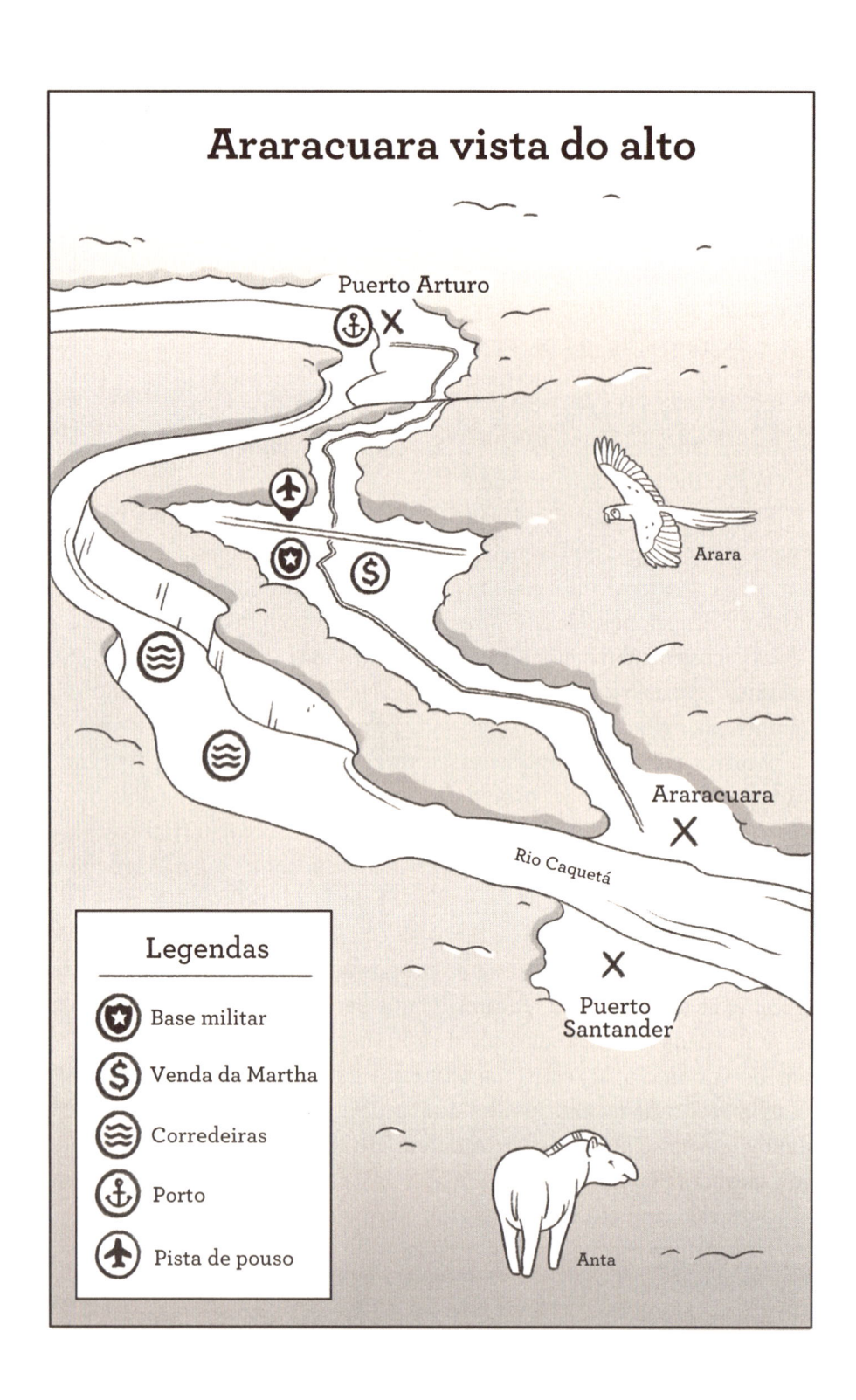

Puerto Arturo

Arara

Araracuara

Rio Caquetá

Puerto Santander

Anta

Legendas

- ⭐ Base militar
- 💲 Venda da Martha
- 〰️ Corredeiras
- ⚓ Porto
- ✈️ Pista de pouso

CAPÍTULO QUATRO
El Carramán

Em seu romance de 1967, *Cem Anos de Solidão,* o escritor colombiano Gabriel García Márquez apresenta aos leitores a cidade fictícia de Macondo. O lugar é descrito como um paraíso de inocência plantado às margens de um rio cujo leito é crivado de grandes rochas brancas, "como ovos pré-históricos". Os habitantes convivem com o sobrenatural em seu dia a dia. As crianças nascem com rabo de porco, padres levitam sobre o altar e casais enamorados caminham por entre nuvens de borboletas amarelas. E tudo isso, para o povo de Macondo, é parte do seu cotidiano. Os frutos da modernidade, entretanto, os enchem de assombro e de medo. No decorrer da história, uma série de forasteiros põe o povoado em contato com máquinas de fazer gelo, com estradas de ferro e com metralhadoras. E os resultados para a comunidade são nada menos do que desastrosos.

García Márquez buscou inspiração para muitos de seus personagens na infância passada em um povoado pacato perto da costa caribenha da Colômbia. Mas, para fazer jus à solidão mencionada no título, ele ambientou Macondo no meio da floresta. Tendo a selva como pano de fundo, presumivelmente, o contraste entre passado e presente, entre inocência e cinismo, ficaria mais chocante. Araracuara é uma cidade nos moldes de Macondo.

O nome vem do termo indígena para "ninho da arara". O *tepui* que se ergue diante da cidade é partido ao meio pelas corredeiras turbulentas do rio Caquetá. Nos penhascos de ambas as margens, a 50 metros de distância uma da outra, araras com a sua plumagem azul e amarela põem seus ovos nas fendas e saliências da pedra. Sob a luz do crepúsculo, elas deixam seus ninhos com grasnados, para sobrevoar a ravina. Vista da borda do precipício, do ponto que os *paisanos* chamam de "Salto do Diabo", é uma cena belíssima, que evoca tempos primordiais. As latas de cerveja vazias largadas no meio da vegetação testemunham a popularidade do mirante entre grupos de amigos e casais de namorados da cidade.

O trecho de corredeiras, no fundo do desfiladeiro, é impossível atravessar de barco. Enquanto toda a extensão do Amazonas e seus afluentes mais plácidos foram amplamente explorados pelos comerciantes portugueses dos séculos XVI e XVII, esse funil turbulento de águas revoltas marcava o fim da linha para os exploradores que não fossem muito audazes. Até mesmo hoje em dia, quem desce o rio de barco, como Magdalena fez com seus filhos, precisa desembarcar em Puerto Arturo, subir a pé até o topo do *tepui* e descer até o local onde as corredeiras emergem do desfiladeiro para formar o trecho mais largo e mais calmo do rio às margens do qual foi erguida a cidade.

Esse *tepui*, portanto, tem uma importância estratégica: do lado oposto da ravina, há várias trilhas clandestinas passando pelo meio da selva que servem aos traficantes que transportam folhas de coca ou maconha na região, mas todos os passageiros e carregamentos legais precisam necessariamente passar pela pista de pouso e pela base militar, instaladas no topo do *tepui*.

Muito antes de os militares terem estabelecido ali o local de onde partem os destacamentos de soldados enviados para enfrentar forças guerrilheiras no meio da floresta, Araracuara já nascera como o ponto central de planos mais ambiciosos. Entre 1938 e 1971, a cidade foi uma colônia penal, um presídio a céu aberto, para onde presos comuns eram mandados para cumprir uma rotina de trabalhos forçados.

Na década de 1930, a Colômbia entrara em guerra com o Peru para assumir o controle sobre a bacia do Caquetá-Putumayo. Depois disso, os políticos decidiram que a única maneira de conservar o poder sobre essas terras remotas perto da fronteira ao sul do país seria estabelecer na região um assentamento branco, integrado à economia formal. Na visão deles, Araracuara se tornaria uma "Austrália colombiana". Ao longo da existência da colônia penal, 2.800 internos no cumprimento de suas penas trabalharam desmatando trechos da floresta, cultivando lavouras e cuidando do gado.

Nunca houve a necessidade de instalar cercas de arame farpado. O simples isolamento geográfico, a selva inóspita e as perigosas corredeiras eram suficientes para desencorajar qualquer tentativa de fuga. O único preso de que se tem notícia que escapou da colônia fez isso agarrado ao trem de pouso de um avião de carga. Assim que a aeronave pousou em Bogotá, quatro horas mais tarde, o fugitivo, quase transformado em um bloco de gelo, foi prontamente recapturado.

Mas as mesmas condições que faziam com que a fuga dos presos fosse impossível também tornavam o lugar pouco atraente para a colonização. A "missão civilizadora" do projeto do presídio acabou sendo um enorme fracasso. Depois que ele enfim fechou as portas, alguns poucos colonos decidiram se estabelecer em Puerto Santander, mas a ideia de implementação de uma economia formal sustentável na localidade nunca decolou de verdade. Os escritórios e armazéns do presídio de Araracuara logo viraram ruínas, e os ranchos de criação de gado não tardaram a ser reabsorvidos pela floresta.

A coisa toda deixou para trás, no entanto, um impacto duradouro sobre a população indígena. Homens das etnias Uitoto e Muinane viram-se pressionados a aceitar trabalhos mal pagos, como guardas prisionais ou barqueiros. Tendo crescido à sombra da colônia penal, Fatima se recorda de que as mulheres e meninas da comunidade viviam em alerta por causa da ameaça constante de ataques sexuais por parte dos internos. A tentativa de estabelecer uma economia de mercado acabou incentivando a pesca e a caça predatórias, para que o produto fosse vendido à colônia penal, e deixou entre os *paisanos* uma inclinação para o consumo de álcool que tem se mostrado problemática desde então.

A pista de pouso e a estrada que leva à colônia penal, construídas pelos prisioneiros, são a última herança funcional dos tempos dessa colônia em Araracuara. Até a década de 1990, elas continuavam bem pavimentadas, a serviço da base de radares que foi instalada na cabeceira da pista de pouso pela Agência de Combate ao Tráfico de Drogas dos Estados Unidos. Até 1996, um OV-10 Bronco, aeronave leve de combate facilmente reconhecível pela lança dupla na cauda, ficava ali a postos, pronto para decolar e abater qualquer voo suspeito de estar a serviço do tráfico.

Quando Magdalena passou pelo local com a sua família, em abril de 2023, só restava o cintilar prateado ocasional de algum resto de asfalto na beirada da pista como lembrança do seu tempo de glória. Agora, ela não passa de uma comprida passarela de cascalho estendida sobre o terreno rochoso do *tepui*. Não faltaram pedidos de recursos para fazer a repavimentação, mas só houve uma única vez em que o governo liberou a verba, e mesmo assim ela acabou sendo desviada por atravessadores.

Embora a pista de Araracuara seja mais longa do que muitas outras pistas de pouso na selva, o revestimento de cascalho a torna bastante perigosa. Em 2014, um bimotor Piper se acidentou nela logo depois da decolagem, matando as oito pessoas a bordo. Até hoje, bem de frente para a base militar, os restos da fuselagem de um táxi aéreo C-46 que se acidentou ao pousar no local na década de 1960, brilhantes como um espelho depois que toda a tinta foi removida por décadas de sol inclemente, são um lembrete bem visível dos perigos dessa pista.

Cem metros depois que a estrada deixa para trás a pista de pouso e começa sua descida em direção à cidade de Araracuara, há uma venda. As paredes são pintadas de branco, e a janela pivotante de madeira grossa faz as vezes de balcão quando se abre na horizontal. O telhado de metal corrugado se prolonga para criar uma área externa sombreada onde há alguns bancos. Ao redor desse pátio, uma cerca de estacas de madeira pintadas de branco sinaliza o orgulho da proprietária do lugar pelo seu pequeno pedaço de selva.

Martha Muñoz chegou a Araracuara aos dezenove anos, em meados dos anos 1980, como a jovem esposa de um funcionário dos Correios. O marido assumiria o posto que estava vago já havia meses, desde que o encarregado anterior havia contraído malária. Durante dez anos eles viveram na cidade, numa casa pertencente à empresa estatal de telecomunicações que tinha uma antena alta instalada no quintal. Em 1999, chegaram os guerrilheiros das FARC. Eles derrubaram a torre da antena e fugiram com os painéis solares que forneciam energia para ela. Os voos que chegavam trazendo a correspondência foram cancelados, e o marido de Martha ficou desempregado.

– Eles levaram tudo e nos deixaram sem comunicação nenhuma com o resto do mundo – conta Martha. – Mas nós já tínhamos nos estabelecido por aqui, então decidimos ficar e começamos a trabalhar no comércio.

Quase trinta anos mais tarde, a venda da Martha é o centro da vida social e comercial de Araracuara. Desde a manhã até o anoitecer, o pátio sombreado é o local que *paisanos*, soldados e visitantes vindos de Bogotá procuram para comprar mantimentos ou usar a conexão *wi-fi* garantida por uma parabólica instalada no teto.

Quando eu estive na venda, em novembro de 2023, Martha estava ocupada atendendo clientes, fazendo ligações telefônicas e cumprimentando os passantes. Ela vestia uma camiseta larga amarronzada, usava maquiagem leve e brincos nas orelhas. Os óculos de aro rosa-choque, no alto da cabeça, de vez em quando ela baixava até a ponta do nariz para ler uma nova mensagem de texto na tela do seu celular. Eu fiquei observando enquanto ela se alternava entre as muitas tarefas, com a tranquilidade decidida de uma veterana da selva. Na Amazônia colombiana, pessoas comuns muitas vezes são levadas a assumir responsabilidades fora do comum.

Além de vender alimentos e conexão à internet, Martha é quem despacha, armazena e faz a entrega dos pacotes transportados pelo avião de carga que passa toda semana pela cidade. E, como ali não há nenhum tipo de instituição financeira, ela atua também como banqueira, fazendo transferências pelo celular e tirando dinheiro vivo do caixa da venda para entregar às pessoas. Nos fundos da construção, ela mantém um quartinho que aluga para passageiros à espera de algum voo programado para partir de manhã muito cedo. E a venda também é o que mais se parece com uma torre de controle com que a pista de pouso pode contar: via WhatsApp, Martha envia fotos mostrando as condições do tempo e o estado do pavimento para os pilotos que estão a caminho de Araracuara.

– Eu estou num ponto estratégico e tento ajudar a todos que passam por aqui – me explica ela, depois que o entra e sai de clientes finalmente começou a amainar. – Eu sempre tento retribuir os favores que me fazem, e com isso acabei conhecendo todo mundo na cidade.

As manhãs de terça-feira são sempre muito movimentadas. O carregamento semanal vindo de San José del Guaviare foi entregue por um bimotor Antonov 26, que pousou por volta das nove da manhã e voltou a decolar uma hora mais tarde. Desde bem cedo, Martha estava ocupada distribuindo os lugares disponíveis no avião entre os passageiros, dando de comer e beber aos viajantes, recebendo e despachando pacotes. No dia 17 de abril, uma hora depois de ter ouvido o ronco dos motores do Antonov decolando da pista ali perto, Martha deparou-se com Magdalena Mucutuy, que chegou ao balcão da venda carregando um bebê nos braços.

Ela sempre gostou de Magdalena e ficou encantada ao ver como Cristin havia crescido. Nove meses antes, Martha tinha conhecido a menina recém-nascida, quando Manuel a levara para fazer a certidão de nascimento na cidade. E agora ela era uma criança forte e irrequieta, lutando para se desvencilhar do colo da mãe e engatinhar pelo balcão.

Magdalena explicou que não havia conseguido embarcar no avião de carga. O superintendente Castro havia tentado convencer o piloto a transportar a família de graça, mas o homem recusou-se a fazer isso. Eles precisariam esperar uma semana pelo voo seguinte. Até lá, poderiam ficar abrigados na casa de um tio-avô de Magdalena, mas ela fora pedir a Martha para guardar na venda uma sacola com roupas e uma pasta com os documentos das crianças.

Em troca, Martha lhe entregou uma carta deixada por Manuel quando ele havia passado por ali na semana anterior. Enquanto observava Magdalena ler as palavras do companheiro, a dona da venda se sentiu triste por estar diante de mais uma jovem da família Uitoto que abandonava para sempre o seu território nativo.

– Naquele dia, eu disse a ela: "Por que você não fica? O negócio dos créditos de carbono está começando a vingar e vai trazer dinheiro para nós. E, até isso começar a acontecer, a sua família pode ajudar você" – Martha se recorda.

Mas Magdalena estava irredutível. Ela disse a Martha que já havia abusado da hospitalidade dos parentes e amigos. E que não via um futuro para si ali na floresta.

"Manuel é o único que poderá cuidar de mim e das crianças", ela disse a Martha.

– Ela já estava decidida – recorda Martha. – Ia mesmo partir com o Carramán.

Manuel Ranoque diz que não sabe por que as pessoas o chamam de *Carramán*. O apelido surgiu na adolescência e o tem acompanhado desde então. Até mesmo entre os *paisanos* não há um consenso sobre qual seria o significado exato do termo. Alguns dizem que a palavra quer dizer algo como um porra-louca, talvez até vagabundo, e que o apelido é por causa da aparência desleixada de Manuel, do seu gosto pela maconha e do seu hábito de andar sempre descalço. Outros dizem que o termo descreve uma pessoa de físico e personalidade imponentes.

Manuel é um desses sujeitos propensos mesmo a ficar conhecidos por algum apelido diferente. Desde bem jovem, ele deixou claro que estava disposto a imprimir a sua marca no mundo e vem colhendo a notoriedade decorrente disso.

Manuel nasceu em Puerto Sábalo, em 1992. A mãe era filha de um *cacique* e se casara com um homem da etnia Uitoto. Mas a pele escura de Manuel, o seu corpo musculoso e o cabelo muito crespo levaram muitos no povoado a suspeitar que ele na verdade era filho de outro homem, possivelmente algum ex-interno da colônia penal de ascendência africana. Alguns dos anciãos de Puerto Sábalo se recordam dele como um *gamin*, termo que quer dizer impetuoso ou encrenqueiro, mas as recordações de infância que o próprio Manuel guarda são bem diferentes. Ele prefere se lembrar das noites que passou na companhia do avô, na *maloca*, entoando cânticos Uitoto e aprendendo sobre as propriedades medicinais e espirituais das plantas da floresta.

– Meus avós tinham vindo do *monte* – conta ele. – Eu era muito próximo do meu avô. Ele entendeu o fascínio que eu tinha desde muito pequeno pela língua nativa. Meu avô tinha recebido os ensinamentos para ser pajé, e eu queria ser como ele, usar o *ambil* e preparar *caguana* [o suco de abacaxi tradicional da região], queria construir uma *maloca*. Eu queria aprender as palavras da vida, a filosofia da nossa cultura.

Mas Manuel também era um jovem inquieto, competitivo e ambicioso. E Puerto Sábalo reservava poucas oportunidades para um rapaz tomado por tamanho desejo de avançar na vida. Aos dezessete anos, ele deixou para trás a *vereda* para ir em busca de trabalho ao longo das margens do Caquetá.

– Do lugar de onde eu venho, os únicos empregos que existem são na ilegalidade – ele diz. – Se o que tem para fazer é transportar drogas, colher folhas de coca ou garimpar ouro, é isso o que você precisa fazer.

E o emprego que Manuel escolheu foi o mais duro e o mais arriscado que havia.

As balsas mineradoras que fazem o garimpo nas águas dos afluentes da Amazônia colombiana são geringonças periclitantes. As menores consistem em um par de lanchas ligadas entre si por algumas tábuas, com uma lona estendida sobre a comprida estrutura de madeira, de modo a garantir algum abrigo contra a chuva e o sol. As maiores se parecem com casas flutuantes de dois andares, exibindo a mesma estrutura formada por pranchas de madeira e telhados de zinco das habitações sobre palafitas que podem ser vistas ao longo das margens. Nelas, o piso superior é reservado à cozinha e às cabines-dormitório, e a tripulação pode garimpar o rio sem parar durante semanas a fio.

A casa de máquinas fica no andar de baixo. Uma grande bomba suga o sedimento do leito do rio, puxando-o para bordo por uma enorme mangueira. Dela, o material passa por um triturador e depois pela calha eclusa, onde é decomposto e tem os grãos mais finos separados. Esses grãos recebem o mercúrio que vai se amalgamar aos traços de ouro contidos no sedimento, e a mistura resultante é espremida dentro de um pano e soprada com um maçarico. Se estiver com sorte, ao final de tudo isso o garimpeiro obtém umas poucas pepitas de ouro fundido.

Antes que esse processo aconteça, entretanto, o bocal da grande mangueira de sucção precisa ser inserido na lama do leito do rio, dez metros ou mais abaixo da superfície da água. Esse é o trabalho do mergulhador. Manuel ainda se lembra do dia em que, ainda adolescente, ele recebeu pela primeira vez o traje rudimentar de mergulho usado nas balsas do garimpo, sem entender muito bem as instruções que lhe foram dadas em português por um brasileiro parrudo.

Um lastro foi preso ao redor da sua cintura e a ponta de um tubo comprido que tinha a extremidade oposta ligada a um tanque de oxigênio foi colocada em sua boca. Manuel agarrou com força a grande mangueira de sugar sedimentos com seu bocal arrematado por uma treliça metálica e pulou na água.

O visor da máscara nunca lhe garantia visibilidade além de uns poucos metros dentro do rio. Manuel encaixava a abertura da mangueira no lodo e aguardava até sentir o puxão vindo da superfície no seu tubo de oxigênio. A bordo da balsa, o brasileiro mexia na borracha para indicar a direção em que Manuel deveria nadar em seguida, "como um cabresto de mula". Boiando na água, amarrado por um cordão à máscara de Manuel, havia um pé de meia recheado com uma boa quantidade de alho macerado e *ambil*. Uma quantidade suficiente para espantar peixes maiores ou jiboias.

Ele trabalhou como mergulhador do garimpo por quatro anos. O turno de trabalho habitual era de duas horas, mas, de vez em quando, se não houvesse outros mergulhadores disponíveis, Ranoque chegava a trabalhar até sete horas seguidas. Ao longo dos anos, dezenas de jovens mergulhadores indígenas morreram por causa de falhas no equipamento, arrastados pelas corredeiras ou presos debaixo de formações rochosas no fundo dos rios. Mas o serviço pagava bem, e Manuel era bom nele. Tão bom que uma vez foi contratado pelos militares para ajudar nas buscas pelo corpo de um soldado que havia se afogado.

Depois disso, ele passou por uma série de outros empregos nas margens do Caquetá, às vezes prestando serviço como lenhador, ou trabalhando com outras coisas que preferiu não mencionar. Em 2016, ele foi preso e embarcado num helicóptero Black Hawk durante uma das batidas militares periódicas organizadas para combater a mineração ilegal. Mas foi uma prisão por engano, ele insiste, explicando que naquela época já estava afastado do garimpo.

Nesse mesmo ano, as autoridades colombianas identificaram 65 balsas de garimpo ilegal em operação apenas no rio Caquetá. Reportagens publicadas na imprensa alegavam que os grupos guerrilheiros estavam lucrando mais com a extração de ouro do que com a cocaína, e as agências ambientais divulgaram a informação de que os rios da Colômbia estavam na lista dos mais contaminados por mercúrio no mundo inteiro. Manuel podia sentir que o futuro do garimpo estava por um fio. E o seu instinto estava certo: no ano seguinte, as Forças Armadas colombianas lançaram uma grande operação de combate à mineração ilegal, destruindo dezenas de dragas e fazendo prisões em massa.

Em 2017, segundo me relata, Manuel já estava planejando retornar a Puerto Sábalo, mas antes ele aceitou um último serviço em uma balsa gerida por brasileiros. Era um favor que faria a um velho amigo, que estava precisando de gente experiente a bordo. Nas longas tardes de serviço, depois que o calor do dia amainava e o rugido da bomba se aquietava, Manuel aproveitava para bater papo com a moça que lhe servia a cumbuca do almoço com peixe, banana-da-terra e arroz.

Nessas conversas com Magdalena Mucutuy, ele contava a ela sobre a vida que pretendia construir em Puerto Sábalo e acabou lhe oferecendo a oportunidade de fazer parte dela.

– Eu disse que estava disposto a ajudá-la no que fosse preciso e contei que estava retornando para o meu povoado natal – ele fala. – Eu não tinha uma esposa, e ela ainda era jovem. Nós acabamos ficando juntos.

Fatima não havia demorado a encontrar um trabalho para a filha depois dos treze anos que ela passara vivendo em La Chorrera. Em

Araracuara, agora, os bares viviam lotados e com fileiras de motocicletas novas estacionadas à porta. Todos podiam ver que a indústria do garimpo estava em seu apogeu. Um dia, Fatima ouviu falar que uma das garotas Uitoto empregadas pelas balsas brasileiras não conseguia cozinhar nada que parasse no estômago dos brancos. Ela então acionou seus contatos e garantiu que Magdalena assumiria o emprego.

– Ela fazia um bom trabalho na balsa – conta Fatima. – Com o dinheiro que lhe pagavam, pôde comprar umas roupas novas. E ganhou peso também, começou a recuperar o corpo de antes.

Três meses mais tarde, os primeiros rumores de insatisfação começaram a chegar aos ouvidos de Fatima. Magdalena andava passando as tardes sentada no convés da balsa de conversa com um dos garimpeiros, aquele que chamavam de Carramán. O chefe não podia mais fazer vista grossa.

– Magdalena sempre foi alegre e sempre teve uma risada bem sonora – Fatima diz. – A minha amiga telefonou para dizer que ela não estava mais querendo trabalhar.

Do jeito que havia ficado insatisfeita com as condições da vida anterior que a filha levava em La Chorrera, tudo leva a crer que Fatima nutria a esperança de que Magdalena fosse encontrar um companheiro mais rico entre os garimpeiros. No entanto, ela insiste que tentou afastar a filha de Manuel desde o primeiro momento. Todo mundo no povoado sabia do gosto dele por bebida e maconha.

– Eu disse a ela: "Magdalena, Manuel só vai lhe trazer problemas. Ele é um viciado, e suas filhas são meninas delicadas. Use essa sua cabeça, minha filha!". Mas ela não me deu ouvidos, ela já não me obedecia mais.

Mais uma vez, Magdalena desafiou a autoridade da mãe. Manuel era um sujeito parrudo e que inspirava respeito ou, às vezes, o temor dos seus pares. Num mundo tão violento e incerto, ele parecia oferecer uma promessa de segurança. Mas também era bem articulado, persuasivo e engraçado. Um homem confiante, capaz de demonstrar tanta segurança conduzindo cânticos na sua língua nativa durante os rituais na *maloca* quanto falando em espanhol para os microfones dos repórteres mais tarde, quando toda a imprensa estava interessada no caso da busca pelas crianças perdidas.

E Manuel era, acima de tudo, alguém ambicioso. Numa comunidade em que a falta de oportunidades levava muita gente a perder a esperança, ele passava a impressão de que nunca desistiria até chegar aonde havia determinado que haveria de chegar. Magdalena, que então era uma mãe solteira de vinte e sete anos, com duas crianças a tiracolo, deixou que essas características ofuscassem os alertas dados pela mãe. Em março de 2019, ela deu à luz Tien, filho seu e de Manuel, e em seguida mudou-se com ele para Puerto Sábalo.

Quatro anos mais tarde, quando o companheiro telefonou de Bogotá para explicar o plano que ela deveria seguir, Magdalena se viu mais uma vez disposta a fazer o que fosse necessário para ficar ao seu lado.

Depois da passagem de Magdalena pela venda perto da pista de pouso, quando deixou a sacola com Martha e recebeu das mãos dela a carta deixada por Manuel, a comerciante não voltou a vê-la por uma semana inteira. Era Lesly quem ia à venda todos os dias, tímida e bem-educada, comprar os mantimentos necessários para as refeições da família. Numa das vezes, ela levou Tien junto e os dois tomaram sorvete no pátio, misturados aos soldados que batiam papo conferindo as telas dos seus celulares, com os rifles pendurados nos ombros.

A primeira tentativa de Magdalena de conseguir lugar no avião de carga havia sido frustrada por causa de dinheiro. O superintendente Jeison Castro havia ido com ela até a sombra da asa do Antonov, onde os homens empurravam sacas brancas cheias de douradas para dentro da barriga do bimotor. Ele se lembra de quando o piloto disse a ela que não podia permitir o embarque de passageiros que não pagassem a tarifa completa.

– Eu disse a ele: "Por favor, homem, onde está o seu coração? É uma questão humanitária". Mas nada o convenceu – relata Castro.

Acontece que Magdalena tinha o dinheiro necessário, de acordo com Manuel. Ele alega que deixou com ela 15 milhões de pesos antes de partir de Puerto Sábalo. Aparentemente, quando não conseguiu o transporte humanitário gratuito que o namorado lhe dissera que era seu direito, Magdalena ficou relutante em admitir que na verdade tinha como pagar a tarifa. A quantia mencionada por Manuel, equivalente a 4 mil dólares, talvez tenha sido um pouco aumentada no relato, mas é fato que, quando o avião de carga retornou à cidade sete dias mais tarde, em 25 de abril, Magdalena ofereceu um pagamento em espécie para que o piloto transportasse sua família.

"Ela não vai embarcar." São as palavras que o superintendente Castro se recorda de ter ouvido o piloto dizer nessa ocasião. "As ordens são para que ela não saia daqui."

Em circunstâncias diferentes, e num ambiente menos complexo do que aquele onde vivia, Magdalena estaria viva hoje. Ela e sua família teriam pousado em San José del Guaviare no dia 25 de abril a bordo do avião de carga. Os motivos para a proibição ao embarque eram, nesse primeiro momento, desconhecidos. O superintendente Castro, que tinha uma boa noção do poder da guerrilha sobre a cidade, imaginou que os guerrilheiros tivessem pressionado a companhia aérea. Ele mesmo havia tomado o depoimento de Manuel duas semanas antes e acreditava que a família do sujeito também estivesse na mira da guerrilha.

Manuel, por sua vez, joga a culpa em Fatima.

– A mãe dela telefonou [para a companhia aérea] dizendo para eles não transportarem a minha garota e os filhos dela – ele diz. – Fatima nunca aprovou a nossa história. E acabou selando o destino da própria filha.

No dia 30 de abril, Martha viu Magdalena pela última vez. Ela vestia uma camiseta branca, levava uma mochila vermelha no ombro e estava com um ar esperançoso. Um Cessna 206, em voo fretado, estava programado para fazer o pouso às duas da tarde em Araracuara e decolar logo em seguida a caminho de San José del Guaviare. Magdalena estava confiante de que esse seria o seu transporte para longe dali. Havia chegado a hora das despedidas, mas, antes que a família partisse, Martha abriu a câmera do seu celular. Na primeira tentativa de um retrato, Magdalena cobriu o rosto com as mãos, mas a dona da venda insistiu. A segunda foto mostra uma Magdalena sorridente, olhando para Cristin, que engatinhava sobre o balcão. É a última imagem de Magdalena Mucutuy com vida.

Naquela mesma tarde, a família ficou à espera na sombra da entrada da base militar. O superintendente Castro havia emprestado a Lesly o seu aparelho celular, que passava o filme *Super Mario Bros*. As três crianças, bem juntas umas das outras, olhavam hipnotizadas para a telinha.

Passava um pouco das cinco quando, com três horas de atraso, o minúsculo Cessna 206 tocou a pista, o trem de pouso soprando nuvens de poeira no ar. Ele taxiou até a extremidade do cascalho antes de parar no pequeno pátio de cimento diante da base militar. O piloto abriu a porta e jogou uma escadinha para fora. Seus pés mal haviam tocado o chão quando o superintendente Castro o abordou para explicar a situação. Mas o piloto sacudiu a cabeça em negativa, apontando o céu. O sol já estava baixo, a sua luz velada pela névoa úmida emanada pelas copas das árvores. Era muito tarde para levantar voo novamente.

Enquanto observava o policial e o piloto discutirem sobre as condições do tempo, Magdalena estava de costas para os passageiros que desembarcavam da aeronave. Ela não viu as expressões de enjoo e medo no rosto deles. Ela não os viu sacudir a cabeça enquanto puxavam as malas do bagageiro do Cessna e tentavam limpar as manchas de óleo que havia nelas.

Pouco mais de uma hora mais tarde, Martha ouviu batidas na sua porta. Ao abri-la, deparou-se com alguém que não via fazia mais de uma década. Os cabelos do comandante Hernando Murcia estavam mais ralos, as bochechas mais caídas, e ele parecia ter perdido o ar jovial de que ela se lembrava. Ele perguntou se podia pernoitar por ali, e Martha o levou até o quarto nos fundos da venda, onde o comandante deixou sua mala de piloto. Em seguida, ele pediu um pedaço de sabão e pôs-se imediatamente a lavar seu uniforme úmido e amarrotado, uma camisa branca com dragonas em preto e dourado, no tanque do lado de fora da venda.

Quem conhecia Hernando Mucia diz que ele tinha orgulho do seu posto. Ele sempre havia gostado do prestígio e das vantagens da vida de piloto. Mas o orgulho profissional de Murcia estava mais forte do que nunca agora, aos cinquenta e cinco anos de idade, depois que ele quase tinha visto a sua carreira ser encerrada abruptamente alguns anos antes.

Em 2019, Murcia foi parar atrás do volante de um táxi e passou a vender empanadas no saguão do aeroporto de Villavicencio para sobreviver. Durante boa parte do século XX, o local era a última cidade na estrada que descia as encostas dos Andes vinda de Bogotá. A leste dela, estendem-se amplas planícies cobrindo os 650 quilômetros até a fronteira com a Venezuela. Ao sul, há a vastidão da Floresta Amazônica. O minúsculo aeroporto de Villavicencio costumava ser o único ponto de contato com os assentamentos populacionais espalhados por essa região remota, e as pessoas que viviam neles dependiam de um grupo reduzido de pilotos de selva – treinados apenas pelo dia a dia do seu ofício – para transportar mantimentos e outros produtos até as comunidades e trazer delas os doentes necessitados de cuidados.

Hernando Murcia fazia parte dessa história. Em seus trinta anos de carreira, ele havia acumulado mais de 10 mil horas de voo, a maior parte delas no comando de um Douglas DC-3, o modelo a hélice remanescente da Segunda Guerra que se transformou no avião de carga preferido do depauperado sistema de aviação colombiano. Era um trabalho arriscado. No estacionamento do lado de fora do aeroporto, perto da barraca de empanadas que foi montada por ele em 2019, há um grande pedestal de cimento adornado pela insígnia da asa dourada onde estão gravados os nomes dos 230 pilotos vítimas de quedas ou desaparecidos em serviço na região. Eles foram os heróis não reconhecidos do desenvolvimento do país.

Na década de 2010, quando os DC-3 saíram de linha, o emprego de Murcia foi embora com eles. A renda que ele conseguia com a venda dos salgados e com o táxi mal dava para sustentar a esposa e as duas filhas. Mas, em novembro de 2019, a sorte sorriu para o piloto. Um antigo colega recomendou o seu nome para a nova empresa responsável pelos voos fretados feitos por alguns Cessnas antigos para regiões remotas da selva amazônica.

A empresa era a Avianline Charters, e seu dono, Fredy Ladino, costuma exibir com orgulho as conquistas dela. Desde a fundação, em novembro de 2018, afirma ele, a Avianline já transportou mais de 20 mil pessoas, a maioria delas em situação de emergência médica.

– [Nós transportamos] gente com a mão decepada e guardada num saco plástico… e mães prestes a dar à luz a bordo dos nossos aviões, porque os indígenas não têm nenhum outro jeito de sair da floresta. Nós somos os únicos que chegamos até lá.

Ladino está na casa dos quarenta anos, tem o peito largo, um corte curto de cabelo no estilo militar e dentes muito brancos e brilhantes. Quando fui encontrá-lo em seu escritório, instalado dentro de um hangar no terreno do aeroporto de Villavicencio, ele relembrou o dia em que Murcia, em busca de trabalho, havia se sentado na cadeira que eu estava ocupando.

– Ele chegou parecendo um mendigo – disse Ladino. – Mas eu sabia que ele era um excelente piloto. Hoje em dia, só existem sete pilotos na Colômbia capazes de pousar nas pistas mais complicadas, e Murcia era um deles.

Assim, Hernando Murcia voltou a pilotar. Ao longo dos quatro anos seguintes, ele trabalhou nas rotas mais difíceis, enfrentando tempestades rotineiras, fazendo pousos improvisados em pistas curtas e acidentadas. O dia 30 de abril de 2023, entretanto, havia sido especialmente terrível, até mesmo para os seus padrões.

Depois de estender a camisa lavada no varal, Murcia entrou na cozinha e sentou-se à mesa. Ele pediu para comer peixe. O mesmo peixe, provavelmente, que havia comido no último pernoite no quartinho atrás da venda de Martha, dez anos antes. E ficou desapontado quando soube que o peixe, já fazia alguns anos, era coisa rara à mesa dos moradores de Araracuara. Martha serviu-lhe uma cumbuca com carne e banana-da-terra.

– Então ele começou a falar sem parar – conta ela.

Murcia tinha saído de sua casa em Villavicencio ao raiar do dia. Ele levara cinco passageiros até San José del Guaviare, o último aeroporto comercial da rota que sobrevoa a selva, antes de percorrer os 450 quilômetros do trajeto de ida e volta até Cararú, na parte leste da região. Para fazer a viagem de volta, havia completado o tanque de combustível e, à uma da tarde, partira rumo a La Chorrera. Até ali estava correndo tudo bem.

Mas, nas duas horas seguintes de voo rumo ao sul, densas nuvens pretas assomaram na janela do avião – uma borrasca terrível que pareceu surgir do nada, ele disse, com raios e trovoadas. A decisão que tomou então foi contornar a tempestade, o que somou meia hora ao percurso e consumiu uma boa parcela do precioso combustível. Quando finalmente conseguiu pousar em La Chorrera, Murcia deparou-se com um novo dilema. Abrigados debaixo das estruturas com telhado de palha trançada instaladas nas margens da pista, ele viu que os três passageiros agendados para o voo o aguardavam, mas não havia nem sinal dos tonéis de combustível que deviam estar ali também. Os moradores lhe explicaram que o sujeito responsável por fornecer o combustível ainda estava se recuperando da bebedeira da noite anterior.

Murcia ainda precisava fazer duas viagens naquele dia: primeiro até Araracuara, onde buscaria uma equipe de consultores que estavam trabalhando em projetos de engenharia florestal, e em seguida de volta até San José del Guaviare. Ele fez os cálculos e avaliou que ainda devia ter combustível suficiente para concluir o primeiro trecho. Em seguida, deu alguns telefonemas. Um amigo piloto concordou em lhe ceder o combustível que mantinha estocado na venda, com Martha, para emergências. De posse dessa informação, o comandante decidiu seu plano de ação e mandou os passageiros embarcarem.

A viagem até Araracuara foi um horror. Mais tarde, os passageiros a bordo naquele dia relataram que o Cessna estava fazendo barulhos estranhos e que o motor parecia estar com pouca potência. Quando eles enfim chegaram, a salvo, mas com os nervos abalados, era tarde demais para se arriscarem a seguir viagem até San José del Guaviare. Até Murcia parecia um pouco abatido, pensou Martha, enquanto o olhava remexer lentamente a comida na cumbuca.

Ela escutou o relato do piloto do mesmo jeito que um *barman* escutaria as desventuras de um bêbado num fim de noite. Depois de contar sobre os acontecimentos do dia, Murcia passou a falar dos seus problemas conjugais. A esposa, ele lhe disse, estava ressentida por ter aberto mão da própria carreira para cuidar das duas filhas do casal. Nos tempos dos DC-3, o dinheiro nunca havia sido problema; o orçamento doméstico comportava até uma empregada para ajudar na casa. Como piloto dos voos fretados dos Cessnas, entretanto, Murcia recebia um pagamento irregular, e a prioridade dele era garantir uma boa educação para as crianças. A família precisou apertar o cinto.

Por fim, ele voltou a se mostrar mais animado. Começou a desfiar para Martha histórias dos seus amados DC-3, com suas belas asas ovaladas e o ribombar ritmado das hélices duplas.

– Ele adorava aqueles aviões, sentia falta deles – Martha conta. – Murcia me disse que voar nos Cessnas, bem menores, não era a mesma coisa.

Depois que terminou sua refeição, o piloto saiu para o pátio dos fundos e olhou para o céu. Uma abóbada de estrelas brilhantes o encarou de volta. A noite estava límpida.

– Graças a Deus – falou ele para Martha. – Amanhã vai ser um bom dia.

O quarto que ela havia arrumado para o pernoite era pequeno. Ao pé da cama, uma bicicleta infantil cor-de-rosa estava escorada contra pilhas de caixas de papelão. Acima delas, uma pequena imagem de Jesus numa moldura oval era o único adorno nas paredes de tábuas. Murcia se despiu e acomodou-se na cama. E só então se deu conta de que estava se esquecendo de um hábito que seguia à risca: ele não havia ligado para desejar boa-noite às filhas em casa. O celular estava sem bateria, e ele não encontrou o carregador. Resolveu então apagar as luzes. O telefonema ficaria para a manhã seguinte.

CAPÍTULO CINCO
S.O.S.

Na manhã do dia 1º de maio, Martha Muñoz acordou às 4h30 e foi para a cozinha preparar ovos mexidos e um café. O comandante Hernando Murcia juntou-se a ela um pouco depois. Ele estava bem-humorado, ela reparou, parecia elegante na sua camisa branca de piloto, e lhe desejou um bom Dia do Trabalho. Como a bateria do celular dele tinha acabado à noite, Martha lhe emprestou um carregador para que o aparelho ficasse na tomada enquanto Murcia tomava o café da manhã. O pensamento dele estava nas filhas, pelo que Martha se recorda. Ele disse a ela que sempre telefonava para casa antes da decolagem.

Por volta das 5h30, Nestor Andoke, caçador da região, estava cruzando a pista enquanto o dia começava a raiar. Algumas nuvens fofas brilhavam alaranjadas à luz da manhã. No pátio quadrado de cimento em frente à base militar, ele viu o comandante Murcia fazendo a checagem 360 graus da sua aeronave. Murcia deu chutes nos pneus, puxou a hélice e usou a vareta comprida de metal para checar o nível do óleo. Ele empurrou os flaps das asas para cima e para baixo, e depois moveu o leme para um lado e para o outro. Aos seus pés, havia três galões com 45 litros de combustível cada um. Nestor observou enquanto Murcia subia por uma escadinha portátil e despejava o conteúdo deles pela abertura do tanque, acima da asa direita do Cessna.

Por volta dessa mesma hora, Santiago Buraglia acordava em sua rede, pendurada na cozinha de uma casinha próxima à pista de pouso. Enquanto ainda esfregava os olhos, ele viu Magdalena Mucutuy atravessar a cozinha com os filhos até a saída nos fundos da casa. Houve o barulho de uma torneira sendo girada e do jorro d'água batendo no fundo de um balde. Em seguida, ele ouviu Magdalena e Lesly dando instruções para as crianças menores, que tomavam seu banho matinal.

Buraglia não tinha planejado pernoitar ali. Um sujeito alto e de traços angulosos, com cabelos longos e uma barbicha, ele trabalhava como consultor para a Yauto, a firma dos créditos de carbono. Na véspera, ele tinha esperado à beira da pista pelo Cessna fretado para o voo que deveria buscar a sua equipe no meio da selva. O avião pousou com atraso, e logo depois chegou um policial grisalho que lhe explicou a situação. Havia uma mulher com quatro filhos pequenos que precisava ser levada dali com urgência. Era uma missão humanitária, disse o sujeito. Por isso, só haveria espaço para levar um dos quatro funcionários da Yauto agendados originalmente para o voo, e o assento ficara para Buraglia.

Ele escorregou para fora da sua rede e pôs-se de pé, ainda cambaleante. Na noite da véspera, havia passado quatro horas bebendo e discutindo política com Herman Mendoza na varanda da casinha. Herman era um conhecido ativista pelos direitos indígenas, um homem Uitoto atarracado de cinquenta e sete anos de idade, com o cabelo penteado caprichosamente para trás e um sorriso cativante. Ele estivera numa viagem pelas margens do Caquetá para aconselhar as populações ribeirinhas sobre como negociar da melhor maneira os acordos envolvendo créditos de carbono, mas agora tinha pressa para retornar a Bogotá, onde participaria de uma reunião no dia seguinte. Enquanto sorvia os goles finais da sua última lata de cerveja, Buraglia havia concordado em ceder o seu lugar no avião para que Herman viajasse.

Depois que Magdalena e os filhos terminaram de se lavar, eles voltaram a entrar na cozinha, onde a dona da casa, *Doña* Irís, estava preparando o seu café da manhã. Ninguém falou muita coisa, mas, observando a família comer, Buraglia achou que tinham um ar preocupado. E, assim como Martha, ele também se viu pensando no destino que os aguardaria na capital do país.

– Eu fiquei dizendo para mim mesmo: "Coitadas, essas crianças vão ter que deixar a terra delas, deixar tudo o que conhecem para trás, para morar num bairro perigoso de Bogotá" – recorda Buraglia. – Dava para ver no rosto delas que não sabiam o que o futuro lhes reservava.

Depois que tomaram o café, Magdalena aceitou timidamente a ajuda do consultor. Ele pendurou a mochila vermelha no ombro e acompanhou a família até a base militar. Lá, deu um abraço de despedida em Herman e sentou-se numa pedra para esperar o avião decolar.

Buraglia viu Magdalena de pé à sombra da asa do Cessna, soletrando os nomes de cada um de seus filhos para que Murcia os anotasse na sua prancheta. Um a um, cada passageiro pegou sua bagagem e subiu na balança eletrônica. Os três adultos e as quatro crianças pesavam juntos menos de 300 quilos. E estavam levando 50 quilos de bagagem. Como os Cessnas 206 são feitos para carregar até 500 quilos, o voo não teria problemas por causa do peso.

O combustível também não seria problema. O tanque estava com 200 litros – mais do que o suficiente para levá-los até San José del Guaviare.

Enquanto completava os procedimentos do embarque, Murcia lançava olhares ansiosos para a tela do celular. A decolagem estava começando a atrasar. Buraglia se recorda de que ele começou a apressar os passageiros para que embarcassem. Herman entrou pela porta do piloto e acomodou-se ao lado dele. A família embarcou pela porta na cauda do Cessna. Magdalena e Lesly ficaram com a fileira do meio, logo atrás do piloto. Tien e Soleiny se acomodaram nos últimos assentos.

– O piloto mandou que todos entrassem logo e fechou a porta – lembra Buraglia. – Mas eles ainda ficaram esperando por dez minutos dentro do avião. Então eu vi o piloto sair, esfregar um pano no para-brisa e começar a examinar o motor.

Enquanto observava Murcia mexer na parte dianteira do avião, Buraglia reparou também na expressão do rosto dele, que parecia de irritação, ou como se ele estivesse frustrado. Por fim, o consultor se cansou de esperar pela decolagem e voltou para a casinha, onde *Doña* Irís preparava mais um bule de café.

"Aquele piloto acordou de mau humor hoje", ele se recorda de ter dito a ela.

Murcia voltou para a cabine e girou a ignição. O avião começou a taxiar no pátio de cimento, mas avançou poucos metros, antes de parar com um solavanco.

O superintendente Castro ouviu Murcia chamar por ajuda.

– O avião ficou preso – ele explica. – Havia um buraco no cimento que o piloto não viu. Esses bimotores têm rodas pequenas, e ele não estava conseguindo sair.

Junto com seus colegas da base, Castro empurrou os tirantes das asas até eles conseguirem soltar o Cessna. A coisa toda levou menos de cinco minutos, e em seguida o superintendente voltou para sua mesa atrás das paredes de sacos de areia.

O Cessna taxiou para a cabeceira leste da pista, na direção de onde ficava a antiga base estadunidense. Murcia fez uma elegante curva de 180 graus sobre o cascalho. Ele acionou o motor e empurrou o acelerador. Ouviu-se um ronco, e o avião ganhou velocidade.

Menos de quarenta metros depois, a roda esquerda do trem de pouso entrou numa vala mais funda no cascalho, fazendo a aeronave virar bruscamente para o lado antes de parar na beirada da pista. Um cabo do exército foi correndo na direção dela.

– Quando cheguei lá, a asa direita do avião estava apontada para o chão da pista. Ela tinha feito uma virada de 90 graus e estava espetada num grande buraco – ele se recorda. – O motor não tinha potência para soltá-la. E a roda direita do trem de pouso parecia torta.

O cabo perguntou a Murcia se não seria melhor deixar o voo para o dia seguinte. A resposta do piloto foi que estava tudo bem e que ele só precisava de uma ajuda para endireitar o avião. Os passageiros desembarcaram, enquanto meia dúzia de soldados da base chegavam para dar conta da tarefa. Eles tiveram que fazer toda a força para soltar a aeronave.

Enquanto recuperava o fôlego, ainda na pista, o cabo virou-se para Magdalena e disse:

– Se eu fosse passageiro desse avião, não voltaria a embarcar nele de jeito nenhum.

Magdalena fez pouco da preocupação do rapaz. O problema era só a péssima condição da pista de pouso, falou ela. Com o voo ia correr tudo bem.

Pouco depois das sete da manhã, na sua segunda tentativa, o Cessna HK-2803 decolou de Araracuara. O cabo ainda estava preocupado quando observou o avião se afastar.

– Ele precisou praticamente da pista inteira – relembra ele. – Geralmente um avião daquele tamanho já está no ar antes mesmo de chegar à metade da pista.

Na cabeceira dela, perto do desfiladeiro onde as araras fazem seus ninhos, uma moradora do povoado estava lavando roupas nessa hora. Ela encolheu-se instintivamente quando o Cessna passou. Ele estava voando baixo demais, e o motor fazia um barulho de *rá-tá-tá*. A mulher virou-se para o marido e disse:

– Esse avião vai cair.

O interior de um Cessna 206 fabricado em 1982 lembra o de um carro de passeio do tipo *hatch*. Os seis assentos de couro são apertados uns contra os outros, o *transponder* se parece com o painel de um rádio, e há uma bússola giroscópica preta onde deveria ficar o espelho retrovisor.

Os comandos são espantosamente analógicos. Três botões coloridos – um preto, um azul e um vermelho – precisam ser girados para controlar a potência, o RPM e o fluxo de combustível para o motor. Um comutador cinza ajusta o ângulo dos *flaps* das asas. Uma calculadora de mesa provavelmente tem mais componentes eletrônicos do que o painel desse avião. A maneira como um piloto se relaciona com o Cessna está mais próxima da relação entre um caubói e seu cavalo do que a forma como um comandante da aviação comercial conduz um Boeing 767.

– Murcia pilotava com a bunda – diz Fredy Ladino, o dono da Avianline. – O que, no jargão da categoria, é um grande elogio.

Sem sistemas de monitoramento, o piloto precisa confiar nos próprios instintos e recorrer aos seus cinco sentidos para perceber o estado da sua aeronave. Além de manter os olhos no painel, ele fica com os ouvidos atentos aos ruídos do motor e as narinas a postos para detectar qualquer cheiro de combustível ou de queimado no ar. E precisa também sentir a vibração do motor, transmitida pela estrutura do assento às suas costas.

Durante sua longa carreira, Hernando Murcia havia acumulado um arsenal de táticas de piloto de selva importantes para atuar na região onde trabalhava. Ele aprendera a avaliar as condições do tempo, prestando atenção sobretudo às nuvens. Ao contrário do que diz a crença popular, as que devem ser mais temidas não são as nuvens pretas, e sim aquelas muito altas e brancas. Sempre que se aproximava do destino, Murcia sobrevoava a pista inclinando a aeronave na direção do solo para poder observar como o sol estava refletido nas poças que pudesse haver no chão ou procurando por rebanhos nos campos próximos para detectar sinais de vento cruzado. As vacas sempre se voltam para o lado oposto ao do vento forte.

Ele também mantinha em um arquivo mental as condições de cada pista de pouso da região amazônica. Todas elas têm peculiaridades. Algumas não passam de clareiras cobertas de mato, onde a vegetação pode reduzir a velocidade na decolagem. Outras são pistas de terra, que em dias de chuva se transformam em lamaçal e fazem o trem de pouso derrapar. Havia também as que tinham tido o comprimento interrompido por imensas crateras deixadas por pousos turbulentos anteriores. E até mesmo os pilotos mais experientes da região temiam as viagens até Tomachipán, onde a pista semiconstruída é uma mistura perigosa de placas de cimento e capim. Murcia era um dos poucos que costumavam fazer aquela rota.

Mas nem toda a perícia de um piloto é suficiente para controlar certos fatores. O painel do Cessna 206 tem quase uma dúzia de mostradores, sendo que dois deles são os mais cruciais. Quando a temperatura do motor fica elevada e a pressão do óleo cai, isso é sinal de uma falha mecânica iminente. Dez minutos depois da decolagem, a uma altitude de 8.500 pés, o comandante Hernando Murcia viu os ponteiros desses dois mostradores chegarem à área vermelha. Ele pegou o fone do rádio.

Na torre de controle do aeroporto de Villavicencio, ouviu-se um chiado de estática seguido de uma voz que fazia todo o esforço para não demonstrar pânico.

– *Mayday, Mayday,* 2803, *Mayday, Mayday.* O motor está falhando, vou procurar uma clareira.

Os controladores da torre trataram de localizar o HK-2803 no radar, e menos de um minuto mais tarde informaram a Murcia que havia duas pistas próximas onde ele poderia tentar um pouso de emergência. Não houve resposta. O Cessna estava atravessando um conhecido ponto cego dos sinais de comunicação na área e havia ficado sem contato por rádio. Os controladores chamaram outro avião pequeno que trafegava na mesma área e pediram que ele fizesse uma ponte de rádio entre a torre e o HK-2803. Mesmo assim, não houve resposta.

Quinze minutos mais tarde, a voz de Murcia voltou a soar no rádio da torre de controle.

– 2803 aqui, o motor voltou a funcionar. Estou a 120 milhas náuticas de San José, subindo agora para 8.500 pés... 2803, tenho seis pessoas a bordo e autonomia de três horas.

Os controladores de tráfego aéreo suspiraram aliviados. Alguns minutos mais tarde, quando Murcia voltou a fazer contato pelo rádio, eles tiveram certeza de que o perigo havia passado.

– No momento, estou a 109 milhas náuticas de San José, com boa visibilidade. Peço permissão para manter a altitude em 5.500 pés.

O Cessna tinha perdido 3 mil pés de altitude, mas o problema com o motor parecia estar resolvido.

No entanto, instantes depois, o comandante Murcia viu outra vez os ponteiros dos mostradores pularem repentinamente para a área vermelha. Ele percebeu, então, que só lhe restava uma alternativa.

Na selva, existem dois lugares onde se pode fazer um pouso de emergência: dentro de um rio ou nas copas das árvores. O pouso na água corre o risco de emborcar a aeronave e afogar os passageiros, mas ainda assim é de longe a opção preferida dos pilotos. O pouso nas árvores costuma render piadas de humor ácido entre eles.

Harry Castañeda, outro piloto da Avianline, é um que deixou de achar graça nesse tipo de piada. Menos de dois anos antes dessa viagem de Murcia, em julho de 2021, ele estava no comando do mesmo Cessna HK-2803 numa missão de resgate médico no leste da Amazônia. Pouco depois da decolagem, levando a bordo um médico e seu paciente, um cheiro de queimado surgiu no ar da cabine. Tratando de estabilizar a aeronave, Castañeda a direcionou para a pista de pouso mais próxima, uma faixa distante de terra amarronzada que conseguiu enxergar para além das árvores.

– É uma situação apavorante – recorda. – Eu estava voando baixo, quase roçando as copas das árvores, e havia uma pequena encosta que precisava ultrapassar antes de chegar à pista. Eu sabia que não ia conseguir fazer isso, porque o motor estava perdendo potência.

Enquanto o avião continuava perdendo altitude, ele tentou sem sucesso religar o motor e, então, numa medida de precaução impressionante para quem estava sob tanta pressão, sacou a câmera do seu celular e fez um registro dos mostradores de temperatura e pressão do painel. Em seguida, Castañeda guiou o avião para um ponto onde as copas das árvores lhe pareceram mais densas e aplainadas. Ele reduziu a velocidade e empinou o nariz da aeronave, quase estolando o Cessna bem em cima do local que escolhera. No último instante, ele empurrou o seu assento para trás, encaixou as pernas no espaço entre o seu lugar e o do copiloto e se preparou para o impacto.

Castañeda e seus passageiros deixaram o local andando. Ele conseguiu fazer um pouso de emergência quase perfeito. O Cessna deslizou 50 metros em cima das copas das árvores antes de parar completamente. E só então tombou para a frente e precipitou-se para o chão, com os grossos galhos da floresta amortecendo a queda do avião até ele bater o nariz no solo, 40 metros abaixo.

A batida da cabeça contra o painel abriu um corte no lado esquerdo da testa de Castañeda, mas a sua decisão de encolher as pernas para o meio da aeronave evitou que elas ficassem presas nas ferragens. Os passageiros não se feriram, e, usando o aparelho de GPS que tinha a bordo, Castañeda conseguiu guiá-los até o povoado indígena mais próximo, a 5 quilômetros de distância.

A investigação feita posteriormente determinou uma falha mecânica como a causa do acidente. A foto que Castañeda tirou dos medidores no painel evitou que ele fosse responsabilizado e tivesse que pagar pesados encargos legais. Tanto o motor quanto a fuselagem do avião ficaram bastante danificados, mas o Cessna era valioso demais para ser deixado para apodrecer no meio da selva. Ao longo da semana seguinte, uma equipe se embrenhou na floresta até o local da queda, desmontou o avião e o carregou até a margem do rio. Aos pedaços, o HK-2803 foi devolvido ao hangar de Fredy Ladino, no aeroporto de Villavicencio. O avião passou por uma inspeção das autoridades aeroviárias e voltou a voar pela Avianline em março de 2023 – apenas dois meses antes de Magdalena e sua família embarcarem nele em Araracuara.

Em julho de 2023, Manuel Ranoque deu entrada num processo contra a Avianline Charters, alegando que o HK-2803 não estava em condições de voar. Ladino afirma que a aeronave estava em perfeito estado, citando como evidência disso a aprovação recebida na inspeção feita pela Autoridade de Aviação Civil colombiana, a Aerocivil. É algo corriqueiro, alega Ladino, que aviões sejam recuperados e voltem ao serviço depois de passarem por um acidente. Além disso, essa era a sua única alternativa.

Fredy Ladino conta que o seu plano era expandir a frota da Avianline, mas que se deparou com um problema incontornável ao tentar fazer isso: na Colômbia, os Cessnas haviam se tornado uma espécie em extinção. Simples de pilotar, difíceis de serem detectados nos radares e capazes de pousar em pistas tão curtas quanto um campo de futebol, essas aeronaves haviam há muito se tornado o modelo preferido dos traficantes de drogas. Pilotos recebiam o equivalente a um ano inteiro de salário para transportar um único carregamento de cocaína até portos na Venezuela e no Suriname, onde muitas vezes os aviões que levavam até lá eram abandonados. E os donos de companhias aéreas operando dentro da lei não tinham como competir com as ofertas feitas pelos chefões do tráfico pelos disputados Cessnas de segunda mão à venda no mercado local.

Ladino insiste que os seus mecânicos haviam feito um excelente trabalho na recuperação do HK-2803. A tese dele é que o estrago que acabou se provando fatal aconteceu durante a decolagem da pista de Araracuara. Existe mais uma habilidade que é essencial para um piloto de selva, além de ser capaz de pilotar "até com a bunda". No jargão da área, é o que eles chamam de "critérios".

A vida do piloto de um Cessna na Amazônia colombiana é repleta de uma série de pequenas decisões, a maioria das quais ele precisa tomar sozinho. Assim que acorda, ele precisa olhar para o céu e comparar o que está vendo com as previsões meteorológicas muitas vezes falhas para decidir se é seguro levantar voo naquele dia. Durante a inspeção matinal, precisa decidir quais das imperfeições na sua calejada aeronave – rodas empenadas, parafusos faltantes, *flaps* com defeito – precisam ser corrigidas imediatamente e quais podem esperar até que o Cessna esteja de volta às mãos dos mecânicos no hangar. Já sentado diante do painel de comando, ele precisa avaliar se é melhor voar pelo meio de um temporal ou contorná-lo. E, além disso, tem ainda que escolher quais trechos da pista de pouso serão menos arriscados para fazer a aterrissagem.

Isso sem falar nas competências sociais e na inteligência emocional que o cargo requer. Antes de mais nada, o piloto de selva precisa ser capaz de dizer não para muitas pessoas. Para patrões cuja renda – mas não a própria vida – depende de levar pessoas e cargas de um ponto a outro dentro do período de tempo combinado. Para passageiros que simplesmente *precisam* chegar ao seu destino. Para encarregados que pesam seus pacotes em balanças nada confiáveis. O piloto precisa se mostrar irredutível sempre que as circunstâncias não corresponderem ao seu "critério". E pilotos profissionalmente seguros sabem que podem fazer isso sem que seu emprego seja colocado em risco.

Acontece que esse não era o caso de Hernando Murcia.

Os colegas dizem que Murcia estava em último lugar na lista de pilotos da Avianline e que ele era o menos chamado para trabalhar. Na panelinha dos pilotos de selva, ele era uma espécie de pária. O seu comportamento inconveniente e suas tentativas constrangedoras de ser engraçado tinham lhe rendido o apelido de *Chiste Malo,* ou piada sem graça. As pessoas que chegavam a tentar interagir com ele logo se viam enredadas em extensos monólogos sobre extraterrestres ou sobre Adolf Hitler. E nada disso contribuía para melhorar sua imagem.

Em casa as coisas também andavam complicadas. Murcia tinha esposa e duas crianças para sustentar, não podia se dar ao luxo de recusar os trabalhos que apareciam. Durante a pandemia de covid-19, quando outros pilotos se negavam a transportar passageiros que não estivessem usando o devido aparato de segurança, Murcia estava sempre disposto a pilotar, protegido apenas por uma máscara facial.

– Ele era o *backup* de todos os pilotos, o eterno plano B – diz José Miguel Calderón, que voou com Murcia no comando de bimotores Piper Seneca. – Sempre que um piloto não queria voar porque o avião estava em mau estado ou o tempo muito ruim, ou porque não se sentisse seguro ou estivesse muito cansado, a empresa ligava [para o Murcia], e ele sempre topava. Os critérios dele eram bem baixos.

O dia a dia de um piloto de selva é repleto de pequenas decisões, mas é raro que elas resultem em algo fatal. Algumas vezes, entretanto, há um somatório delas que desanda a coisa toda. O comandante Murcia tinha trinta anos de experiência como piloto, mas, naquele dia 1º de maio, a falta de critério enfim cobrou o seu preço.

Um ano depois do acontecido, peritos da Aerocivil ainda não haviam conseguido determinar as razões que tinham levado à queda do HK-2803. Por terem ouvido da boca dos passageiros que estavam a bordo do voo conturbado da véspera a história do combustível que não havia sido entregue em La Chorrera, muitos *paisanos* em Araracuara se convenceram de que simplesmente o avião ficou sem combustível. Mas Nestor Andoke viu Murcia reabastecer o tanque, e um dos outros pilotos também confirmou que havia deixado Murcia usar os galões de emergência que ele mantinha na cidade. Alguns moradores puseram a culpa nas condições da pista; outros culparam a aeronave em si. Fredy Ladino, o dono da Avianline, diz que foi um caso de erro humano.

No seu laptop, ele me mostra fotos da hélice do HK-2803 que foram feitas no local do acidente em maio de 2023. Há marcas brancas de arranhões na borda de cada pá. Ladino afirma que arranhões assim não podem ter sido provocados pelo contato do avião com as copas das árvores, algo que, segundo ele, teria empenado o metal para trás, mas que teriam sido feitos mais cedo naquele dia. Ele acredita que a hélice entrou em contato com o chão quando o Cessna adernou na pista em Araracuara, durante a primeira tentativa de decolagem. E que o impacto reverberou pelo eixo delas, danificando o motor.

– A fábrica recomenda que, se a hélice tocar em qualquer coisa, até mesmo uma folha de papel, você precisa remover o motor e examiná-lo, porque é um mecanismo muito delicado – afirma Ladino.

A atitude correta num caso assim seria encaminhar o motor para ser submetido a análise detalhada do fabricante. O empresário afirma que a decisão tomada pelo piloto de quebrar esse protocolo foi motivada pelo seu senso de empatia. Murcia era um piloto de selva colombiano que levava a sério o dever prestado pela categoria à comunidade amazônica. Ele acreditou que Magdalena e os filhos estavam correndo risco de vida em Araracuara, e transportá-los para fora da cidade era sua prioridade máxima naquele dia.

– O coitado deve ter pensado: *Eu preciso fazer alguma coisa!* E foi o seu afã de ajudar que levou ao erro causador do acidente – alega Ladino.

O depoimento do cabo do exército que estava na pista também sugere que Magdalena não se abalou com a falha na tentativa de decolagem. Talvez, para Murcia, isso tenha sido percebido como um sinal de quão determinada ela estava a ir embora da floresta. No entanto, Magdalena não tinha muita experiência com aviões. E como todos na cidade viviam reclamando do péssimo estado daquela pista, parece provável que ela tenha imaginado que incidentes como aquele eram acontecimentos corriqueiros, levando-a a subestimar a gravidade do acontecido.

A tese de Ladino, no entanto, não explica os eventos que ocorreram antes do incidente na decolagem. Os passageiros do voo da véspera, entre La Chorrera e Araracuara, declararam que o motor do avião parecia estar com pouca potência. Diversas testemunhas também viram quando Murcia, com um ar preocupado, estava mexendo no motor do Cessna bem antes de começar a taxiar pela pista. E o avião também não tivera potência para desemperrar a roda que ficou presa no primeiro buraco, ainda no pátio de cimento da base militar.

Talvez Murcia estivesse mesmo preocupado com a segurança da família que transportava a bordo, mas, possivelmente, ele também tinha medo de perder o emprego. Naquela mesma manhã, havia recebido mensagens por WhatsApp da gerência da Avianline demandando explicações pelo atraso da decolagem. Nenhum piloto quer ver seu nome relacionado a atrasos nos voos. Talvez tenha sido a pressão profissional que o levou a subestimar o problema que havia detectado no motor e a passar por cima do próprio critério.

Uma última possível causa para o acidente, e talvez a mais provável, me foi explicada por outro piloto de Cessnas: com as altas temperaturas da Amazônia, o óleo no motor da aeronave se expande e o excesso é ejetado por um sistema de drenagem. É comum que uma pequena quantidade desse óleo acabe se infiltrando no compartimento de bagagens que fica na barriga do avião. Mas os passageiros do voo feito na véspera para Cararú relataram que, ao retirarem suas bagagens, no fundo do compartimento do HK-2803 havia uma camada espessa de óleo. Talvez houvesse um vazamento de óleo.

O fato de Murcia ter conseguido reativar o motor depois de uma queda brusca de altitude corrobora essa teoria. Em altitudes maiores, com a temperatura mais fresca, o óleo se contrai. O motor, então, com a baixa no nível de óleo, começou a falhar. Quando o Cessna de Murcia perdeu altitude rapidamente, passando de 8.500 pés para menos de 2.000, o motor teria se aquecido depressa e feito o óleo que restava dentro dele se expandir, voltando a alimentar o mecanismo. Com isso, o piloto teve a impressão de que o problema estava resolvido.

Naquele dia, enquanto sentia a potência do motor retornar, Murcia passou direto por Cachiporro, uma pista de pouso difícil, no meio do nada, com a intenção de alcançar sua segunda opção – uma pista melhor, na cidade maior de Miraflores. Esse erro de avaliação provou-se fatal.

Às 7h43h, a voz do piloto se fez ouvir novamente na torre de controle em Villavicencio.

– *Mayday, Mayday*, 2803, 2803. O motor está falhando novamente… Vou procurar algum rio. Estou vendo um aqui à minha direita.

E um minuto mais tarde:

– A 103 milhas de San José. Vou fazer o pouso…

Da cabine, o comandante Murcia gritava ordens para seus passageiros. Ele instruiu Magdalena a abrir a porta traseira do lado direito, perto de onde Soleiny estava sentada. Eles iam fazer um pouso no rio. Precisavam estar preparados para evacuar a aeronave assim que ela tocasse a água – haveria uma janela de uns poucos segundos antes que a água começasse a entrar e afundasse a fuselagem até o leito do rio. A porta traseira seria a sua saída de emergência, mas Soleiny e Tien não sabiam nadar.

A alegação de Ladino é que esse foi o último dos erros de Murcia. Mesmo ali, depois da série de avaliações equivocadas que havia levado àquele momento desastroso, ele ainda tinha uma chance de salvar a si mesmo e a seus passageiros. Se Murcia tivesse reduzido a velocidade e tentado uma aterrissagem nas copas das árvores, os adultos a bordo poderiam ter sobrevivido, afirma o empresário, mas o piloto estava decidido a pousar no rio. A abertura da porta traseira e o fato de que ele não recolheu as pernas para o meio da cabine, como Castañeda fizera dois anos antes, indicam que não houve a intenção de arremeter o Cessna contra a vegetação. A aeronave desceu sobre a floresta depressa demais, e o nariz se chocou com tanta força contra os galhos que o motor foi arrancado da fuselagem – algo que, de acordo com Fredy Ladino, não teria acontecido a uma velocidade mais baixa.

Magdalena retornou ao seu assento. Na frente dela, Murcia lutava com os comandos, tentando domar o motor, mas diante do para-brisa as ondulações marrons da superfície do rio começavam a desaparecer de vista atrás da vegetação. Pela janela, Magdalena viu a copa da floresta avançando na direção deles, até que árvores separadas e depois os galhos delas começassem a ser claramente visíveis, e não mais como um grande tapete verde único. Houve o chiado rápido da folhagem raspando contra as asas e depois uma pancada forte. O ruído do motor então cessou completamente. O Cessna tombou violentamente para a frente e mergulhou de nariz no solo da floresta.

PARTE II

Quarenta dias

CAPÍTULO SEIS
Um mundo de cabeça pra baixo

Quando Lesly Jacobombaire Mucutuy voltou a si, ela sentiu o peso do corpo pendendo para a frente e a pressão do cinto de segurança ao redor da sua cintura. Havia o som de alguma coisa gotejando. Ela abriu os olhos.

Abaixo dela, o encosto de couro preto do assento estava coberto de sangue. Acima, a poucos centímetros do seu rosto, ela viu a lama e as folhas caídas no chão da floresta. A menina passou a mão na testa e sentiu os contornos de um talho comprido na linha da raiz dos cabelos.

Lesly precisou fazer um esforço para entender o seu mundo de cabeça pra baixo. À sua direita, um triângulo de metal branco projetava-se em sua direção, atravessando a janela quebrada. Era a ponta da asa do avião. Uns poucos estilhaços de vidro estavam presos à moldura da janela; para além deles, só havia o verde. Se girasse o pescoço, ela poderia ver o teto da cabine amassado para dentro, como uma lata de refrigerante esmagada.

E, quando voltou-se para a esquerda, Lesly viu sua mãe, o corpo debruçado para a frente no assento, um dos braços pendente, o cabelo comprido cobrindo o rosto. Assustadoramente imóvel.

Lembranças terríveis começaram então a emergir. A mãe estendendo o braço para afivelar o seu cinto de segurança. O piloto se digladiando com os controles, gritando em pânico ordens para os passageiros. As mãos daquele homem corpulento que estava sentado à sua frente buscando desesperadamente – no painel de controle, na moldura da porta – algo onde pudessem se agarrar. E então a pancada ensurdecedora e a queda brusca, fazendo revirar as suas entranhas.

– Mamãe? – ela chamou, num sussurro.

Então tentou outra vez, mais alto, o medo deixando a sua voz trêmula:

– Mamãe?

Mas Lesly já sabia.

Algo na postura de Magdalena, a imobilidade assustadora do braço, a maneira como o queixo se projetava para baixo mostraram a Lesly que sua mãe estava morta.

E ela viu-se ali, pendurada de cabeça para baixo, olhando para a mãe. Ela sentiu o peito apertar e, acima dele, o estômago revirar. As primeiras ondas de náusea e de pânico tomaram conta do seu corpo.

Foi então que ouviu um choro abafado e desesperado de bebê.

Por entre as dobras do corpo de Magdalena, ainda aninhada por um braço já enrijecido, surgiu a perna gorducha de Cristin.

Lesly lutou para desafivelar o cinto. Quando a fivela enfim se soltou e o seu corpo caiu para a frente, a perna esquerda não acompanhou o movimento e a menina soltou um grito de dor. O seu assento havia se deslocado com a queda, e a panturrilha ficara imprensada entre a estrutura metálica dele e o chão. Lesly puxou e retorceu a perna até conseguir soltar o calcanhar de dentro do tênis e puxar o pé. Uma dor lancinante se irradiou pela sua perna.

Lesly então engatinhou na direção da mãe. Abaixo dela, perto do lugar onde Magdalena havia apoiado as mãos, a camisa branca do piloto parecia brilhar na luz esmaecida da floresta. A parte de trás da sua cabeça era um calombo se projetando do meio da lama.

De joelhos, Lesly estendeu uma das mãos e puxou o tornozelo de Cristin. Sua irmã caçula, de 11 meses, soltou-se do corpo da mãe, arfando e chorando. Lesly a abraçou com força. E então olhou para cima. Dos assentos traseiros do avião, dois rostinhos a encararam de volta, sem dizer nada.

Lesly pôs-se de pé no corredor estreito, esbarrando no corpo da mãe. A perna esquerda cedeu sob o peso do corpo, e ela precisou agarrar um dos bancos para se equilibrar. Segurando Cristin com um dos braços, ela apoiou-se no outro para erguer o corpo e conseguir sentar sobre as costas do assento onde estava viajando. Enquanto a irmã lutava para soltar os cintos de segurança de Soleiny e de Tien, os dois começaram a chorar. Lesly observou cada uma das crianças. Soleiny tinha machucados na cabeça e no peito, mas Tien não sofrera nem um arranhão.

Ao lado do assento de Soleiny, a porta traseira do Cessna pendia, aberta, balançando suavemente. Lesly saiu primeiro, pendurando-se pelos braços até o mais baixo que conseguiu antes de soltar o corpo e cair dolorosamente no chão da floresta. Ela pôs-se de pé e apoiou o peso do corpo contra a asa do avião, erguendo os braços para amparar Cristin, que lhe foi passada por Soleiny.

Depois que Soleiny e Tien também saíram do avião, os quatro recuaram um pouco para dentro da floresta, à sombra do azul vivo da barriga do avião. E foi só então que Lesly compreendeu de verdade o que havia acontecido.

A fuselagem do Cessna estava espetada na vertical, reta como os troncos das árvores, e a cauda com a ponta azul se projetava dela como se fosse uma bandeira num mastro. A cabine do piloto estava totalmente enterrada, e as asas, esmagadas e dobradas para trás, roçando o chão da floresta. A dez metros de distância, um volume metálico do tamanho de uma geladeira estalava e chiava no meio da folhagem úmida. Era o motor do Cessna, que, arrancado pela força da colisão com as árvores, jazia agora com sua anatomia de pistões e fios toda à mostra.

Logo atrás do que restava do avião havia uma palmeira com o tronco bem grosso. Lesly sentou-se com os irmãos na base dela. Tien perguntou por que a mãe não tinha acordado, e ela não soube como responder. Soleiny não tirava os olhos da lateral do seu rosto, por onde escorria uma cascata de sangue do corte aberto na testa. Lesly havia aprendido com a mãe que, por causa do calor e da umidade da floresta, era preciso tratar depressa qualquer ferida aberta. Mas, para poder fazer isso, seria preciso voltar ao avião.

Ela escorou com um galho a porta traseira a fim de mantê-la aberta e içou o corpo de volta para dentro da cabine. Lesly lembrava que a bagagem dos passageiros tinha sido armazenada na parte de trás do avião. Na lateral do banco que tinha sido ocupado por Tien, encontrou uma pequena alavanca que projetou o assento para a frente. Ela então conseguiu puxar as malas e as jogou pela porta aberta para o chão da floresta. Por trás da bagagem, presa à fuselagem, havia uma pequena caixa amarela com uma lanterna. Ao lado da caixa, uma bolsa quadrada preta fechada por um zíper com o desenho de uma cruz vermelha que Lesly identificou imediatamente. E tratou de pegá-la.

Quando estava prestes a pular de novo de dentro do avião, ela viu, no canto mais baixo da cabine, duas garrafas plásticas com água. Lesly desceu até perto de onde estava o corpo da mãe e conseguiu pegar as garrafas. Ela tentou ainda soltar o seu pé de sapato que ficara preso debaixo do assento, mas sem sucesso.

Quando retornou para junto dos irmãos, Lesly já tinha começado a elaborar um plano.

Primeiro, era preciso estancar o sangramento da testa. Ela puxou uma das fraldas descartáveis da bolsa de Cristin e pressionou o material absorvente contra a testa. Para segurá-la no lugar, usou as ataduras do kit de primeiros socorros do avião. Em seguida, estendeu uma toalha sobre os galhos mais baixos de uma árvore próxima para criar uma sombra e cobriu-a com o mosquiteiro que havia encontrado na bagagem. As crianças engatinharam para dentro da tenda improvisada. Lesly sabia que alguém iria procurar por eles. Quanto tempo essa ajuda poderia levar para chegar, no entanto, já era outra história.

Eles ficaram lá, esperando.

O calor aumentou. De onde estava, Lesly pôde ver as nuvens de moscas se formando ao redor da fuselagem. Ela sabia o que isso significava, e, quando Tien começou a se agitar querendo voltar para o avião para ver como estava a mãe, Lesly segurou com força o irmão pelo punho. Da bolsa de fraldas de Cristin, pegou a mamadeira da irmã e um sachê de leite em pó Klim que estava junto. Lesly despejou metade do conteúdo do sachê na mamadeira e misturou com um pouco de água. Cristin agarrou a mamadeira com as duas mãozinhas e começou a sugar avidamente.

Lesly pegou então os dois cupuaçus que a mãe havia embalado na noite anterior. Essas frutas, do tamanho aproximado de uma papaia, têm a casca marrom e peluda e, por baixo dela, a polpa clara e suculenta. Cada fruto tem dezenas de sementes, cada uma envolta na sua cápsula de polpa. A menina deu uma semente para Soleiny, uma para Tien e ficou com uma para si. As sementes do cupuaçu têm um sabor que lembra chocolate.

Por dois dias e duas noites, as crianças permaneceram no abrigo. Pancadas de chuva caíam fortes. À noite, quando esfriava e as suas roupas úmidas colavam-se à pele, elas juntavam bem os corpos para se aquecer. Lesly deitava-se de costas, com Cristin sobre o peito para que não ficasse em contato com a friagem do chão da floresta. Eles comeram o segundo cupuaçu e acabaram com toda a água que havia.

No terceiro dia, Lesly foi despertada pelo som de um farfalhar vindo dos destroços do avião. Sem acordar os irmãos, ela saiu de baixo do mosquiteiro e contornou a área num arco amplo, mancando, pelo lado esquerdo da fuselagem.

Um urubu, com as suas asas bem pretas e a cabeça pelada, cinzenta e enrugada, estava rondando a base do avião. Lesly detestava urubus. As nuvens de moscas tinham ficado maiores, e a menina sentiu pela primeira vez o cheiro acre da decomposição. Ela sabia que as onças logo iriam aparecer.

Quando voltou para o abrigo, Lesly percebeu que precisava tomar uma decisão. Eles tinham esperado por dois dias inteiros, e a ajuda não apareceu. Não havia como ter certeza de que os aviões que ela tinha ouvido passar estavam à procura deles, ou mesmo se havia alguém procurando. E não podiam continuar tão perto do Cessna, agora que o cheiro da morte estava cada vez mais forte.

Lesly resolveu que eles tinham que encontrar algum povoado. La Chorrera, Araracuara e as outras comunidades ribeirinhas que ela conhecia ficavam sempre à beira d'água. A menina se recordava do que o piloto havia falado, em pânico, pelo rádio. *Eu vou achar um rio.* E lembrava também de ter visto, por cima do ombro dele, a superfície marrom e ondulante da água pelo para-brisa do avião.

Lesly observou a posição em que ele estava agora. Mesmo com o nariz fincado no solo da floresta, a direção para onde estava voando antes de cair era bem clara. Quando pousou o olhar na mata fechada à sua frente, a menina sentiu o calor suave do sol no seu rosto. Era para o leste que teriam que caminhar.

CAPÍTULO SETE
Villavicencio

Na manhã do dia 1º de maio, o ex-marido de Magdalena, Andrés Jacobombaire, estava num pequeno parque perto de sua casa em Suba, um bairro operário nos subúrbios da parte noroeste de Bogotá. Ele estava fazendo a sua série diária de exercícios prescritos pelo fisioterapeuta. Apoiado na estrutura de um trepa-trepa, ele estendia lenta e dolorosamente uma das pernas para a frente e então passava o peso do corpo para ela.

Suba antigamente era um território dos Muisca, um povo originário que trocava as batatas e o milho cultivados no solo fértil dos planaltos por esmeraldas e metais preciosos garimpados pelos povos vizinhos. A fama dos Muisca como ourives talentosos atraiu a atenção dos conquistadores espanhóis, e, em 1538, eles haviam sido totalmente dominados e os poucos sobreviventes forçados a se recolher em uma reserva. E o seu território nativo, a área de Suba, ao longo dos séculos seguintes viu-se engolfada pela expansão da capital Bogotá.

Hoje, Suba é um bairro residencial, alguns quarteirões de prédios baixos com fachadas de tijolos construídos para absorver ondas de imigrantes vindos do interior do país. Na década de 1950, dois terços dos colombianos habitavam as zonas rurais. Em 2020, três quartos deles já moravam nas cidades. Ao longo desse tempo, os conflitos internos entre a guerrilha, o exército e organizações paramilitares obrigaram muitos indígenas a abandonar as terras de seus ancestrais. Dados dos censos feitos no país mostram que, entre 1993 e 2018, o número de pessoas de etnias nativas vivendo em Bogotá subiu de 1.298 para 19.603. E muitas dessas pessoas vivem em Suba.

Nos meses que se seguiram à partida de Magdalena de La Chorrera, em 2017, a saúde de Andrés foi piorando gradualmente. O único médico da localidade, um jovem doutor recém-formado prestando o seu ano obrigatório de serviços em comunidades do interior do país, não pôde fazer mais do que lhe prescrever analgésicos. Em meados de 2019, Andrés estava acamado e havia perdido os movimentos, e, em dezembro do mesmo ano, sua irmã Rosamira conseguiu levantar o dinheiro necessário e preencher os documentos para garantir que ele fosse transferido para a capital para se tratar com especialistas.

Depois de completar a sua série de exercícios no parque, Andrés retornou para o apartamento que dividia com Rosamira. Enquanto preparava um sanduíche, ele checou o telefone e viu que havia uma chamada perdida de um número desconhecido. Pouco depois, quando se acomodou diante da TV para assistir a um filme, o telefone voltou a tocar. Dessa vez, ele atendeu a ligação.

– É Andrés falando? O pai de Lesly e Soleiny Jacobombaire?

O sotaque empertigado de Bogotá e o tom sério da voz só podiam significar alguma má notícia. Andrés começou a tremer na mesma hora. O sujeito, um oficial da Força Aérea, explicou-lhe que as suas filhas e sua esposa estavam a caminho de San José del Guaviare quando o seu voo desaparecera, pouco depois da decolagem. Ainda era cedo para saber o que de fato havia acontecido, ou se elas estavam vivas ou mortas, mas fora montada uma operação de busca e resgate em Villavicencio. Eles poderiam transportá-lo para lá na manhã seguinte.

Assim que encerrou a ligação, Andrés mudou o canal da TV. No noticiário, ouvia-se a voz de um repórter sobreposta a uma imagem da rota de voo do Cessna. O nome da sua esposa e das filhas apareceu na tela. Ele começou a chorar.

Andrés tem quarenta e dois anos e, à primeira vista, parece ser um homem saudável e em boa forma. Quando nos encontramos, ele estava apoiado numa parede de tijolos usando um par de tênis, calça jeans e uma camiseta do Led Zeppelin. O cabelo preto é comprido e penteado para trás na parte de cima e cortado bem rente nas laterais. Pela aparência, ele poderia ser confundido com uma geração mais nova de *paisanos*, aqueles que foram criados na cidade grande e podem ser vistos nas pistas de skate e bares de rock.

Essa imagem desmorona assim que ele começa a andar. Andrés está acompanhado de seu irmão mais velho, Jairo, que segura seu cotovelo com força para apoiar seus passos e murmura palavras de encorajamento em seu ouvido. À medida que um pé avança lentamente atrás do outro, o seu rosto se contorce com o esforço. Quando nos sentamos para conversar, a fala de Andrés sai arrastada e gaguejante. Às vezes, os olhos se arregalam de frustração quando a língua não consegue articular as palavras, e Jairo, com ar protetor, intervém para responder às perguntas em seu lugar.

A memória de Andrés, no entanto, é cristalina, e as emoções do passado parecem todas prontas para aflorar. Muitas delas se revelam na expressão do seu rosto, antes mesmo de as palavras serem pronunciadas.

Quando recebeu o telefonema da Força Aérea, ele não via Lesly e Soleiny havia seis anos. Com olhos suplicantes, Andrés relata o quanto tentou convencer Magdalena a lhe trazer as meninas de volta. Ele chegou a se oferecer para pagar o voo delas até La Chorrera e depois até Bogotá.

– Eu liguei vinte, trinta vezes para ela – ele diz. – Até que me cansei de ficar implorando.

Depois que Magdalena parou de retornar as suas ligações, Andrés passou a se consolar com a ideia de que, depois que completassem dezoito anos, as filhas estariam livres para viajar sozinhas e ir visitá-lo. Mas, na noite do dia 1º de maio, enquanto esperava à porta do seu prédio acompanhado por Rosamira, ele começou a pensar se algum dia veria as filhas com vida novamente.

Às 3h, uma minivan preta estacionou junto da calçada. Rosamira amparou o irmão para que descesse as escadas do prédio e entrasse pela porta deslizante do automóvel. Sentado no banco traseiro, Andrés foi tomado por uma onda incandescente de raiva. Se Magdalena tivesse atendido as suas ligações, se as meninas tivessem ido morar com ele, nada disso teria acontecido. Mas a raiva também era contra o seu próprio infortúnio, contra a debilidade física que o impedira de ir pessoalmente até Araracuara buscar as filhas, que o impossibilitava de ter um trabalho que garantisse o sustento delas em Bogotá e que o deixava em posição de desvantagem em qualquer confronto.

Vinte minutos mais tarde, a porta deslizante da minivan voltou a ser aberta. Um homem de pele escura e cabelos muito crespos embarcou, vestindo um suéter de lã esticado sobre os ombros fortes.

– *Buenos dias* – o homem disse, com um aceno de cabeça na direção de Andrés e Rosamira.

Sem obter resposta dos dois, ele tratou de se acomodar num assento algumas fileiras à frente. Mas Andrés não conseguiu se conter.

– Você é Manuel Ranoque? – indagou.

A sua intenção era parecer durão, mas a voz saiu gaguejante. O homem se voltou para encará-lo, primeiro com uma expressão confusa no rosto, e em seguida parecendo juntar mentalmente as peças. Ele abriu um sorriso e voltou a se virar para a frente.

Rosamira apertou a mão do irmão. "Fique calmo", ela lhe disse. Por trás do rosto impassível, Andrés estava fervilhando com uma mistura de emoções. Um turbilhão de dor, raiva e humilhação. Mas também de medo. Ele também tinha ouvido falar da fama de Manuel. Ficou pensando se o outro estaria portando uma faca e se arrependeu do rompante que o levou a interpelá-lo. Andrés passou o resto do trajeto torcendo para que Manuel não lhe dissesse mais nada.

No aeroporto de Bogotá, Ismael e Diana Mendoza, o pai e a irmã mais nova de Herman Mendoza, aguardavam no saguão de embarque. Todos embarcaram em silêncio no avião da Força Aérea e pousaram em Villavicencio pouco depois do amanhecer. Foram escoltados até um hangar no final da pista, passaram por um Cessna que estava em manutenção e entraram num escritório nos fundos do prédio, no andar térreo. As paredes estavam decoradas com fotos emolduradas de Fredy Ladino usando óculos escuros modelo aviador e exibindo um sorriso largo, numa pose diante de exemplares variados de aeronaves de pequeno porte.

O sujeito em pessoa, um pouco mais bronzeado do que nas fotos, adiantou-se para cumprimentar a todos com aperto de mão. Ele havia interrompido as suas férias em Aruba para assumir o comando das operações de busca. Fatima e Narciso Mucutuy, que tinham chegado de Chukiki, logo se juntaram aos outros no escritório. Fredy os convidou a se sentar em cadeiras de plástico. Andrés e Rosamira trataram de escolher lugares o mais longe possível de Manuel.

Ladino postou-se diante do grupo e explicou os acontecimentos das vinte e quatro horas anteriores.

As informações do radar mostravam que o avião havia se desviado para nordeste da rota de voo original às 7h44. Analistas de segurança de voo haviam expandido a possível trajetória para traçar o perímetro triangular de uma área inicial de buscas que ia até o rio Apaporis.

Nas horas seguintes ao acidente, Ladino explicou, dois outros Cessnas haviam sobrevoado a área sem conseguir avistar nada. Não havia nenhum sinal do avião, nenhum brilho da fuselagem ao sol, nenhuma lacuna nas copas das árvores – só o tapete verde interminável da floresta. Seria necessário iniciar uma busca por terra, mas havia um problema. As organizações habitualmente responsáveis por operações desse tipo – o programa nacional de busca e resgate, a Guarda Civil, a Cruz Vermelha – não estavam preparadas para atuar na área. Era uma região remota demais, e não haveria garantia de segurança para o seu pessoal, por causa da suspeita de atividade guerrilheira no local. A alternativa, portanto, seria fazer uma busca coordenada pela própria Avianline. Ladino já havia enviado homens para o local, e a Força Aérea enviaria um AC-47 e um helicóptero Huey naquele mesmo dia. O escritório da empresa funcionaria como base da operação.

Os relatos sobre esses primeiros dias de busca pelo HK-2803 são conflitantes. Andrés e Rosamira, que logo pediram para receber as atualizações numa sala separada, dizem ter sentido que estavam em boas mãos.

– Fredy foi muito prestativo. Ele nos manteve informados, ligando a cada par de horas, nos passando todos os detalhes – diz Rosamira. – Eu confiei nele.

Essa sensação não foi compartilhada pelos outros familiares das vítimas. As palavras de Ladino não inspiraram a confiança de Diana Mendoza, que havia deixado seus estudos no curso de enfermagem para acompanhar as buscas. Os familiares passaram a noite num hotel, no Centro da cidade. No dia seguinte, Ladino lhes disse que havia perdido o contato com a equipe de buscas. Diana o interpelou. Que tipo de equipe era aquela, que havia se embrenhado na floresta sem levar equipamento adequado? De que adiantava mandar mais aeronaves sobrevoarem a área, se a vegetação era tão densa? E onde estavam as organizações oficiais, que Ladino repetia que chegariam a qualquer momento? Havia também uma questão que a perturbava mais do que qualquer outra: se fossem os parentes de alguma família rica de Bogotá desaparecida na Amazônia, eles também levariam tanto tempo para fazer alguma coisa?

Manuel, em especial, não era um sujeito habituado a ficar esperando. Ele exigiu que o levassem para a floresta, querendo ele mesmo ir em busca do avião.

– Em Villavicencio, foi como se eles quisessem me deixar sentado lá, no escritório ou no hotel, comendo alguma coisa, vendo de fora toda a ação – recorda-se ele. – Só que eram os meus filhos que estavam perdidos, e aquilo me deixou desconfortável.

Naquela noite, Manuel e Diana Mendoza começaram a bater nas portas das pessoas que conheciam em Villavicencio. Eles procuraram defensores dos direitos humanos, peritos da selva, membros da Guarda Civil – qualquer um que pudesse se juntar às buscas ou ajudar a custear a operação. Depois, Diana ligou para sua prima Natalya, de Araracuara, para tentar reunir um grupo de caçadores e mateiros para entrar na floresta. Por fim, ela fez contato com a OPIAC, a organização de defesa dos direitos indígenas onde o irmão trabalhava, para pedir indicações. Um nome surgiu como o primeiro da lista deles.

Edwin Paky é um engenheiro agrônomo e cartógrafo de trinta e seis anos que usa uma barba espetada, óculos de aro grosso e está sempre com boné na cabeça. Ele pertence à etnia Muinane, tem orgulho de suas origens, e, assim como seu primo de segundo grau Herman Mendoza, é um ativista fervoroso em prol dos direitos indígenas. Quando eu o conheci, em Araracuara, ele estava calçando galochas e vestindo uma camisa cáqui com bolsos volumosos no peito, retornando de uma expedição de coleta de dados para um projeto de venda de créditos de carbono da floresta.

No dia 1º de maio, Paky estava na Plaza Bolívar, o epicentro da vida política na Colômbia. A praça central de Bogotá tem à sua volta o Congresso Nacional, a catedral e os tribunais de justiça. Na manhã daquele dia, ele se juntara a 600 membros da Guarda Indígena para protestar contra o fato de o Senado ter vetado um pacote importante de reformas. Os membros da guarda, uma força de segurança legalmente reconhecida que opera em comunidades indígenas, apresentaram-se com seus *bastones de mando*, os cassetetes de madeira que usam em serviço, apoiados sobre os ombros.

Um ano antes, o ex-guerrilheiro Gustavo Petro havia sido eleito presidente do país. Ele foi a primeira liderança de esquerda da história da Colômbia e contava com o apoio em massa das populações originárias e de origem africana. O seu partido, entretanto, era minoritário no Congresso, e os planos de Petro para alterar as leis trabalhistas, da previdência e da saúde pública em favor dos mais pobres destruíram a sua já frágil coalizão política. A marcha do 1º de Maio fora organizada para demonstrar o apoio popular ao seu mandato. Ao final da manifestação, via-se a bandeira vermelha e verde da Guarda Indígena pendurada no pescoço da estátua do herói nacional, Simón Bolívar, que ocupa o centro da Plaza.

Edwin Paky faz parte de uma geração de indígenas colombianos que frequentaram a universidade, têm uma profissão e dispõem do discernimento político para entender a dinâmica de poderes em vigor no país. Dois dias depois da manifestação, ele estava em reunião com seus companheiros ativistas quando recebeu em seu celular uma ligação da OPIAC.

— Eles queriam que eu participasse como perito de selva — recorda ele. — Eu conheço a floresta e sei lidar com equipamentos de localização, aparelhos de GPS, fazer análise de mapas, essas coisas.

Tendo crescido em Araracuara, Edwin tinha a experiência de um *paisano* em relação à floresta, além de conhecimento suficiente de tecnologia para lidar com os equipamentos. Num trabalho realizado anteriormente, ele havia liderado equipes de pesquisa em expedições a localizações randômicas do GPS espalhadas pelo Parque Nacional Chiribiquete, próximo à região onde o Cessna havia desaparecido. Na mesma noite, o engenheiro teve tempo suficiente para arrumar uma mala pequena com uma muda de roupa, um mosquiteiro e um barbeador antes de embarcar no voo da tarde para Villavicencio.

Ao registrar-se no mesmo hotel onde os familiares dos passageiros do Cessna haviam sido acomodados, ele encontrou Fatima e Narciso muito abalados.

— Eles estavam muito preocupados, porque não havia nenhum resultado das buscas até então, e também porque a logística da operação estava avançando muito devagar — relata Paky. — Não havia informações claras sobre o que estava acontecendo, e, com isso, os familiares estavam muito nervosos e desesperados.

Delio Mendoza, irmão mais novo de Herman, também tinha ido para Villavicencio. Ele chegara de Leticia, cidade na fronteira com o Brasil, e, junto com Manuel, estava decidido a se juntar à busca pelos seus entes queridos. Na pista do aeroporto, havia um Cessna sendo carregado com suprimentos que seriam enviados às equipes. Não era muita coisa: algumas caixas com alimentos, água mineral e machadinhas. Ladino, porém, se recusou a permitir o embarque dos três homens.

– Num primeiro momento, foram muitos obstáculos – Delio relembra. – Eles não queriam deixar que nós fôssemos para a floresta, alegando que seria perigoso e outras desculpas do tipo, que havia protocolos que precisavam ser seguidos. E ficavam repetindo que os militares, os bombeiros e a Guarda Civil estavam fazendo todo o possível, mas que não estavam tendo resultados. No dia 4 de maio, nós começamos a ouvir rumores de que as buscas seriam suspensas. E pensamos que, se não fôssemos nós mesmos até lá, eles deixariam o meu irmão e os outros passageiros perdidos na selva.

Com a operação de busca chegando ao seu quarto dia, o interesse da imprensa pelo caso era crescente. Havia um pequeno grupo de repórteres e cinegrafistas acampado na frente do escritório da Avianline à espera de atualizações. Manuel mostrou-se mais do que disposto a abrir seu coração para eles. Aquela figura do pai desesperado e determinado, sem papas na língua, logo se transformou no grande protagonista da narrativa montada pela mídia.

No próprio dia 4 de maio, Manuel declarou para a revista *Semana*: "Nós não queremos mais ficar aqui parados em Villavicencio à espera de respostas. Queremos estar perto de nossos parentes, queremos ter essa oportunidade, e exigimos que eles nos deixem participar das equipes de busca". Ele estava disposto a arriscar tudo o que tinha, insistiu, para poder abraçar novamente a sua família.

Nesse primeiro momento, entretanto, Ladino permaneceu irredutível. Havia uma razão simples para ele não permitir a entrada de civis na área das buscas: o avião havia caído em pleno território do Estado Mayor Central, o grupo guerrilheiro mais bem organizado e violento da Colômbia. Para entrar nele, era preciso ter tato para as negociações e os contatos pessoais certos, e, nesses quesitos, Fredy Ladino estava em ampla posição de vantagem. Ao longo de sua carreira, ele havia feito amizade com diversos homens que conheciam bem aquela parte da floresta, tinham boas relações com as populações indígenas locais e sabiam como lidar com os grupos armados.

– O único pessoal capaz de trabalhar naquela área era o meu – enfatizou ele durante a conversa que tivemos em Villavicencio. -- O exército não tinha acesso, porque haviam detectado pelo radar a presença de unidades da guerrilha.

Três meses após o acidente, e já enfrentando a ameaça de processos judiciais que poderiam levá-lo à falência, quando conversamos, Ladino ainda mantinha o sorriso largo no rosto e o jeito simpático. Depois de ter me mostrado o seu ponto de vista sobre o que provocou o acidente com o Cessna, ele pareceu ávido para descrever as táticas e os esforços da equipe de busca que atuou sob a sua coordenação, explicando quão perto eles chegaram de ter sucesso. Afinal, por mais que a sua rotina hoje em dia seja confinada ao escritório, Fredy Ladino gosta de acreditar que ainda tem os instintos de um piloto de selva. Ele sabe como lidar com as coisas na floresta, afirma. E sabe quais pessoas precisam ser acionadas.

Ladino entrou em contato com os guerrilheiros.

– Eles disseram que nós podíamos entrar para procurar [pelo avião] sem qualquer problema. Autorizaram a entrada [do meu pessoal].

CAPÍTULO OITO
Casa Dumar

No meio do mar verde que havia lá embaixo, uma única testemunha presenciou os últimos momentos do HK-2803. O rio onde o comandante Murcia queria desesperadamente tentar pousar o Cessna, o rio que o motor enfraquecido do avião não teve potência para alcançar, era o rio Apaporis. Existem centenas de rios de maior porte no território colombiano, mas o Apaporis é um que continua envolto numa aura de mistério e que guarda uma reputação um tanto sinistra. Em seus mil quilômetros de extensão, as águas do Apaporis estrondeiam através de desfiladeiros e despencam de cascatas altíssimas. Em certos trechos, o rio chega a desaparecer totalmente de vista, afunilando-se em túneis escavados nas rochas.

Impossível de ser navegado de barco, o Apaporis se manteve fora do alcance dos conquistadores espanhóis e de outros exploradores vindos da Europa. Quando o biólogo estadunidense Richard Schultes chegou à região em 1943, em busca de fontes de borracha natural para suprir os esforços de guerra do seu país, a bacia do Apaporis era um espaço em branco no mapa. Segundo a crença do Povo do Centro, os indígenas que habitam esse bolsão soturno do Amazonas são possuídos por forças sobrenaturais. Bem depois da virada do século XXI, o Apaporis ainda continua revelando pouco a pouco os seus segredos ao mundo. Quando uma equipe de cientistas se aventurou a explorar a região em 2019, eles encontraram 36 espécies animais e vegetais desconhecidas.

– É uma área de mata virgem, o território mais remoto e inexplorado de toda a Colômbia – afirma Nicolas Castaño, que fez parte dessa expedição.

Mas, plantada nas margens tão isoladas desse trecho do rio, havia uma casinha solitária. Suas paredes de madeira formavam quatro cômodos sob um telhado de zinco. Um pequeno painel solar estava montado sobre um mastro no quintal. O dono da casa vivia ali com sua família e alguns trabalhadores num isolamento quase absoluto, separado por sete horas de viagem de barco rio acima do assentamento indígena mais próximo. Ele era conhecido como Dumar, e nenhuma das pessoas que contou com a sua hospitalidade ao longo das semanas seguintes ao acidente se recorda de ter ouvido o seu primeiro nome ser mencionado. Discrição e um certo grau de anonimato são atributos importantes na sua linha de atuação.

No terreno atrás da casa há uma área desmatada da floresta. Uma porção menor foi reservada para a esposa de Dumar cultivar mandioca, banana-da-terra e outras frutas, e a maior parte serve ao cultivo do único produto agrícola economicamente viável na selva: as folhas de coca.

Rota de voo do HK-2803

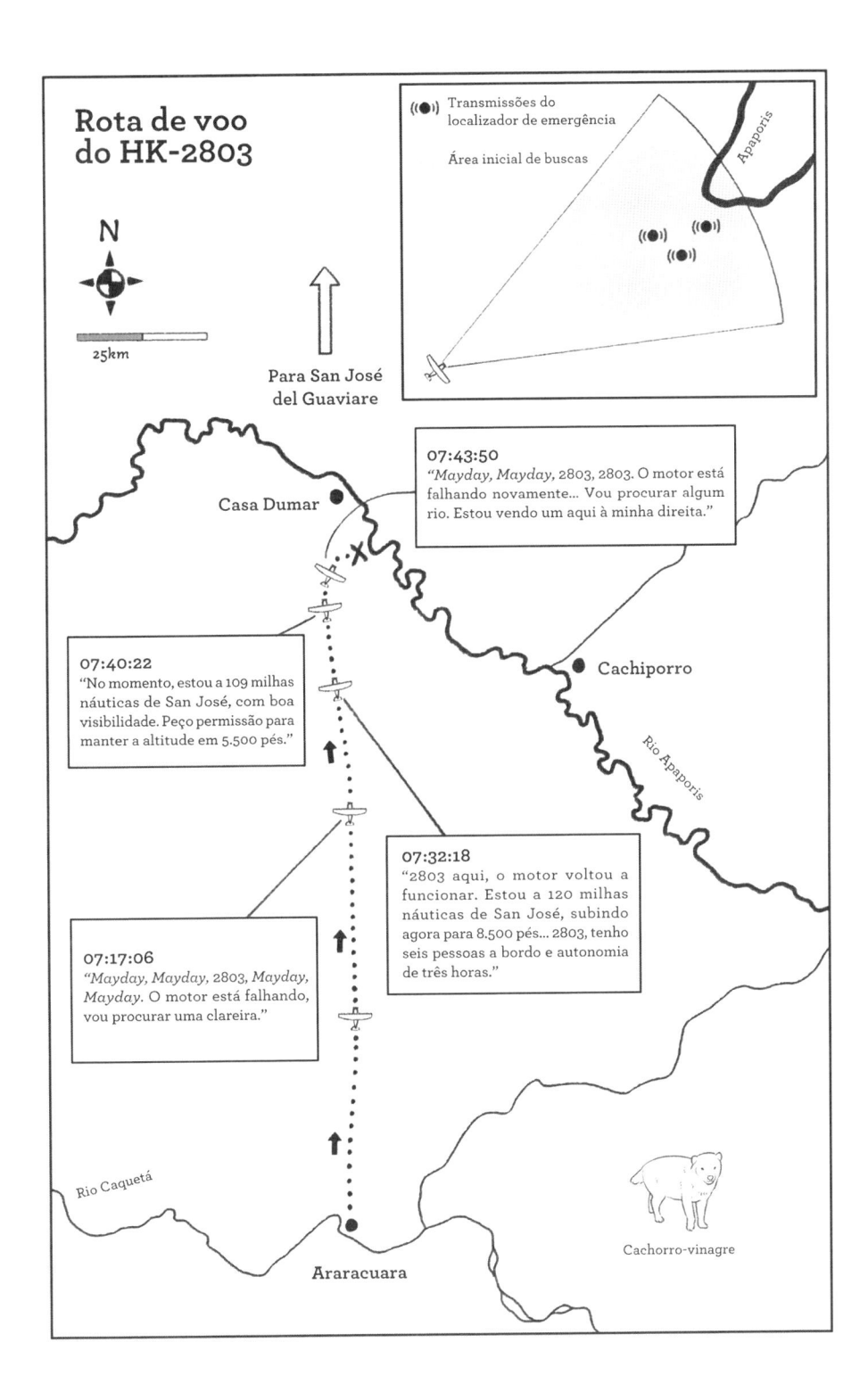

N

25km

Para San José del Guaviare

Transmissões do localizador de emergência

Área inicial de buscas

Apaporis

Casa Dumar

07:43:50
"*Mayday, Mayday*, 2803, 2803. O motor está falhando novamente... Vou procurar algum rio. Estou vendo um aqui à minha direita."

Cachiporro

Rio Apaporis

07:40:22
"No momento, estou a 109 milhas náuticas de San José, com boa visibilidade. Peço permissão para manter a altitude em 5.500 pés."

07:32:18
"2803 aqui, o motor voltou a funcionar. Estou a 120 milhas náuticas de San José, subindo agora para 8.500 pés... 2803, tenho seis pessoas a bordo e autonomia de três horas."

07:17:06
"*Mayday, Mayday*, 2803, *Mayday, Mayday*. O motor está falhando, vou procurar uma clareira."

Rio Caquetá

Cachorro-vinagre

Araracuara

Por toda a Amazônia colombiana, existem centenas de lavouras como a de Dumar, operando em locais isolados. As folhas são colhidas, ensacadas e vendidas para homens que chegam a bordo de *lanchas*, pagam em dinheiro vivo e não fazem perguntas.

Nem sempre foi assim. Na década de 1980, o Cartel de Medellín, liderado por Pablo Escobar, processava a cocaína em laboratórios secretos dentro da selva amazônica, mas a maior parte das folhas de coca era cultivada nos vales úmidos do Peru e da Bolívia e transportada para o país em aviões de pequeno porte. O crescimento da produção local na selva colombiana foi uma consequência não planejada da "Guerra às Drogas" empreendida pelo governo dos Estados Unidos. Ao longo dos anos 1990, a sua Agência de Combate ao Tráfico de Drogas trabalhou em conjunto com as forças aéreas de países sul-americanos para forçar o pouso ou derrubar, caso necessário, qualquer voo suspeito de estar a serviço do tráfico. A base de radares instalada em Araracuara e o avião militar que ficava a postos na pista da cidade faziam parte dessa operação. Em 2001, um escândalo pôs fim a ela, quando um caça militar peruano derrubou um hidroavião civil que transportava uma família de missionários norte-americanos, mas àquela altura a geografia do tráfico de drogas na região já havia sido alterada.

O cultivo das folhas de coca foi transferido para a própria região da Amazônia, mais perto dos laboratórios, e passou para as mãos de novos líderes – os integrantes das FARC. A taxação cobrada sobre a movimentação da coca garantiu uma injeção de recursos financeiros para a guerrilha e ampliou o poder de suas operações. Em 1996, as FARC ocuparam a base militar de Las Delicias, às margens do rio Caquetá, a 200 quilômetros acima de Araracuara. No prazo de uma semana, os mais de cem soldados americanos lotados na base de radares da cidade abandonaram o local, deixando a maior parte dos equipamentos para apodrecer ao sol.

Um ano mais tarde, a Colômbia superou o Peru e a Bolívia, tornando-se o maior produtor de coca do mundo, e em 2022 estima-se que o país controlava dois terços da produção mundial da droga. Segundo dados das organizações internacionais de combate às drogas, mais da metade dessa produção acontece em terras indígenas.

Na manhã do dia 1º de maio, Dumar estava colhendo folhas de coca na parte mais alta da sua lavoura quando ouviu um zumbido acima da sua cabeça. Olhando para cima, ele avistou por um momento um pequeno avião azul e branco voando para leste, apenas cerca de 50 metros acima da mata, e depois perdê-lo de vista no meio das árvores. Ele voltou logo em seguida para casa, mas decidiu não comentar com a esposa sobre o que tinha visto.

E quando, dois dias mais tarde, uma *lancha* aportou no pequeno ancoradouro da sua propriedade com os ocupantes amontoados sob uma cobertura de lona para se proteger da chuva, ele os recebeu com simpatia e hospitalidade. Mas não disse uma palavra a respeito do avião que avistara.

As buscas pelos destroços do HK-2803 foram feitas inicialmente de maneira caótica e com pouca coordenação, por três grupos distintos. Mais tarde, soldados da elite militar da Colômbia chegariam, descendo dos helicópteros por cordas. Por fim, os esquadrões do exército e os voluntários indígenas passaram a atuar em conjunto. Nos primeiros cinco dias depois do acidente, entretanto, a operação toda foi coordenada por Fredy Ladino, contando apenas com equipes de buscas compostas por amigos dele.

O primeiro grupo que aportou na Casa Dumar, depois que ela foi descoberta pela operação de buscas, foi liderado por Ferney Garzón. Ele era um comerciante que havia construído seu negócio transportando materiais de construção pelas corredeiras desafiadoras do Apaporis. Na tarde do dia 1º de maio, Garzón desembarcou no minúsculo povoado indígena de Cachiporro, o assentamento mais próximo do local estimado do acidente. Ele era conhecido por menos de 40 pessoas que moravam no local e visto por elas como um amigo. O comerciante não teve dificuldade para angariar ali a ajuda de seis homens para as buscas, e na manhã seguinte o grupo partiu rio acima a bordo de uma *lancha*.

Ferney Garzón havia atendido ao pedido de ajuda disparado por Ladino e deixara às pressas a sua casa, na parte leste da floresta. Ele não levou consigo nenhum equipamento especial de comunicação. Assim que o grupo saiu de Cachiporro, eles perderam o contato com a base de operações montada no escritório da Avianline em Villavicencio. Fredy Ladino voltou a acionar seu telefone.

Em Mitú, um povoado distante apenas 40 quilômetros da fronteira com o Brasil, no meio da selva, quem atendeu a ligação foi Andrés Londoño. Ele era um sujeito durão e despachado, que acabaria tendo um papel crucial nas buscas pelo Cessna desaparecido. Em setembro de 2023, eu conversei com Londoño num café do aeroporto de Villavicencio, aproveitando o momento em que ele retornava de uma viagem de trabalho. Na ocasião, ele vestia uma camisa polo branca bem limpa, o traje profissional mais formal que as condições da selva permitem.

Hoje, a empresa de transporte fluvial de Londoño conta com catorze embarcações e fornece um serviço fundamental para os povoados indígenas mais remotos da Amazônia colombiana. Mas tudo isso começou há sete anos, com uma única *lancha*, que ele usava para fazer passeios com turistas até as altíssimas quedas d'água de Jirijirimo, no Apaporis. Foi nessa época que Ferney e Ladino estabeleceram o seu relacionamento profissional.

– Andrés, você precisa nos dar uma ajuda – ele se lembra de ter ouvido do empresário, no telefonema recebido em maio de 2023. – Você conhece a área, conhece os moradores e sabe como lidar com a situação delicada de segurança.

Londoño não se abalou com o tom de urgência de Ladino. Ele sabia que as chances de encontrar algum sobrevivente eram mínimas, mas estava acostumado a ser chamado para missões desse tipo. Quando alguém se afogava ou era atacado por jacarés, as autoridades em geral contavam com ele para encontrar e fazer o resgate do corpo. Ao longo da pandemia, ele havia fechado os sacos de transporte de cadáveres de inúmeras vítimas de covid-19. Seus muitos anos de experiência nas águas dos afluentes mais remotos da Colômbia o haviam deixado em contato com a morte por tempo suficiente para desenvolver um profundo respeito pela floresta e admiração pelas pessoas que vivem nela.

Londoño não é de origem indígena – seus pais trocaram as colinas de cultivo de café pela região amazônica no início da década de 1980 –, mas casou-se com uma mulher Uitoto e tem um contato bem próximo com as tribos e os clãs da floresta. A cultura deles tornou-se a sua cultura. Ele enxerga a selva com os olhos de um *paisano*, e, quando recebeu o chamado para ajudar nas buscas, soube tomar as precauções necessárias. A primeira delas foi dizer a Ladino que precisaria de dois lugares no voo para Cachiporro.

– A floresta tem muitos mistérios – me disse Londoño, num tom pragmático. – Eu resolvi que entraria nela com um curandeiro, alguém que poderia me ajudar a me orientar e me dar a proteção cultural necessária.

O nome desse curandeiro era Hector. O comerciante o havia conhecido na época em que organizava os passeios turísticos e ficara impressionado tanto com seu grau de conexão espiritual com a mata quanto com sua habilidade para se orientar e encontrar água e alimento. No começo da tarde do dia 3 de maio, os dois homens se acomodaram lado a lado a bordo de um Cessna, cercados por caixotes com alimentos, galões de gasolina e um motor de popa. Eles tomaram nota sobre a topografia do terreno e o percurso do Apaporis enquanto o avião sobrevoava a área das buscas.

Quando pousaram em Cachiporro, foram recebidos apenas pelas mulheres, crianças e anciãos do povoado. Todos os homens mais novos tinham partido no grupo liderado por Garzón. Londoño acoplou o motor de popa que tinham levado no avião à última *lancha* em condições de uso na comunidade, e os dois partiram na viagem de sete horas rio acima. A dupla chegou à Casa Dumar pouco depois da 1h30 da madrugada do dia 4 de maio, onde se encontraram com Garzón e os outros homens.

Quando amanheceu o dia, todos se reuniram no maior cômodo da casa. A esposa de Dumar lhes serviu café e *casabe*. Havia entre eles meia dúzia de indígenas moradores de Cachiporro, incluindo um que era ex-guerrilheiro e deixara a organização em 2016. Além deles, estavam presentes Garzón e Londoño, respectivamente um comerciante e um operador de transporte fluvial, e Hector, curandeiro de uma tribo distante. O filho de Dumar e dois homens que trabalhavam para ele na plantação de coca se somaram ao grupo. Foi essa equipe improvisada a primeira a entrar na floresta em busca do HK-2803.

Londoño abriu sobre as tábuas empoeiradas do assoalho os mapas que havia levado. Olhando por cima do ombro dele, Dumar o ajudou a se orientar. Ele alinhou as informações que estava vendo nos mapas com o seu conhecimento prático dos rios e morros da região. Depois, listou calmamente os potenciais predadores com os quais o grupo poderia se deparar: onças, sucuris, porcos-do-mato, marimbondos. Isso sem falar nos mosquitos e moscas, vetores de malária, febre amarela e leishmaniose, uma doença que corrói a pele. A equipe de buscas ouviu em silêncio.

– Pode ser que haja também minas terrestres – acrescentou o ex-guerrilheiro morador de Cachiporro, que tinha uma noção das áreas onde as FARC haviam distribuído sua munição.

De posse dessas informações preocupantes, os homens arrumaram a bagagem. Não era muita coisa: um pouco de banana-da-terra, *fariña* – um granulado de mandioca com a textura parecida com a da granola, preparada pela esposa de Dumar –, peixe defumado e meia dúzia de machadinhas velhas que tinham encontrado em Cachiporro. Agora, entretanto, eles contariam também com um sistema de comunicação. Londoño tinha um GPS Garmin, que não apenas transmitiria informações sobre a sua localização como permitiria que trocassem mensagens com o escritório da Avianline em Villavicencio. E eles tinham também um alvo. Fredy Ladino enviara as coordenadas de um local situado a meio dia de caminhada rumo ao sul a partir da Casa Dumar, e naquele momento elas eram a maior esperança de que o avião fosse encontrado.

A caixa amarela que Lesly encontrara atrás dos assentos traseiros do Cessna era um transmissor localizador de emergência (ELT). Ativado por algum impacto repentino, como o ocasionado pela queda, o equipamento passa a enviar sinais de rádio em 406Mhz a cada doze horas com as informações de registro da aeronave e sua localização aproximada. Os aparelhos mais modernos incluem dados de GPS e têm um raio de precisão de cerca de 120 metros. O que estava a bordo do HK-2803, no entanto, era um modelo antigo. Ele enviou três sinais nas primeiras 36 horas após o acidente, cada um a vários quilômetros de distância do anterior.

Às sete da manhã, os homens rumaram para o sul a bordo da *lancha* e desembarcaram na margem oeste do rio. Todos aguardaram perto da água enquanto Hector foi até as árvores, baixou a cabeça e conduziu um ritual silencioso. O Povo do Centro tem uma profunda reverência e respeito pela floresta. Qualquer incursão ao *monte* precisa antes ter a permissão dos espíritos que habitam o local. Para os caçadores indígenas, entrar na mata para conseguir alimento não é um direito, e sim um processo diplomático, que envolve negociação. Sendo assim, a melhor maneira de conduzi-lo é com bastante tato e humildade. Uma caçada bem-sucedida diz mais respeito à generosidade dos espíritos do que à habilidade do caçador.

Hector pediu aos espíritos da floresta que permitissem a entrada deles e que afastassem os predadores perigosos do seu caminho. Quando ele voltou para junto do grupo, os homens de Cachiporro sacaram suas machadinhas. Entre as árvores, havia um denso emaranhado de vegetação: arbustos, samambaias, trepadeiras. Abrindo uma trilha com golpes diagonais durante a sua passagem, os homens entraram na floresta.

Em questão de minutos, eles estavam com as camisas empapadas de suor e coladas à pele. Muitas das árvores tinham mais de 50 metros de altura, com copas tão densas que tapavam a visão do céu. Perto do chão não havia brechas na folhagem. À meia-luz, a equipe avançava lentamente. Cada golpe da machadinha, cada passo adiante era conseguido à custa de suor, e não demoraram a aparecer nuvens de vespas, atraídas pelo cheiro.

– Aquela mata ali, ela engole você. Deixa você abatido – diz Londoño, ao se recordar desse primeiro dia. – Estava escuro, nós nos sentíamos exaustos, mas a vontade de continuar era maior. Nós sabíamos que, a cada hora que passava, teríamos menos chance de encontrá-los com vida.

Às 14h, eles ouviram o ronco do motor de uma aeronave. Garzón meteu na cabeça que eles deveriam fazer uma fogueira para alertar os tripulantes do avião sobre a sua presença. Alguns membros do grupo foram contra, mas ele pôs a ideia em prática assim mesmo, ateando fogo em alguns gravetos e jogando galhos úmidos por cima. Uma coluna de fumaça úmida abriu caminho por entre as copas das árvores.

A equipe seguiu adiante e, ao final da tarde, se aproximou das coordenadas enviadas por Ladino. Florencio Tamborrero, um dos homens de Cachiporro, foi o primeiro a sentir o cheiro – por cima do almiscarado fétido da floresta, havia o odor pungente de carne em decomposição. E estava misturado com outro cheiro: o de combustível.

Londoño tirou o isqueiro do bolso e o acendeu. A chama se inclinou levemente para o sul, soprada por uma brisa que mal se fazia notar. Eles rumaram então para o norte e aceleraram o passo. Cinquenta metros mais adiante, ele acendeu novamente o isqueiro. Dessa vez, a chama dançou em todas as direções.

– Nós não sabíamos para onde ir – relembra Tamborrero. – O vento mudava de direção o tempo todo, correndo em círculos feito um cachorro.

Enquanto os homens olhavam desesperadamente ao redor, atrás de sinais do avião ou de alguma brecha que tivesse sido aberta por ele nas copas das árvores, eles escutaram o ribombar de um trovão. A chuva começou a tamborilar de leve nas folhas e logo depois caiu com força. O cheiro sumiu completamente. Londoño olhou para o relógio. Eram quase 17h. Na floresta, a noite cai de uma hora para a outra, e, com ela, o risco de que membros da equipe acabassem se perdendo aumentaria consideravelmente. Ele decidiu voltar para a Casa Dumar, e os homens trataram de andar numa fila compacta, a um braço de distância uns dos outros, contorcendo o rosto e girando o pescoço para se esquivar da chuva torrencial.

Naquela noite, enquanto o temporal batia sem parar sobre o telhado de zinco e os homens arrumavam suas camas improvisadas no chão da Casa Dumar, Londoño conferiu os dados que haviam sido registrados no seu Garmin. Eles haviam percorrido 15 quilômetros, mas a sensação no seu corpo era como se tivessem caminhado o triplo disso. Em um dos mapas, ele marcou a área onde o cheiro tinha parecido mais forte. O tempo de caminhada poderia ser reduzido caso parassem a *lancha* um pouco mais adiante rio abaixo.

No dia seguinte, todos voltaram a embarcar na *lancha*. Acima deles, o céu tinha um tom de cinza turvo, as nuvens espessas iluminadas por trás pelo fraco sol da manhã, mas, da posição onde estavam no meio do leito do Apaporis, eles podiam distinguir com clareza as copas das árvores. E, a vários quilômetros de distância para o sul, eles avistaram vultos escuros pairando acima do verde. Vultos que mergulhavam para fora do seu campo de visão, depois voltavam a emergir. Urubus.

A *lancha* atracou na margem oposta. Um dos homens de Cachiporro tentou subir numa árvore, na tentativa de ter uma visão melhor da área onde as aves carniceiras estavam circulando, mas a chuva já tinha voltado a cair. Eles não tinham cordas, e a casca da árvore estava escorregadia. Enquanto isso, Fredy Ladino estava enviando novas coordenadas para serem verificadas. Londoño se sentiu dividido com relação às novas ordens. O seu palpite era de que os urubus deviam estar bem perto do local onde eles tinham sentido o cheiro de decomposição na véspera. Isso não queria dizer necessariamente que o avião estivesse lá – podia ser a carcaça de alguma anta ou de uma onça –, mas ele tinha certeza de que havia sentido também cheiro de combustível.

Ele decidiu manter o plano inicial. A equipe retornou mais uma vez até a Casa Dumar, debaixo de um temporal. Londoño tinha reparado que muitos dos homens estavam tossindo e que alguns reclamavam de fortes dores de cabeça. A sua preocupação era que pudesse ser dengue. Se o tempo melhorasse, ponderou consigo mesmo, eles poderiam seguir novamente até a área demarcada no dia seguinte.

Mas no sábado, dia 6 de maio, a equipe de buscas da Avianline foi desmobilizada. Fredy Ladino lhes enviou uma mensagem com a notícia de que soldados das Forças Especiais Colombianas estavam se preparando para entrar na floresta. Eles entrariam mobilizados para o combate, em razão da perspectiva de contato com guerrilheiros, e qualquer movimentação na área que pudesse ser confundida com a guerrilha poderia se mostrar fatal. A responsabilidade do grupo, daquele momento em diante, seria ajudar a abrir uma clareira na floresta para criar um heliporto improvisado.

Ladino sabia, entretanto, que os homens de Cachiporro, em especial os que tinham um histórico de participação na guerrilha, não continuariam por lá depois que os soldados chegassem. Os sete anos de "paz" no país não tinham bastado para melhorar a visão deles a respeito dos militares.

– Foram dias tensos, com a minha equipe tendo que escapar, entrar na *lancha* às pressas e sumir dali – o empresário recorda. – As Forças Especiais estavam chegando, eles iam assumir a operação.

Londoño foi de *lancha* com seus homens de volta para Cachiporro. Enquanto olhava a água correr veloz para baixo do casco, ele sabia que toda a esperança que seus companheiros tinham de que o avião fosse encontrado havia se esgotado. Cada novo dia que passava reduzia a chance de que houvesse sobreviventes. Quando passaram pela área das buscas, ele olhou para o céu. Não havia nenhum urubu pairando. Londoño ficou se perguntando se teria se enganado na sua suposição.

No dia seguinte, Andrés Londoño voou de volta para casa em Mitú, mas retornaria para a região alguns dias depois, para ajudar a construir o heliporto. Uma semana mais tarde, depois que o Cessna foi encontrado e ele resolveu comparar as coordenadas do local dos destroços com os registros feitos pelo seu próprio GPS, o coração do comerciante afundou no peito. No seu primeiro dia na mata, no momento em que ele acendeu o isqueiro para tentar localizar a origem do cheiro que tinham sentido, a sua equipe tinha estado a menos de 300 metros da fuselagem castigada do Cessna HK-2803.

CAPÍTULO NOVE
Apaporis

À tarde, enquanto as crianças descansavam encostadas no tronco de uma árvore, Lesly arregaçou a barra enlameada da sua calça jeans até acima da canela esquerda. O tornozelo estava muito inchado, e as manchas roxas haviam se espalhado por toda a panturrilha. Naquele dia mais cedo, ela havia deixado para trás, no local do acidente, o pé de sapato que lhe restava e agora caminhava só de meias. Cristin ia no seu colo, apoiada no braço direito, e na mochila estavam os itens que ela havia considerado fundamentais para a jornada deles até o rio.

Guardados nela estavam a mamadeira de Cristin e o leite em pó, as fraldas, uma lanterna a pilha e uma tesoura. Havia também garrafas plásticas de água, dois telefones celulares, alguns rolos de atadura tirados do kit de primeiros socorros e um envelope com as certidões de nascimento das crianças. Nos dias anteriores à viagem, sua mãe havia feito um tremendo alvoroço por causa daquele envelope, então Lesly concluiu que ele devia ser importante e o manteve consigo. Até porque, de todo modo, ele não pesava. A toalha e o mosquiteiro, molhados por causa da chuva, eram o que estava pesando mais e fazendo as alças finas da mochila barata machucarem seus ombros.

À medida que aquela manhã foi passando, a dor na sua perna esquerda piorava a cada passo. Enquanto conduzia Soleiny e Tien para leste pelo meio da floresta, Lesly começou a depender cada vez mais das árvores ao seu redor para se apoiar. Ela firmava o equilíbrio espalmando as mãos contra os troncos, agarrava os galhos mais baixos para puxar o peso do corpo para cima e apoiava o quadril contra as raízes mais altas. Nos trechos em que não havia nada em que se apoiar, ela passava Cristin para o colo de Soleiny e seguia em frente engatinhando.

Enquanto examinava os hematomas na perna, Lesly sentiu os olhos da irmã menor observando-a. A expressão no rosto de Soleiny, que de modo geral era uma menina alegre e animada, era puro medo e preocupação. Lesly a puxou para que se sentasse entre as suas pernas. Ela tirou os elásticos azuis que prendiam os cabelos da menina e correu os dedos por seus cabelos, tentando como podia tirar a lama grudada neles. Enquanto voltava a prender as marias-chiquinhas no lugar, ela disse para a irmã que não se preocupasse. O rio já estava bem perto.

Uma hora mais tarde, Lesly escutou o som da água corrente, e logo foi possível distinguir os primeiros relances das corredeiras marrons do Apaporis pelas brechas entre as árvores. Ela apertou o passo, esquecendo-se da dor. Pouco mais de três quilômetros separavam o local do acidente do rio, mas as crianças haviam levado quase o dia inteiro para percorrê-los. Agora, o sol já estava baixando no céu.

Quando chegaram à margem, Lesly olhou para um lado, depois para o outro.

Até onde a sua vista alcançava, rio acima e rio abaixo, só havia a floresta. Não se avistava nenhuma lacuna na parede de árvores que pudesse significar a entrada para algum povoado, nem marcas de pegadas humanas no barranco, nem estacas de madeira que pudessem servir para amarrar as *lanchas*. Acima da sua cabeça, o céu estava coberto de nuvens densas, mais escuras à medida que o dia chegava ao fim. Não havia nenhum sinal, nenhum som que indicasse presença de vida humana.

Lesly foi mancando até a água e se sentou sobre uma pedra meio submersa na parte mais rasa. Ela destampou as garrafas plásticas que tinha levado na mochila e as encheu num trecho em que a água parecia mais clara. Enquanto as bolhas subiam do gargalo de uma das garrafas, um relance de movimento prateado chamou sua atenção. Imóvel, ela observou bem a água. Uma *sabaleta* de uns 10 centímetros rebrilhou de relance bem abaixo de onde ela estava.

Mais atrás, no barranco da margem, Tien e Soleiny viram a irmã parada como uma estátua, de olhos fixos na água. Lesly conhecia algumas maneiras de pegar peixes. Em Puerto Sábalo, muitas vezes ela passara tardes preguiçosas com os amigos em uma minúscula canoa. Usando uma vara simples com linha, um lastro de chumbo e um anzol com algum pedaço de pele de frango para servir de isca, ela já pescara muitas *sabaletas*. Mas não havia anzol na mochila nem nada que pudesse servir de isca.

Lesly se lembrou da época em que, aos cinco ou seis anos de idade, ela costumava ir até as lagoas compridas atrás da *chagra* da família em La Chorrera, na companhia do avô e da irmã Angie. O avô levava um balde com *barbasco,* a raiz de uma planta nativa macerada com um pau até ser transformada em uma polpa fibrosa. Quando ele entrava na lagoa e mergulhava o *barbasco* na água, a mistura se espalhava numa grande nuvem leitosa. Ela paralisava os peixes, que subiam boiando para a superfície, onde eram pegos pelos dedos ligeiros do avô. Lesly lembrava que o *barbasco* era um arbusto compacto, com folhas ovaladas compridas e frutinhas amarelas. Ela forçou a memória para tentar se recordar se havia visto algo assim no caminho até ali. Mas não se lembrou de nada.

Então ela começou a pensar nos homens que pegavam as douradas em Araracuara, no trecho de rio depois das corredeiras. Eles se posicionavam nas compridas plataformas de bambu apoiadas nos rochedos das margens, esperavam pacientemente que as douradas passassem nadando embaixo da estrutura de bambu e então lançavam seus arpões na água.

Lesly vasculhou a margem atrás de algum galho partido que fosse comprido e fino o suficiente para a tarefa. Quando o encontrou, ela arrancou a casca de uma das extremidades para que ficasse afiada – não numa ponta perfeita como a de uma flecha, mas cortante o suficiente para dar conta da missão. Sentada nas pedras, mais acima no barranco, Soleiny dava a mamadeira a Cristin. Tien observava a irmã mais velha imóvel, na parte rasa do rio, com o peso do corpo apoiado todo numa perna só, como se fosse uma garça.

Lesly espetou algumas vezes seu arpão improvisado na água, sem resultado. Mas ela era uma pescadora paciente, e logo aprendeu a ajustar a mira levando em conta a refração da água. Depois de meia hora, Soleiny e Tien a viram levantar a ponta do graveto, revelando um peixe prateado que se debatia à luz do fim do dia.

Depois que ela conseguiu pegar três peixes, as crianças se sentaram todas juntas nas pedras. Lesly preferiria ter feito uma fogueira para assá-los espetados em gravetos, mas na sua incursão ao que restara do avião ela não havia encontrado caixas de fósforo nem isqueiros. Em vez disso, os três foram mergulhando os dedos no corpo dos peixes para puxar nacos de carne fria. Lesly provou um pedaço. Ela era pegajosa e amarga e fez o seu estômago revirar. Ela viu a careta de Tien e o jeito como ele quis cuspir enquanto engolia a sua porção. Soleiny sacudiu a cabeça. Mas Lesly insistiu que os dois comessem até não sobrar nenhuma carne presa às espinhas dos peixes.

Naquela noite, deitada debaixo do mosquiteiro com Cristin sobre o seu peito e Soleiny e Tien enroscados bem perto, para se aquecerem, Lesly ouviu um grunhido. Ela reconheceu o som: uma anta tinha vindo beber água no rio.

Enquanto os irmãos dormiam, Lesly começou a pensar em Puerto Sábalo. Ela se lembrou da pequena escola na colina onde havia apenas duas salas, uns poucos livros didáticos e o modelo anatômico de um esqueleto humano num canto. Nas tardes de sexta-feira, ela terminava as tarefas o mais depressa possível e ficava perturbando a professora até conseguir convencê-la a terminar a aula mais cedo.

Logo atrás da escola ficava o espaço aberto do *monte*. A meia hora de caminhada pela trilha aberta na mata ficava um pequeno desfiladeiro aberto pelo riacho, onde podiam se refrescar. Lesly gostava de impressionar os amigos nadando contra a corrente. Uma vez, as crianças foram surpreendidas pela chegada de um bando de porcos-do-mato. Todas se esconderam na água, no meio dos troncos que boiavam, esperando até que os animais desistissem de fuçar e farejar e seguissem seu caminho.

Ela adorava o desfiladeiro e as tardes que passava lá com seus amigos. Era o refúgio para onde todos iam quando queriam escapar dos pais. E onde havia muitas árvores frutíferas também. Pés de *juan soco*[1], de camu-camu, de açaí. As crianças vasculhavam o chão atrás das frutas no meio das folhas caídas. Às vezes, os garotos escalavam os troncos para derrubá-las, sacudindo os galhos.

O plano de encontrar ajuda à beira do rio não havia funcionado. Agora, Lesly sabia que teria que encontrar comida para manter sua família viva. Só que nessa floresta nova, desconhecida, ela não tinha visto nenhuma das plantas que conhecia desde pequena. Depois de muito pensar, a menina pegou no sono ouvindo as corredeiras do Apaporis.

---

[1] Esse fruto, da *Couma macrocarpa*, é conhecido na Amazônia brasileira como sorva ou cumaru. N.T.

Na manhã seguinte, Lesly deu a Cristin a última porção de leite em pó. Ela enrolou a atadura do kit de primeiros socorros na cabeça para fazer um curativo no corte da testa. Com a ajuda de um galho usado como cajado, caminhou ao longo da margem até contornar uma das curvas do Apaporis. Mais uma vez, até onde a vista alcançava rio acima, não havia nenhum sinal de ocupação humana, nada que a fizesse acreditar que encontraria ajuda nas margens daquele rio selvagem.

Lesly lembrou-se então de uma coisa que tinha ouvido seu avô dizer, ou talvez tivesse sido a professora: os *paisanos* das bandas do Apaporis eram diferentes do Povo do Centro. Eles adoravam deuses diferentes e costumavam viver embrenhados no *monte*, no meio da floresta densa.

Essa lhe pareceu a única esperança que tinham. Lesly recolheu seus pertences e conduziu os irmãos de volta para dentro da mata.

Se nesse dia as crianças tivessem ficado mais tempo na margem do Apaporis, elas teriam avistado a *lancha*.

CAPÍTULO DEZ
O general

Às 11h do dia 6 de maio, dois helicópteros Black Hawk decolaram da base da Força Aérea em San José del Guaviare. Na traseira de um deles, soldados do comando Dragon 4 inspecionavam seus fuzis automáticos M-16, puxando os pentes de munição e espiando pela alça de mira. Depois, eles tiraram as pistolas italianas do coldre e deslizaram a tampa para carregar os cartuchos. Ao fundo do helicóptero, um sargento calvo e corpulento acoplava um lançador de granadas ao cano da sua pesada metralhadora. Terminado o procedimento, sete rostos, espremidos entre os capacetes de Kevlar e as grossas tiras sob o queixo que os prendiam no lugar, voltaram-se para encarar o seu comandante.

Eram rostos que poderiam pertencer a motoristas de táxi, barbeiros ou operários da construção civil. Rostos do tipo que ninguém se viraria para olhar uma segunda vez caso cruzasse com um deles na rua. Comparados às figuras tatuadas e cheias de músculos dos soldados das Forças Especiais dos Estados Unidos, os homens do Comando Conjunto de Operações Especiais colombiano, o CCOES, quase passam despercebidos. No entanto, eles compõem a tropa militar de elite mais avançada da América Latina, com uma experiência única de combate em um dos climas mais hostis do planeta.

– Os homens das Operações Especiais são os mais habilitados para avançar até onde ninguém mais é capaz de chegar, em um ambiente altamente ameaçador – diz o general Pedro Sánchez. – E eles não só estão aptos a enfrentar as ameaças, como também são treinados para garantir a sua própria integridade e a dos sistemas de comunicação e de logística – completa ele.

Quando nos encontramos pela primeira vez, em setembro de 2023, Sánchez estava no comando do CCOES havia pouco menos de um ano. Aos 51 anos de idade, ele tem um rosto jovial e um corpo modelado por sessões regulares de *crossfit* às cinco da manhã, e é o primeiro general da Força Aérea da Colômbia a liderar essa unidade especial militar combinada. O general se orgulha do posto. Quando nos vimos em seu escritório, em Bogotá, ele estava trajando a jaqueta modelo aviador marrom do esquadrão do qual fazia parte antes. Ao mesmo tempo, há uma ponta de modéstia, quase um acanhamento, na forma como se comporta. Ele para um instante para refletir sobre cada pergunta minha e me responde numa voz tranquila e pausada.

Nos três dias que se seguiram ao desaparecimento do Cessna, os militares haviam aguardado, de prontidão. Uma operação altamente dispendiosa poderia ser evitada caso o reconhecimento aéreo detectasse algum sinal do local do desastre, ou se a equipe de buscas mobilizada pela Avianline conseguisse localizar os destroços na floresta. Pouco antes da meia-noite do dia 4 de maio, entretanto, o general Sánchez foi despertado pelo toque do seu celular.

– Prepare alguns destacamentos – disse a ele o general Elder Giraldo Bonillo, o comandante-geral das Forças Armadas da Colômbia. – Vocês vão se juntar às buscas pelo avião.

Desde o dia do desaparecimento do Cessna, Sánchez pressentia que seus homens seriam convocados a entrar em ação. O fato de o acidente ter acontecido numa região tão remota e com histórico de atividade da guerrilha, fazia com que a missão de busca fosse arriscada demais para soldados comuns, e mais ainda para equipes civis de resgate. Restava, portanto, o CCOES, e ele estava confiante de que os seus homens se mostrariam à altura da empreitada. A operação em si seria simples – entrar na selva, sair e pronto: uma variação bem-vinda em relação às missões habituais que recebiam, conhecidas como "pegar ou matar".

A sede do CCOES em Bogotá parece o escritório nada glamouroso de uma empresa qualquer, cheio de divisórias de gesso acartonado pintadas de branco, com um assoalho imitando madeira e portas de vidro. Por trás delas, cadeiras de escritório vazias estão voltadas para imensos quadros brancos meticulosamente limpos. A única coisa que destoa da atmosfera geral de esterilidade corporativa é uma cristaleira envidraçada que se estende pela lateral de um dos corredores.

Nela veem-se montes de fotos emolduradas de homens vestindo uniformes enlameados, posando de pé ou ajoelhados, com os braços sobre os ombros uns dos outros, como se fossem os integrantes de algum time de futebol de várzea. As prateleiras são abarrotadas de suvenires e espólios da batalha: antigas caixas de munição, dragonas com a insígnia das FARC, uma boina exibindo um *pin* com a imagem de Che Guevara e o que parece ser um boneco de vodu marrom, feito de feltro. Na extremidade da cristaleira, a foto mais recente mostra um sujeito careca e parrudo de perfil, com a lateral do rosto amassada contra a lama e as folhas que forram o chão da floresta. Essa cristaleira é a estante de troféus do CCOES.

Por décadas, as Forças Especiais colombianas eram conhecidas principalmente por capturar grupos armados e resgatar reféns.

– O CCOES foi criado para ir atrás de alvos estratégicos: os comandantes das FARC e de outros grupos armados – Sánchez explica. – Nós neutralizamos as principais lideranças e obrigamos a organização a iniciar negociações de paz.

No início dos anos 2000, quando a ameaça representada pelas FARC estava no auge, as Forças Armadas do país conquistaram o respeito e a admiração de uma enorme parcela da população colombiana. Um levantamento feito pelo Instituto Gallup em 2011 apurou que 85% dos colombianos tinham uma visão positiva das Forças Armadas, apontando-a como a instituição pública mais confiável da Colômbia. Apoiadas por subsídios vindos dos Estados Unidos e por helicópteros Black Hawk recém-adquiridos, as tropas do CCOES conseguiram neutralizar temidos comandantes da guerrilha por meio de ousadas incursões de paraquedistas nos rincões mais isolados do país.

Uma novela de grande popularidade na época chamada *Hombres de Honor* chegou a retratar soldados da ficção combatendo guerrilheiros e traficantes, libertando camponeses da tirania da guerrilha e resgatando belas jornalistas tomadas como reféns. Muitos integrantes do CCOES admitem, inclusive, que ela foi a sua grande inspiração para se alistar.

Em 2023, entretanto, a reputação dos militares havia despencado. Depois da assinatura dos acordos de paz, em 2016, a Jurisdição Especial pela Paz (JEP), instituída para investigar os crimes cometidos durante o período dos conflitos internos, levou a público todas as atrocidades que haviam sido cometidas pelas Forças Armadas.

A lista incluía o estupro coletivo de uma garota indígena de 13 anos, venda de armas para gangues criminosas e o bombardeio indiscriminado de localidades dissidentes que deixou um rastro de dezenas de crianças mortas.

O que causou mais escândalo na opinião pública foram os detalhes do caso dos falsos positivos. Em fevereiro de 2021, a JEP revelou que o exército havia matado pelo menos 6.402 civis, e que eles tiveram os corpos manipulados para fazer parecer que eram combatentes inimigos e poder garantir, dessa forma, o pagamento de gratificações em dinheiro às tropas. Em maio de 2023, enquanto os soldados de elite se preparavam para entrar na selva em busca do HK-2803, Salvatore Mancuso, o líder de um esquadrão da morte paramilitar que estava então recluso na cela de um presídio nos Estados Unidos, preparava-se para dar o seu depoimento sobre a cumplicidade dos militares durante os massacres de inocentes promovidos pela sua organização na década de 1990.

Assim que foi eleito, em junho de 2022, o presidente colombiano Gustavo Petro iniciou manobras imediatas de oposição aos militares. Ele nomeou um advogado especialista em direitos humanos como seu ministro da Defesa e destituiu 40 generais ligados ao escândalo dos falsos positivos e outros casos de corrupção. O general Pedro Sánchez foi um dos novos nomes que surgiram para substituir as lideranças afastadas.

– O ideal da segurança humanizada significa que o sucesso da nossa operação deve ser medido não pelo total de mortes, mas pela redução substancial das mortes e massacres e pelo aumento expressivo das liberdades e dos direitos da população – declarou o presidente Petro.

Mas o que ele haveria de fazer com tropas que haviam inchado em volume e se enchido de privilégios ao longo dos mandatos dos seus predecessores? Para Petro, a resposta era uma só. Elas tinham de ser mobilizadas para servir em missões humanitárias.

Mas quando Sánchez acordou naquela manhã do dia 5 de maio, ainda havia poucos indícios de que a busca pelo HK-2803 e seus passageiros logo se transformaria na maior e mais noticiada missão de resgate de civis na história da Colômbia. No mesmo dia, ele convocou uma reunião. Homens da Força Aérea lhe descreveram as tentativas malsucedidas que haviam feito para localizar o avião acidentado sobrevoando a área.

Analistas de inteligência o atualizaram sobre as mais recentes movimentações da guerrilha no perímetro das buscas. Dos meteorologistas presentes, vieram os dados da previsão do tempo: aguaceiros incessantes. Peritos em logística sugeriram estratégias para introduzir os soldados na região e fazer chegar suprimentos a eles. Sánchez tratou então de fazer as malas e embarcar para San José del Guaviare, onde estava sendo montada a base de comando para as buscas militares pelo HK-2803.

– Eu disse a mim mesmo que encontraríamos logo [o avião] – ele se recorda de ter pensado quando estava a caminho do aeroporto. – Nós tínhamos as posições do Transmissor Localizador de Emergência, além de um bom aparato de alta tecnologia.

Nesse momento, o peso e a pressão da responsabilidade que haviam recaído sobre os seus ombros ainda não estavam se fazendo sentir. Isso não demoraria a mudar.

San José del Guaviare fica a 200 quilômetros ao sul de Villavicencio. É a última cidade de porte considerável antes do território sob os domínios da Floresta Amazônica. Em setembro de 2023, na base militar que fica à beira de um trecho mais largo do rio Guaviare, eu me encontrei com o primeiro soldado que entrou na selva, na busca pelo avião desaparecido. O capitão Edwin Montiel tinha um rosto redondo e bem barbeado e um corpo de compleição mediana, que parecia perdido dentro do uniforme cinzento camuflado. Chegando à casa dos quarenta anos, Montiel havia ingressado no CCOES pelo caminho mais duro: depois de ter sido reprovado no teste para a Escola de Formação de Oficiais do exército, ele passou dez anos atuando como soldado de infantaria na região leste do país, combatendo guerrilheiros e grupos armados ligados ao tráfico nos campos e nos pântanos da área antes de ser aprovado, em 2014, no penoso processo seletivo que o levou a integrar as tropas do CCOES.

– Eu já havia me frustrado antes, mas essa era a vida que eu tinha escolhido, e no final consegui chegar lá – ele conta.

No dia 4 de maio, o capitão Montiel e o seu destacamento Dragon 4 tinham acabado de retornar de um sobrevoo de parapente acima das montanhas cobertas de verde logo ao sul de Bogotá. Por causa da topografia acidentada da Colômbia, os soldados de elite precisam estar preparados para combater numa gama variada de ambientes extremos. Eles treinam em acampamentos nas encostas dos Andes, no meio do nevoeiro e com temperaturas abaixo de zero, marcham pela areia exaustiva das dunas no deserto do norte do país e executam claustrofóbicas táticas corpo a corpo em combates urbanos.

Mas é na selva que essas tropas fazem a maior parte do seu trabalho. A Floresta Amazônica foi o cenário das maiores vitórias e das mais amargas derrotas dos militares colombianos. Quando Montiel já estava de volta à terra firme e havia se sentado para almoçar na cantina da Base Aérea Tolemaida, um oficial de patente superior o abordou com um tapinha no ombro.

– Eles nunca dizem nada – ele me explica. – Não dizem para onde você vai ou qual grupo armado vai combater. A segurança operacional é bem rigorosa. A única pergunta relevante a fazer era se o seu esquadrão precisaria levar bagagem própria para um clima quente ou frio. Quente, foi a resposta. Um veículo de transporte Hércules já estava aguardando na pista.

No dia seguinte, quando o capitão e seus homens ocuparam seus lugares na sala de operações em San José del Guaviare, Montiel sentiu a sua empolgação aumentar. Tornar-se parte das Forças Especiais havia lhe garantido o acesso a armamentos de alta tecnologia, a treinamentos de paraquedismo em grandes altitudes e invasões anfíbias usando os trajes táticos conhecidos como pele de sapo. Mas, para o capitão Montiel, o maior atrativo do CCOES era outro.

– Eu tenho fascínio pelo desenvolvimento operacional, por tudo que tenha a ver com planejamento – ele relata. – Nas Forças Especiais, um oficial se destaca pela sua habilidade de planejar e operacionalizar missões.

Na sala de operações principal, homens uniformizados tratavam de forrar as paredes com mapas e trazer computadores e monitores em carrinhos. Nas salas adjacentes, havia um vasto aparato tecnológico sendo montado e conectado: sistemas de GPS, telefones via satélite, rádios por micro-ondas e sensores de movimento e calor. Nos hangares ao redor da pista de pouso, equipes de manutenção rodeavam uma dupla de helicópteros Black Hawk.

Na mesma tarde, o general Pedro Sánchez passou as instruções aos 27 homens das Forças Especiais convocados para a missão e mais algumas dezenas de integrantes das equipes de apoio. Com a voz calma, ele foi falando enquanto apontava os locais no mapa.

Um Cessna 206 havia desaparecido a 100 milhas ao norte de Araracuara, mais ou menos na metade da sua rota de voo com destino a San José del Guaviare. Três sinais enviados pelo ELT apontavam como local do acidente uma área entre dois e três quilômetros a oeste de uma curva abrupta do rio Apaporis. Não havia informações sobre a existência ou não de sobreviventes, mas sobrevoos das patrulhas da Força Aérea haviam detectado indícios de fumaça partindo de um ponto próximo à margem do rio.

A área delimitada para as buscas tinha pouco mais de dez quilômetros quadrados e havia sido dividida em quadrantes. Duas equipes com oito homens cada uma seriam as primeiras a entrar na selva. O destacamento Dragon 4, liderado pelo capitão Montiel, seria lançado de rapel na selva alguns quilômetros ao norte das coordenadas enviadas pelo ELT.

O Destroyer 1 pousaria na parte leste, mais perto do Apaporis, para investigar a origem da fumaça que as patrulhas haviam detectado. Um terceiro esquadrão seria lançado mais tarde no mesmo dia, na parte sul. O Ares 3 era uma tropa de ação direta composta por onze homens, diversos deles armados com metralhadoras pesadas, e mais dois pastores-belgas farejadores chamados Wilson e Ulises. A missão desse destacamento seria funcionar como força de ataque primária caso os outros dois destacamentos se deparassem com o inimigo.

Assim que os soldados tocassem o chão da floresta, cada destacamento começaria a avançar na direção das coordenadas enviadas pelo ELT no centro da área de buscas, vasculhando, no trajeto, quadrante por quadrante dela. Essa estratégia serviria a dois propósitos: caso algum sobrevivente do acidente tivesse começado a se afastar do local, seria mais fácil interceptá-lo; e, o mais importante, a tática evitaria que os soldados se vissem cercados pelos agentes hostis presentes na região.

Sánchez repassou à tropa as últimas informações da inteligência sobre as movimentações dos guerrilheiros na área e enumerou as regras para uma possível abordagem. Os homens quiseram saber se sua incursão na selva seria uma missão de combate ou uma ação humanitária.

– A resposta que dei a eles foi que eram as duas coisas – Sánchez recorda. – Eu lhes disse que não hesitassem em atirar caso houvesse um contato ou se avistassem alguma ameaça, mas que também deveriam agir com cautela, porque as vidas dos passageiros do avião eram a nossa prioridade máxima.

Já de início, portanto, os detalhes da missão pareciam incertos. Os soldados partiram para a selva sem saber se deveriam estar mais preparados para enfrentar o inimigo ou para encontrar sobreviventes. Nenhum deles imaginava, naquele momento, que acabaria passando muitas semanas dentro da floresta. E muito menos que, em breve, o país inteiro estaria atento a cada estratégia ou movimentação que fizessem.

Meia hora depois de partir de San José del Guaviare, o Black Hawk que levava a bordo o destacamento Dragon 4 pousou para reabastecer o tanque na base militar de Calamar, 60 quilômetros ao sul. O local havia sido designado como uma base intermediária de operações para a missão. Caixas com suprimentos estavam sendo empilhadas para o embarque, e uma equipe de peritos em explosivos estava a caminho para lidar com possíveis campos minados. Caso houvesse um confronto com o inimigo, a ordem era que as tropas fossem evacuadas para Calamar.

Com os tanques reabastecidos, o Black Hawk levantou voo outra vez e partiu com o nariz apontado para o sul.

– Daquele ponto em diante – relata Montiel – só havia a selva. Só a mata fechada.

Eles voaram sob um céu claro e azul, mas, à medida que foram se aproximando do ponto demarcado para a descida, nuvens escuras se juntaram bem em cima dele.

– Foi esquisito – Montiel relembra. – O lugar para onde estávamos indo estava coberto de nuvens pretas, pesadas de chuva. E todo o céu em volta continuava claro, só naquele ponto havia nuvens carregadas.

Parecia um mau presságio.

O Black Hawk ficou pairando acima das copas das árvores, açoitado pelo vento e pela chuva. Os homens do Dragon 4 lançaram suas cordas para fora das portas do helicóptero e iniciaram a descida. Os primeiros momentos de qualquer operação na selva são cruciais. O próprio rapel pelo meio das copas das árvores já é perigoso: as cordas úmidas podem resvalar da mão de um soldado; homens e equipamentos podem ficar enganchados no emaranhado dos galhos; e, principalmente, a presença do helicóptero pairando no ar denuncia a localização da tropa para qualquer inimigo que esteja por perto.

Dessa vez, os oito integrantes do Dragon 4 chegaram ao solo da floresta sem incidentes. Agachados, eles aguardaram em silêncio, debaixo da chuva, comunicando-se uns com os outros apenas por gestos das mãos. Depois que se certificaram de que estavam seguros, começaram a avançar lentamente, numa fila indiana, rumo à primeira localização do GPS, com as armas sobre os ombros.

Já nesses primeiros minutos, ficou claro que estavam em um terreno excepcionalmente difícil.

– Era mata virgem, inóspita, uma floresta que jamais havia sido pisada por um ser humano – Montiel relembra.

A vegetação rasteira era cerrada. Os soldados não estavam levando machadinhas, porque uma trilha aberta na mata os transformaria em alvos fáceis para os guerrilheiros. Eles precisavam, portanto, avançar com cuidado, atentos, pelo meio das plantas rasteiras e samambaias, caminhando devagar no meio do emaranhado de vegetação. A visibilidade quase nunca passava dos dez metros, fazendo com que fosse difícil avistar os companheiros mais à frente ou atrás na fila. Com o chão coberto por uma camada contínua e espessa de folhas caídas, também seria quase impossível distinguir as marcas das pegadas deles.

Montiel deu instruções ao navegador para que os conduzisse até o meio do primeiro quadrante que deveriam vasculhar. Quando chegaram ao local, ele postou-se ali com mais três homens, montando sentinela. Os outros quatro soldados se desvencilharam do equipamento pesado que estavam carregando e iniciaram a varredura. Eles avançaram na diagonal, em direção à extremidade do quadrante. Depois, vasculharam a extensão de cerca de 1 quilômetro na base dele e retornaram ao centro. Chegando lá, assumiram os postos de sentinelas para que Montiel e os outros percorressem da mesma maneira o outro lado do quadrante.

Os soldados repetiram esse mesmo processo quadrante após quadrante, avançando em direção ao centro da área de buscas, até o fim do dia.

– Das 17h em diante a escuridão já era completa, por causa da própria presença da floresta. A mata era tão alta e tão cerrada que não entrava mais luz nenhuma – Montiel explica.

Ele pôs sentinelas em alerta e começou a montar o acampamento. Os soldados ferveram água em pequenos fogareiros portáteis e a despejaram nos seus sachês de comida desidratada.

Montiel fez contato por rádio com San José del Guaviare para informar sobre o seu progresso e receber as ordens para o dia seguinte. Em seguida, ele ouviu a voz do tenente Montoya, o comandante do destacamento Destroyer 1. Eles haviam conseguido chegar até as coordenadas onde a fumaça fora avistada, mas não encontraram sinais do avião acidentado nem de sobreviventes. Ainda levaria um tempo para os militares descobrirem que o fogo havia sido aceso pela equipe de buscas da Avianline.

Os homens do Dragon 4 penduraram suas redes e mosquiteiros e trataram de se abrigar da chuva e dos insetos. Eles estavam desapontados, mas não desmotivados. Tinha sido apenas o primeiro dia. Na manhã seguinte, com certeza, teriam mais sorte.

CAPÍTULO ONZE
A garota de vestido azul

O Apaporis é um rio de águas pretas. Alimentada por escoamentos do solo da floresta, sua água tem baixa concentração de minerais dissolvidos e é tão ácida a ponto de quase ser estéril. Isso a torna segura para ser bebida, e diversas espécies de peixes adaptaram-se para sobreviver nesse ambiente tão pobre em nutrientes. Para os povos originários, os rios de águas pretas são conhecidos por outro nome. Eles os chamam de Rios da Fome.

A acidez do solo das margens do Apaporis restringe as espécies de árvores capazes de crescer nelas. A diversidade da flora é muito menor ali do que a que se vê nas bacias de rios de águas brancas, como o Caquetá. E o cultivo da mandioca na região requer muito mais manutenção e cuidados.

No dia 8 de maio, enquanto os soldados do Dragon 4 esgueiravam-se pelo meio da vegetação densa, uma equipe de buscas indígena liderada por Manuel Ranoque e Edwin Paky abria caminho a golpes de machadinha por entre os galhos baixos e cipós, vários quilômetros mais ao norte. A floresta diferente e mais hostil com que se depararam na área deixou Manuel perturbado.

– Na terra de onde eu venho há sempre muitos tipos de frutas silvestres – ele se recorda. – Mas aquele *monte* era pobre. Nós só víamos algumas sementes, e a maioria delas era venenosa. Não encontramos muita coisa que pudéssemos comer ali.

Depois de ter sido pressionado por vários dias, Fredy Ladino por fim cedeu e concordou em enviar os familiares dos passageiros indígenas do voo desaparecido num avião até Cachiporro. Manuel Ranoque, Edwin Paky e Delio Mendoza puseram os pés na terra da pista de pouso do povoado no dia 7 de maio. O Cessna que os tinha levado até lá voltou a decolar quase imediatamente e retornou três horas mais tarde, trazendo de Araracuara cinco homens que haviam atendido ao pedido de ajuda enviado por Diana Mendoza.

Esse grupo era liderado por Henry Guerrero. Baixo e troncudo, com um bigode fino e uma massa de cabelos muito pretos na cabeça, Guerrero tinha um rosto que podia passar de carrancudo a sorridente num piscar de olhos. Entre seus homens estava Nestor Andoque, o homem que havia visto o comandante Murcia encher o tanque da sua aeronave na manhã do acidente.

Andrés Londoño também estava em Cachiporro a essa altura. Embora a sua equipe de buscas tivesse sido desmobilizada, ele continuava decidido a encontrar o avião. Ainda na pista de terra, ele mostrou aos recém-chegados os locais onde havia procurado e marcou uma cruz no ponto onde a sua equipe sentira o cheiro de carne em decomposição. Enquanto Andrés se preparava para embarcar no Cessna, Manuel o puxou de lado. Ele estava certo, tinha absoluta certeza, falou, de que a sua companheira e as crianças ainda estavam vivas.

Em Villavicencio, enquanto corria de um lado a outro para conseguir apoio para a sua equipe de buscas, Ranoque havia se consultado com uma vidente. Os videntes são figuras proeminentes na cultura colombiana. Em todas as rádios do país, é raro que se passe um intervalo comercial sem algum deles anunciando poções de amor ou feitiços de vingança. Videntes são consultados por astros do esporte, chefões do tráfico e presidentes da república. Numa sala escurecida, uma vidente de nome Jeimy havia tomado a mão de Manuel e estabelecido contato com os espíritos das pessoas perdidas na floresta. O piloto estava morto, ela disse a ele, mas os outros passageiros haviam escapado ilesos do acidente. A notícia havia insuflado a obstinação de Manuel, e, diante do seu poder de insistência, Ladino acabara concluindo que seria inútil continuar tentando impedir a sua participação nas buscas.

Em vez disso, o que o dono da Avianline fez, então, foi passar uma lista de coordenadas a Edwin Paky. Elas haviam sido enviadas por pilotos da Força Aérea que, ao sobrevoarem a região na varredura aérea, avistaram uma brecha nas copas das árvores sete quilômetros a noroeste de onde os soldados estavam procurando. Era uma falha na vegetação que parecia grande o suficiente para ter sido provocada pela queda de um avião.

Em Cachiporro, os homens conseguiram algumas machadinhas enferrujadas, um pouco de *fariña* e um motor de popa em péssimo estado. Enquanto navegavam rio acima, ele quebrou várias vezes, e o trajeto até a Casa Dumar demorou oito horas para ser feito. Quando enfim chegaram lá, eles estavam exaustos e pernoitaram na própria *lancha*, usando a proteção da lona para escapar das nuvens de mosquitos que rondavam a casa.

Na manhã seguinte, eles partiram bem cedo e continuaram a navegar rio acima, com dois dos filhos de Dumar que haviam se juntado ao grupo para ajudar nas buscas. A bordo da *lancha*, Nestor Andoke tratou de examinar a área. Ele era conhecido como um dos melhores mateiros e caçadores de Araracuara, um homem que conhecia o *monte* como nenhum outro. Aos olhos de quem conhece a selva, cada floresta tem as suas peculiaridades, e Andoke percebeu logo que aquela região era mais selvagem do que o seu território natal em Caquetá.

– O rio tinha cor de café e era cheio de peixes e de corredeiras bonitas – recorda ele. – Era um *monte* virgem. Não havia povoados, nada ali havia sido explorado.

Depois de meia hora, eles atracaram numa das margens e puxaram a *lancha* para a terra enlameada do barranco. Uma hora mais tarde, haviam avançado pelo meio da mata até as coordenadas que Ladino lhes passara. Mas tudo que encontraram lá foram algumas árvores derrubadas por uma tempestade. Olhando para cima, eles espiaram as nuvens cinzentas pela brecha aberta na copa da floresta. E então se entreolharam. Delio, desapontado e exausto, deixou-se desabar sentado num dos troncos caídos. Manuel pisava duro, dando golpes de machadinha na vegetação ao redor.

Edwin voltou a checar o GPS. Eles estavam nas coordenadas certas. Agora, era preciso tomar uma decisão. Deviam informar sobre o que encontraram ali e retornar à Casa Dumar? Ou continuariam a busca?

A decisão foi unânime.

Se a motivação dos militares vinha do seu senso de dever profissional, reforçado pela confiança adquirida com os anos de treinamento e preparação para o combate na selva, a equipe de buscas formada pelos indígenas era movida por algo bem mais pessoal: a vontade desesperada de encontrar seus entes queridos.

Manuel era o dínamo do grupo. A sua certeza de que a família continuava viva era absoluta. Se algum dos companheiros nem sequer pensasse em questionar essa possibilidade, bastava um olhar de Manuel para fazê-lo se calar. Ele contou aos homens que, no ano anterior, a sua própria irmã, que era surda, havia desaparecido nos arredores de Puerto Sábalo. Ele passou um mês inteiro embrenhado no *monte* até reencontrar a irmã, que sobreviveu por esse tempo todo graças a frutas e sementes achadas na mata. O avião que levava a sua família havia caído fazia apenas uma semana – eles ainda tinham tempo.

Os homens então montaram seu acampamento e decidiram seguir um plano diferente. Se Herman havia mesmo saído do acidente ileso, como Manuel insistia ser o caso, parecia mais lógico que ele tivesse guiado os outros sobreviventes na direção do rio. E, se os soldados estavam vasculhando ao sul, fazia sentido que eles seguissem buscando para o norte, ao longo das margens do Apaporis, em direção às corredeiras de El Tigre.

Ao longo dos três dias seguintes, eles se dividiram em quatro grupos de três homens para fazer uma varredura na margem oeste do rio. O primeiro homem de cada grupo abria caminho com a machadinha, o segundo cuidava da navegação e o terceiro era o encarregado de transportar a comida e os equipamentos. Desde os primeiros momentos, entretanto, não foi uma missão fácil. Cada grupo teve que cruzar riachos e áreas alagadas, e o barulho muitas vezes ensurdecedor do rio os obrigava a se amontoar para poder se comunicar.

– Havia muitos morros, e estávamos na época das chuvas, quando o nível da água sobe e todos os riachos e braços do rio ficam cheios – Henry Guerrero recorda. – E o que dificultava mais as coisas é que a vegetação era muito densa, bem mais fechada do que estávamos acostumados a ver na região do Caquetá.

Henry era amigo de Manuel e Magdalena e filho de um cacique de Araracuara. Durante um tempo, ele lecionara na escola que Lesly frequentava em Puerto Sábalo. Guerrero se lembrava dela como uma menina tímida e calada, mas também uma aluna atenta e inteligente. Ele havia se afeiçoado a Lesly, e ela passara a chamá-lo de *tio*. Quando o pedido de ajuda nas buscas pela família chegara até ele, Guerrero havia desempenhado um papel fundamental para reunir o resto da equipe. Ali na selva, entretanto, olhando para os próprios tênis encharcados, ele começou a pensar se os esforços não haviam sido precipitados.

Os homens haviam chegado levando pouco mais do que a roupa do corpo, esperando que fossem lhes dar todo o equipamento necessário para uma busca na selva – galochas, mosquiteiros, comida – depois que desembarcassem em Cachiporro. Não foi isso que aconteceu. E agora, a sua incursão até o local onde a brecha nas copas das árvores havia sido avistada se transformara numa expedição mais longa do que o planejado.

Delio Mendoza avançava pela trilha mais devagar do que os companheiros. Ele era o irmão mais novo de Herman e se parecia com ele, só que com feições mais suaves, o corpo um pouco mais rechonchudo e sem o sorriso de político confiante exibido pelo irmão. Seus cotovelos e joelhos reclamavam de tendinite, e a cada parada do grupo para tomar água ele engolia junto um analgésico.

– Nós sofremos muito naquela floresta. Cada dia era uma agonia – ele me contou mais tarde.

Com a camisa ensopada de chuva e grudada ao corpo e a vegetação se enroscando nas pernas, Delio viu-se a sós com os próprios pensamentos.

Ele se recordou de uma ocasião quando tinha seis anos, perfilado junto dos colegas no dormitório do colégio interno em Araracuara, vendo Herman ser levado até a frente do grupo por um dos padres capuchinhos. O irmão baixou as calças e recebeu uma surra de palmatória de madeira por ter roubado mangas do pomar particular do padre. Delio ainda se recordava da pontada de admiração que havia sentido diante da cena.

O irmão sempre havia sido o primeiro a se rebelar contra qualquer demonstração injusta de autoridade. Na década de 1990, os dois rapazes estiveram entre os primeiros jovens Uitoto a ingressar na universidade, em Bogotá. Herman, sempre gregário e contundente, se envolvera logo com o movimento de defesa dos direitos indígenas que estava despontando na época. E vira a sua carreira desabrochar a partir dali. Ele havia se tornado um ativista influente, que se sentia tão à vontade entre os políticos na capital do país quanto organizando reuniões em *malocas* no meio da Amazônia.

Já Delio seguiu um caminho diferente. Nós nos encontramos em Leticia, a cidade mais desenvolvida da Amazônia colombiana, onde ele trabalhava no Instituto Sinchi, uma organização dedicada à pesquisa científica. Tinha um cargo confortável, exercido em escritórios com ar-condicionado. Delio dava a impressão de ter vivido à sombra da trajetória do irmão e, agora, na casa dos cinquenta anos, ele me confessou que andava se perguntando se não estaria perdendo o contato com o *monte*, com a cultura nativa, com o menino que havia sido um dia.

Ele estava nervoso quando a sua equipe de buscas se embrenhou na mata. Não tinha o físico bem-trabalhado de Manuel, nem as habilidades de navegação de Edwin, nem a mesma conexão de longa data com a floresta que Henry ou Nestor tinham. Mas acabou sendo contaminado pela obstinação dos companheiros, e a experiência deles ajudou a lhe dar confiança.

– Manuel não parecia preocupado. Ele tinha ares de um sujeito que sabia o que estava fazendo, focado o tempo todo na busca – recorda-se Delio.

Ele sabia que a vida do seu irmão estava nas mãos daqueles homens. E era isso que o fazia ir adiante, mesmo com as dores nas articulações.

Na trilha da mata, Delio se recordou da vez em que, em plena estação das chuvas, as águas do rio estavam claras e ele e Herman haviam roubado uma canoa e ficaram olhando os peixes nadarem por baixo dela.

– Sempre que me recordava dessas coisas, eu sentia um impulso de voltar a elas, de pescar, de andar pelo *monte*, de explorar. Talvez seja isso que mais define a identidade indígena: sair em busca do que quer que haja para ser buscado – diz ele.

A floresta parecia um lugar muito conhecido na época. Delio percebeu que os anos passados em Bogotá e em Leticia haviam embotado os seus instintos, que o haviam feito se esquecer do conhecimento que antes vinha naturalmente. Enquanto avançava pela trilha aberta pelos companheiros mais experientes, Delio tentava se reconectar com o espírito do menino que ainda vivia em seu corpo alquebrado de cinquenta anos de idade.

Naquele primeira noite, depois que vestiram mudas de roupas secas e estenderam suas lonas no chão da floresta, os homens se alimentaram da *fariña* que haviam levado e conversaram sobre o território que haviam atravessado. Eles o compararam às histórias que seus avós contavam sobre a região. Para o Povo do Centro, as florestas ao norte do Caquetá tinham uma reputação agourenta. As corredeiras do Apaporis tinham fama de tragar para o fundo qualquer um que tentasse atravessá-las, e nos trechos mais calmos do rio havia jiboias devoradoras de homens. Empoleiradas nos galhos das árvores, onças esperavam para armar emboscadas.

As tribos que habitavam essa parte sombria e isolada da mata também eram cercadas por uma aura de fascínio. A sua cultura era bem diferente da do Povo do Centro. Eles adoravam um herói conhecido como Yuruparí, e os seus pajés poderosos tomavam regularmente o *yagé*, o sumo de um cipó alucinógeno, para fazer contato com os espíritos guardiões da floresta. Historicamente, havia uma rixa entre eles e o Povo do Centro.

— Antigamente, houve muitos confrontos entre os Uitoto e esses outros povos – conta Manuel. – Nós temos respeito pela cultura deles, é claro, mas os deuses são outros. Eles sabem como se transformar em onças e em jiboias.

Até mesmo as tribos que habitavam as partes mais baixas do Apaporis guardavam um temor ancestral pelos povos da cabeceira do rio. A tribo Makuna, do baixo Apaporis, acredita que as corredeiras e os desfiladeiros espetaculares escavados por elas foram criados por espíritos da floresta a mando de um antigo pajé, com a intenção de protegê-los dos saqueadores canibais que viviam rio acima.

No acampamento, a discussão noturna dos homens não contribuiu para acalmar os seus nervos. Ao longo da noite, os barulhos da mata – uivos distantes, o estalo dos galhos, o farfalhar das folhas no chão – pareceram mais ameaçadores. Pouco depois do raiar do dia, Edwin Paky foi despertado por uma pancada na perna. Ao erguer a cabeça, ele deu de cara com os olhos e a língua tremulante de uma cobra de 1,80 m de comprimento, atordoada e perigosa, por ter caído de um dos galhos mais acima. Paky esperou, imóvel como uma pedra, até que a visitante inesperada se reorientasse e deslizasse para longe pelo meio da vegetação.

Naquela manhã, e em todas as outras que se seguiram, Manuel acordou antes dos outros. Enquanto todos tratavam de vestir as roupas molhadas do dia anterior e mastigar pedaços de *casabe* frio e úmido, era a voz dele, alternando-se entre frases de encorajamento e de intimidação autoritária, que formava o plano de fundo dos preparativos para mais um dia.

No dia 13 de maio, eles chegaram a uma curva do rio onde pequenos bolsões de água esbranquiçada ondulavam sobre as pedras ocultas no fundo do leito. Durante a estação seca, as corredeiras de El Tigre formavam mais um dos famosos obstáculos intransponíveis do Apaporis, mas àquela altura do ano o rio estava muito cheio e largo, alimentado pelos temporais que caíam o tempo todo.

Edwin checou o GPS, tirou o boné da cabeça e espanou o suor dos cabelos. Henry livrou-se dos tênis e despejou no chão a água turva que havia se acumulado neles. Todos vasculharam suas mochilas atrás das poucas salsichas e punhados de *fariña* que lhes restavam. As corredeiras marcavam o limite lógico da sua área de buscas, um obstáculo intransponível, para além do qual era pouco provável que qualquer sobrevivente do desastre tivesse avançado. Não havia mais onde procurar. Eles estavam no fim da linha. Todos penduraram suas redes em silêncio, precisando desesperadamente receber algum sinal sobre o que fazer.

Nessa noite, Edwin Paky teve um sonho. Ele estava a bordo de uma *lancha* nas águas agitadas de El Tigre, com o motor de popa tossindo e estalando para enfrentar a corredeira. As águas batiam contra o casco e faziam a *lancha* girar, até que ele, exausto, deixou-se tragar por um redemoinho e apoiou a embarcação contra uma pedra.

Enquanto descansava, ele viu, na margem, uma casa plantada no alto da encosta. Nos morros ao redor havia muitas pessoas vestidas de branco, comendo, bebendo e rindo. Do meio dessas pessoas alegres, surgiu uma linda garota usando um vestido azul. Edwin percebeu que aquela devia ser a sua *quinciñera*, a comemoração tradicional que é feita quando as meninas completam quinze anos. A garota sorriu e acenou em sua direção, e, quando ele começou a ir ao seu encontro, caminhando pelo capim da margem, olhou para trás e viu que a sua *lancha* tinha sido arrastada rio abaixo pela corredeira.

– Esse sonho é bom sinal – Nestor Andoke disse a ele, enquanto tomavam o café da manhã. – Um sonho desses quer dizer que as buscas estão correndo bem.

O Povo do Centro tem muita fé no poder e no significado dos sonhos. Na opinião de Nestor, e também de todos os outros homens da equipe, o sonho de Paky havia sido um sinal de que as crianças ainda estavam vivas. Agora não havia mais volta – eles iam mesmo encontrar o avião e seus passageiros.

Premonições à parte, naquele primeiro momento não ficou muito claro de que maneira a busca poderia estar correndo bem. Eles estavam muitos quilômetros rio acima da região que estava sendo vasculhada pelos militares e não teriam como retornar dali facilmente.

Os homens passaram a manhã pescando. Restaurando um pouco seu ânimo, eles conseguiram uma dúzia de *palometas,* uns peixes de corpo achatado parentes das piranhas, mas que, ao contrário delas, não têm os maxilares ameaçadores. Enquanto as assavam na fogueira para o almoço, eles ouviram uma *lancha* se aproximar.

– Eu não estou trazendo suprimentos – gritou uma voz a bordo dela. – Mas tenho novidades.

Era Andrés Londoño. O líder da equipe de buscas da Avianline havia retornado para ajudar na nova missão. No dia anterior, ele chegara à Casa

Dumar de helicóptero, acompanhado por uma tropa de bombeiros. Bastou um olhar rápido para a mata densa e para a chuva incessante que caía sobre ela para os bombeiros decidirem ir embora no dia seguinte. Mas, naquela mesma tarde, Dumar havia enfim revelado o segredo que guardava.

Ele levara Londoño até a sua lavoura de coca e lhe mostrara o local onde vira o Cessna voando rente às copas das árvores na manhã do dia 1º de maio. Londoño calculou a trajetória do voo e concluiu que ela levava à mesma área por onde ele havia andado com os homens da equipe da Avianline no primeiro dia de buscas na mata. E, além disso, ele tinha no seu telefone um vídeo enviado por um dos pilotos que haviam feito os primeiros sobrevoos na região. No vídeo, ouvia-se ao fundo o som constante de um bipe, com uma frequência que ia aumentando até fazê-lo se tornar quase uma única nota contínua, muito aguda. Esse era o sinal enviado pelo ELT. O piloto que gravara o vídeo havia sobrevoado a localização exata do Cessna.

Os homens se amontoaram por uma hora inteira ao redor da tela do telefone de Londoño, estudando as curvas do rio vistas pelo vidro da cabine do piloto no vídeo e comparando-as aos mapas que tinham do Apaporis. E todos chegaram à mesma conclusão: eles estavam procurando numa área a quilômetros de distância do local onde o avião tinha caído.

Edwin sentiu a raiva subir pelo seu peito. Ele seria capaz de estrangular Fredy Ladino se o visse naquele momento. A sua impressão foi de que a Avianline e os militares estavam fazendo os indígenas de bobos. Eles haviam sido encorajados a participar dos esforços, mas enviados para uma região onde não poderiam interferir com a verdadeira operação de buscas. Ele e seus companheiros tinham passado fome, enfrentado a chuva e os mosquitos a troco de nada.

Edwin mandou uma mensagem para a Avianline usando o GPS de Londoño.

– Eu fiquei furioso e mandei Fredy nos transferir para a área verdadeira das buscas – recorda-se ele. – Não importava que houvesse soldados, guerrilheiros ou o que fosse, era para lá que nós iríamos.

A bordo da *lancha*, na volta para a Casa Dumar, os homens fizeram um pacto: quando encontrassem o avião, eles não diriam nada aos soldados. A notícia seria divulgada por eles mesmos. Os militares não eram dignos de confiança. Vendo os respingos espalhados pelo motor de popa brilharem dourados à luz do sol poente, Edwin Paky voltou a pensar na garota de vestido azul.

CAPÍTULO DOZE
Milpesos

No dia em que deixaram para trás a margem do Apaporis, as crianças não comeram nada. Sob a chuva que caía sem parar, elas caminharam sem destino, com as roupas molhadas pesando no corpo. Lesly seguia na frente. Atrás dela, seus irmãos mais novos tentavam ir pisando nas pegadas que seus pés deixavam. No final da fila, Tien parava o tempo todo para tentar soltar as bolas de lama que se agarravam às solas dos seus tênis. Eles caminhavam em zigue-zague e em círculos, enquanto Lesly mantinha os olhos atentos atrás de qualquer sinal de uma trilha. Nos arredores de La Chorrera e de Puerto Sábalo, não era preciso se embrenhar muito na mata para encontrar alguma trilha enlameada que levaria a algum povoado, mas, naquela floresta, Lesly não via nada além do tapete de folhas em decomposição.

Quando escureceu, Soleiny ninou Cristin e Tien segurou a lanterna para iluminar o trabalho de Lesly enquanto ela investia contra folhas de palmeiras usando uma tesoura pequena. Seus caules grossos e fibrosos resistiam à lâmina cega da tesoura, mas a menina não desistiu. Então, Lesly trançou as quatro folhas para juntá-las numa cobertura única, apoiou-a contra o tronco de uma árvore e estendeu a toalha no chão debaixo dela. As crianças se amontoaram dentro do abrigo.

No dia seguinte, Lesly avistou a casca esbranquiçada de uma árvore que conhecia. Correndo os olhos tronco acima, ela pôde distinguir o cone formado pelas imensas folhas voltadas para o alto e, na base dele, duas grandes bolas de fibras pretas, como se fossem cabelos emaranhados. Era uma palmeira *milpesos*[2]. No meio das fibras, Lesly podia ver os frutos roxos, que tinham a casca brilhante por causa da umidade da mata.

---

[2] A *Oenocarpus bataua*, nativa da região, é conhecida na Amazônia brasileira como patauá. N.T.

As palmeiras *milpesos* estão entre as árvores mais importantes no mundo dos Uitoto. Elas levam muitos anos para crescer, mas têm inúmeras utilidades. As folhas são perfeitas para serem trançadas e formar os telhados das *malocas*. Os troncos, depois de cortados, tornam-se criadouros perfeitos para as *mojojoy*, larvas da floresta que ficam deliciosas depois de fritas e salgadas. A polpa amarronzada dos frutos é bem dura, mas pode ser amolecida em água morna. Lesly lembrou-se das mãos da mãe na bacia com água, espremendo os frutos até que as sementes se soltassem, massageando entre os dedos a mistura que ficava da cor de chá com leite. Esse sumo era muito nutritivo e proteico; algumas mães costumavam usá-lo para alimentar seus bebês no lugar do leite materno.

As crianças se ajoelharam aos pés da palmeira e começaram a afastar as folhas, catando os frutos roxos aos punhados. Lesly conhecia uma outra maneira de consumi-los: se você deixar o fruto na boca por tempo suficiente, o calor e a umidade da saliva fazem a polpa amolecer. Ela deu a Soleiny e Tien um fruto para cada um chupar e pôs um na própria boca. Os outros foram guardados na mochila. Assim que começou a sentir o fruto ceder na boca, ela o misturou com água, amassou bem na palma da mão e o deu para Cristin. A bebê, feliz, sorveu a mistura sugando os dedos da irmã.

Abrindo a mochila, Lesly olhou para a dúzia de frutos de *milpesos* guardados ali. Ela se perguntou por quanto tempo eles durariam. Por quanto tempo teriam que durar.

No dia seguinte, enquanto caminhavam nas margens de um riacho situado rio acima, Tien fez uma careta. Ele perguntou que cheiro era aquele. Lesly inalou o cheiro conhecido e nauseante. Era o mesmo que havia sentido no dia em que tinham deixado o avião para trás. O cheiro lhe trouxe de volta a imagem da mãe com os cabelos caídos, o corpo dobrado numa posição esquisita.

Mais à frente, pelo meio da vegetação densa, ela avistou um relance de tinta branca. Sem que tivessem planejado fazer isso, as crianças haviam retornado aos destroços do HK-2803.

O que havia à frente eram os urubus e o corpo da sua mãe morta, mas Lesly sabia que precisavam voltar. Talvez alguém houvesse encontrado o avião. Talvez essas pessoas estivessem lá, à espera deles. No mínimo, ela poderia conseguir mudas de roupas para os irmãos, já que as deles estavam em trapos.

Enquanto Tien e Soleiny, com Cristin no colo, esperavam, Lesly avançou cuidadosamente na direção do avião. Agora, havia mais urubus ao redor. Urubus espraiando as asas, empoleirados na fuselagem. Urubus perambulando e bicando uns aos outros no chão da floresta. A menina se manteve do lado direito do avião, afastada do corpo da mãe. A área ao redor estava exatamente como ela havia deixado, sem sinal de que alguém houvesse passado por lá.

No lugar onde fizera o abrigo na primeira noite, ela encontrou a bolsa de viagem de Magdalena. Tratou de pegar mudas de roupa para cada uma das crianças e fazer uma trouxa com elas. Quando se preparava para voltar ao lugar onde os irmãos a esperavam, Lesly olhou de relance na direção do avião. À sombra da asa esquerda, ela reparou numa coisa: uma alça preta pendendo de dentro dele.

Prendendo a respiração, Lesly foi até junto do avião e deu um puxão na alça. Era da mochila de Herman Mendoza. Ela a carregou um pouco para longe e abriu o zíper. Por baixo das roupas e da bolsa com itens de higiene, ela encontrou uma lata de atum e um saco plástico cheio de um granulado amarelo: *fariña*. Lesly bateu várias vezes a lata contra uma raiz grossa. Conseguiu amassá-la um pouco, mas ela não abriu. Frustrada, a menina atirou a lata no chão.

Enquanto as crianças trocavam de roupa, Lesly reparou que os braços e as pernas delas estavam cobertos de marcas vermelhas de picadas de insetos. No pulso esquerdo de Soleiny havia nódulos inflamados, que ela reconheceu como sendo os primeiros sinais da leishmaniose. Lesly sabia que eles logo se tornariam feridas abertas e que a ulceração iria se alastrar. Pegando um pedaço de atadura, ela o enrolou no pulso da irmã.

Cristin também tinha adoecido. A bebê estava com o nariz congestionado e respirava pela boca. A testa pareceu quente ao toque da sua mão. Era gripe, Lesly pensou, e rezou para que a irmã não tivesse febre. Ela despejou um pouco de água na mamadeira e acrescentou um punhado de *fariña*. Depois, agitou a mamadeira até dissolver bem a mistura e pôs o bico na boca de Cristin.

Lesly sentia que o tempo estava se esgotando. A *fariña* os sustentaria por mais um tempo, mas os sinais de doença eram uma preocupação. Seria preciso encontrar um lugar onde as suas irmãs recebessem tratamento. Ela havia tentado esperar perto do avião, mas uma semana depois do acidente não havia aparecido ninguém para resgatá-los, e agora Lesly começava a se perguntar se haveria alguém tentando fazer isso. Ela havia tentado ir até a margem do rio, mas lá também não havia nenhum sinal de vida humana.

A única alternativa parecia ser avançar para oeste. Enquanto andavam, as crianças passaram por um pé de *juan soco*. Junto à árvore, no tapete de folhas do chão, havia um fruto amarelo e redondo. Lesly rompeu a casca e sugou a sua polpa doce. Quando ela estava passando a fruta para Tien, eles ouviram o som de um avião. Mas, ao olhar para cima, só conseguiram enxergar o verde cerrado das copas das árvores.

CAPÍTULO TREZE
Os destroços

O capitão Edwin Montiel agachou-se junto do transmissor de rádio. Há oito dias, ele passava a mesma mensagem desolada para a base de operações combinadas montada em San José del Guaviare. *Nada. Nada. Nada.*

Eles não haviam encontrado nada. Nenhum sinal do avião. Nenhum sinal de sobreviventes. Depois do fim das chuvas, a floresta parecia envolta num manto lúgubre de silêncio. Foi um alívio quando, um dia, um bando de macacos-barrigudos empoleirados no alto dos galhos atirou fezes na tropa. Aquilo era, pelo menos, algum sinal de vida.

A única comunicação digna de nota havia sido feita pelo destacamento Ares 3, no terceiro dia das buscas. Eles haviam encontrado um lugar na mata onde as árvores tinham sido dobradas para formar uma clareira. No chão, acharam pedaços velhos de lona preta, vestígios de comida e duas camisas com a insígnia do EMC. Eram os restos de um acampamento da guerrilha, mas, a julgar pelo estado do material, os soldados concluíram que o local fora abandonado pelo menos um ano antes. E, para além dele, não encontraram nenhum outro vestígio dos antigos ocupantes – nem uma única pegada no chão.

O achado parecia confirmar que a guerrilha já não operava na região havia muito tempo. Com a redução da ameaça de uma emboscada, os militares mudaram as suas táticas. Eles passaram a atuar em grupos com dois soldados em vez de quatro, reduzindo pela metade o tempo que levavam para fazer a varredura de cada quadrante da área de busca. A questão, agora, é que já não havia mais muitos quadrantes onde buscar. Cada soldado já havia caminhado mais de 150 quilômetros, e o destacamento Dragon 4 estava começando a chegar a áreas já vasculhadas pelos homens do Destroyer 1 e do Ares 3.

Aquilo não fazia sentido. Como era possível que três esquadrões de elite tivessem passado uma semana vasculhando meticulosamente toda a área ao redor do local de emissão dos sinais do ELT e não tivessem encontrado nenhum vestígio do avião? Os homens começaram a pôr em dúvida a tecnologia, as ordens recebidas, as suas próprias habilidades de atuação. Eles começaram a buscar outras explicações.

Seria possível que o equipamento do ELT tivesse caído do avião antes do acidente? Será que o piloto havia conseguido chegar até o rio, afinal, e o Cessna estava agora no leito do Apaporis? Será que a história toda era uma farsa? Será que um dos passageiros havia sequestrado o avião para transportar um carregamento de cocaína decolando de alguma pista isolada no meio da floresta?

Naquela noite, deitado em sua rede e ouvindo o zumbido dos mosquitos do lado de fora do mosquiteiro, Montiel não conseguiu pegar no sono. Ele estava tomado pelo incômodo por causa de um fracasso iminente, mas também, como o sujeito orgulhoso da própria habilidade para o planejamento e estratégia que era, por uma curiosidade implacável.

– Nós estávamos ali com um pessoal altamente treinado, com todos os aparatos possíveis de comunicação e a tecnologia mais avançada, e contando com uma enorme equipe de apoio – relata ele. – E, mesmo com tudo isso, eu continuava perguntando a mim mesmo: *O que aconteceu com esse avião?*

A manhã seguinte era do dia 15 de maio. Os soldados estavam desanimados. Às 6h, todos organizaram os seus kits e começaram a marchar. O sargento Wilmer Miranda conduziu a tropa em fila indiana.

A quatrocentos metros do local do acampamento, seus olhos traquejados de mateiro detectaram algo diferente: havia alguns galhos dobrados para trás e outros quebrados no chão da floresta, como se algum animal tivesse passado por ali. Ele ergueu a mão aberta e suada. Os soldados estacaram.

Miranda avançou sozinho, com passos silenciosos, pelo meio da vegetação rasteira. Vinte metros mais adiante, ele viu um pequeno objeto rosa-choque no chão à sua frente. Ele se agachou, atento, vasculhando a vegetação densa em busca de algum sinal de emboscada, e só depois chegou mais perto.

Era uma mamadeira em formato de ampulheta, com duas alças cor-de-rosa e um bico de borracha. O restante da tropa, avançando pelo meio da vegetação para juntar-se a ele, mal conseguiu conter a euforia.

– Foi um momento emocionante – relembra o sargento –, porque até ali nós não tínhamos encontrado nada. Não havia nenhum vestígio. Tínhamos passado nove dias na floresta sem nenhum sinal.

A mamadeira estava cheia até a metade com uma água turva, e via-se um sedimento depositado no fundo dela. Alguém a havia enchido num riacho. Aquela mamadeira não tinha caído do avião; ela havia sido utilizada bem ali, no chão da floresta. Montiel a fotografou e enviou a imagem para a base de operações, onde os familiares dos passageiros poderiam identificá-la como um dos pertences dos irmãos Mucutuy. Mas seus instintos já lhe diziam que a mamadeira era das crianças que estavam a bordo do HK-2803.

Duzentos metros mais adiante houve a confirmação. No chão, os soldados se depararam com os restos de um fruto de *juan soco* partido. Na casca amarela, viam-se duas marcas de dentes pequenos. Aquelas não eram marcas deixadas por um animal. Eram marcas humanas, eles concluíram, e dos dentes de uma criança. Naquela manhã mais cedo, os soldados haviam acordado pensando que a sua missão não teria resultado; agora, todos se encheram de uma energia renovada e foram tomados também por um senso de urgência.

– O dia em que encontramos a mamadeira foi fantástico, aquilo nos encheu de esperança – recorda-se Montiel. – A maior parte dos meus homens tem família, filhos. De uma forma ou de outra, aquilo nos motivou a seguir com a busca.

As crianças tinham conseguido sair do avião. Mas, se aquela mamadeira representava algum tipo de resposta, os soldados do destacamento Dragon 4 não teriam muito tempo para refletir sobre o seu significado. Naquela mesma tarde, eles seriam confrontados por uma nova série de questões.

Na manhã desse mesmo dia, Edwin Paky estava se balançando numa rede na Casa Dumar, cedida pelo dono da propriedade na noite anterior. Depois de ter passado cinco noites dormindo no chão da floresta, a rede lhe parecera uma bênção. Agora, entretanto, ela estava cercada por nuvens de mosquitos. Alguns deles haviam conseguido driblar a tela do mosquiteiro e estavam picando seus tornozelos.

– Eu comecei a pensar: "São só dez da manhã. O que eu vou ficar fazendo aqui o dia inteiro? Eu vim para buscar pelo avião" – ele se recorda. Paky olhou para Nestor, que tentava espantar os insetos que voavam ao redor da sua cabeça, e caminhou até ele.

– Que se dane isso tudo, vamos embora – falou.

Nestor e os outros quatro homens vindos de Araracuara concordaram em se juntar a Edwin Paky, assim como um garoto de dezesseis anos de Cachiporro chamado Alejandro. Manuel e Delio permaneceram na casa. Eles queriam retornar a Cachiporro no dia seguinte para atualizar os parentes sobre o andamento da busca e conseguir mais suprimentos.

Edwin estava convencido de que o avião caíra ao sul da Casa Dumar. O relato de Londoño sobre o primeiro dia de buscas, o depoimento que o próprio Dumar havia demorado a lhes dar sobre o Cessna que avistara voando rente às árvores, os bipes do ELT ouvidos no vídeo enviado pelo piloto: todas as evidências apontavam para essa conclusão.

Eles se embrenharam na floresta novamente e, pouco depois das 14h, ouviram o barulho de uma motosserra. Um grupo de soldados estava cortando árvores e criando uma clareira que pudesse servir de heliporto. Edwin resolveu abordar o capitão do exército, que parecia ser o responsável pela operação. Ele sabia que os militares tentariam dissuadi-lo de entrar na área de buscas, mas estava decidido a fazer isso e não usou meias palavras para comunicar a sua decisão.

– Nós vamos entrar – ele disse ao capitão. – E ninguém vai nos tirar daqui até encontrarmos o nosso amigo.

O militar viu-se num dilema. A expressão no rosto de Edwin lhe dizia que ele não se deixaria deter, mas a ordem que recebera era para não permitir o acesso de civis à área de buscas. Ele decidiu, então, direcionar Edwin e os seus companheiros para uma área situada alguns quilômetros a noroeste do heliporto – aquele era um dos quadrantes que já haviam sido vasculhados, onde seria pouco provável que os civis se deparassem com soldados dos destacamentos de elite.

Os homens se puseram a caminho. Eles encontraram uma das trilhas que haviam sido abertas pela equipe da Avianline e conseguiram cobrir a distância em uma hora. Agora que sabiam estar buscando na região certa, todos se sentiam mais energizados, com um senso de propósito renovado. Mas, outra vez, o tempo não estaria do seu lado.

Às 17h, ainda não haviam encontrado nada. Os homens estavam pouco dispostos a passar mais uma noite debaixo de chuva na mata, não quando sabiam que a Casa Dumar estava a apenas cinco quilômetros de distância. Edwin tomou o rumo de volta, e os homens o seguiram, usando suas machadinhas mais uma vez para abrir uma trilha direta até lá. A lembrança do telhado de zinco e do peixe frito com arroz preparado pela esposa de Dumar os impulsionava a seguir adiante. Até que ouviram um grito.

– Olhem! Uma casa azul!

Era a voz de Alejandro, o garoto de Cachiporro. Edwin correu até onde ele estava.

– É o avião – ele disse.

O Cessna estava fincado na vertical, com a barriga azul da fuselagem voltada para eles. Alejandro havia confundido o que vira com algum tipo de habitação. Edwin se apressou em verificar os números pintados na cauda: HK-2803.

– A sensação que eu tive foi que meu corpo estava levitando – relembra ele. – Depois de dias de expectativa, dúvidas e preocupação, nós enfim tínhamos concluído a nossa missão.

À medida que foi chegando mais perto, entretanto, o seu estômago se retorceu. Urubus abriram as asas e voaram para longe enquanto seus passos avançavam. Uma nuvem densa de moscas zumbia ao redor do corpo do avião, e o nariz da aeronave estava tão enterrado no chão que quase não era possível distinguir a cabine do piloto.

– No instante em que olhei para aquilo, logo pensei que não era possível alguém ter sobrevivido – relembra Edwin. – Para mim, todos tinham morrido.

Na luz fraca do fim de tarde, ele dirigiu-se para o lado esquerdo do avião. E viu uma mulher com os cabelos escuros soltos, pendendo. O corpo, em estado avançado de decomposição, estava tombado para a frente, e as costas do seu assento tinham sido empurradas sobre ele. Abaixo dela, ele conseguiu distinguir a camisa branca do piloto contra o chão escuro da floresta. O outro lado do avião estava ainda mais destroçado. Mas, com cada vez menos luz do dia, Edwin não conseguiu distinguir o corpo de Herman.

Seus companheiros da equipe indígena de buscas tinham ido juntar-se a ele. À medida que examinavam os arredores, todos chegaram à mesma constatação: aquilo que num primeiro momento havia parecido serem destroços espalhados durante a queda na verdade tinha uma certa ordem. Uma camisa branca estava pendurada num galho. Uma bolsa de fraldas de criança havia sido aberta e seu conteúdo removido. Uma lata de atum tinha marcas de amassados resultantes de uma série de impactos, e viam-se perto dela duas garrafas de água. As crianças haviam sobrevivido. Edwin teve a esperança de que Herman pudesse estar com elas, em algum lugar da floresta.

Os homens se juntaram para confabular. Ainda indignados com a maneira como haviam sido desviados da verdadeira área de buscas, ainda sem confiar nos militares, recordaram-se do pacto que haviam feito de que eles mesmos anunciariam a descoberta, para que os soldados não lhes roubassem o crédito. Agora, entretanto, os desafios logísticos desse plano estavam mais claros. Eles não dispunham dos sacos apropriados, luvas e máscaras faciais para fazer a remoção dos corpos até o rio, que, segundo a informação do GPS, ficava a quatro quilômetros de distância. Isso sem falar que para abrir caminho até lá com as machadinhas eles levariam quatro horas, e já havia escurecido.

Por fim, o grupo decidiu voltar até o heliporto pela mesma trilha que tinham percorrido e notificar os militares. Em seguida, eles foram reencontrar Manuel e Delio, que haviam ficado à sua espera na Casa Dumar. Enquanto todos jantavam peixe frito, Edwin e os companheiros relataram o que haviam visto. Eles não tinham certeza se o irmão de Delio estava vivo ou morto, disseram, mas tudo indicava que as crianças haviam sobrevivido.

Na manhã seguinte, o esquadrão Dragon 4, liderado por Edwin Montiel, rumou para o local dos destroços, cerca de 3,5 quilômetros a leste de onde haviam encontrado a mamadeira. Nesse trajeto, os soldados fizeram mais uma descoberta: um abrigo simples montado com folhas de palmeira empilhadas. Perto dele havia uma tesoura infantil, com pontas redondas e pegadores de plástico roxo.

Os soldados examinaram os caules das folhas, que pareciam ter sido cortados com a mesma tesoura relativamente pouco tempo antes. Eles estimaram que o abrigo tinha sido construído cerca de cinco dias antes. Tiraram fotos do local e informaram por rádio a descoberta, antes de seguir adiante.

À medida que se aproximavam do seu destino, não havia nenhum sinal de que aquele era o local de um desastre.

– Nós imaginamos o tempo todo que haveria árvores caídas em volta ou que sentiríamos algum cheiro – explica Montiel. – Mas, quando o GPS indicou que estávamos a cinquenta metros do lugar, ninguém via ainda nem sinal do avião, e não sentimos nenhum cheiro ruim. Nós fomos chegando mais perto, a trinta metros, vinte, quinze, e então, quando o GPS indicava dez metros de distância, nós vimos o avião. Ele estava totalmente na perpendicular... como o mastro de uma bandeira. Foi por isso que os pilotos da Força Aérea não conseguiam localizá-lo na varredura aérea: ele estava totalmente ocultado pelas árvores mais altas.

Seguindo as instruções do seu treinamento de combate, soldados do esquadrão Ares 3 formaram um cordão de defesa ao redor do local, para o caso de emboscadas. Os homens de Montiel começaram a desbastar a vegetação rasteira ao redor do avião. Usando cordas e roldanas presas aos galhos das árvores, eles conseguiram içar a aeronave pela cauda. Debaixo do assento do piloto, foi então confirmado, estava o corpo do comandante Hernando Murcia. Eles encontraram também os restos mortais de Herman Mendoza. O corpo dele havia sido imprensado contra o solo. A cabeça foi encontrada a vários metros de distância, sob destroços do avião.

Na Casa Dumar, a equipe dos indígenas ouviu pelo rádio as tristes informações. Todos se voltaram para Delio. Ele estava sentado, imóvel, com os olhos fixos no chão.

– O tempo todo eu tive a esperança de que encontraríamos Herman com vida – ele me disse, três meses mais tarde. – Todas as minhas preces eram para que ele tivesse encontrado alimento, para que conseguisse caminhar e alcançar algum local seguro. Quando chegou a notícia, foi um golpe duro, é claro, e eu fiquei pensando na dor que ele deve ter sentido, em quais deviam ter sido as suas últimas palavras. Foi triste ele ter sido encontrado daquela maneira, com a cabeça separada do corpo e cheio de vermes.

Naquela manhã, os companheiros se reuniram ao redor de Delio. Eles o abraçaram e lhe deram *ambil* para que tivesse forças para caminhar até o local do acidente. Quando viu o que restava do irmão, Delio caiu de joelhos e baixou a cabeça, repetindo numa voz fraca: *Hermanito, Hermanito* – que é ao mesmo tempo o diminutivo de Herman e a palavra em espanhol para "irmãozinho".

Manuel também ficou muito abalado. Ele tinha se fiado na certeza transmitida pela vidente de que a sua família sobrevivera ao acidente, e agora passava pelo choque de se deparar com o corpo de Magdalena daquele jeito, jogado para a frente no assento, pouco mais do que cabelos e ossos.

Quando se recorda da cena, a voz falha e os olhos se enchem de lágrimas.

– Foi uma sensação terrível – ele conta. – Eu estava acreditando, até aquele momento, que todos eles estariam vivos.

Seu plano para tirar Magdalena e as crianças da floresta havia terminado em tragédia. A sua namorada e mãe de seus dois filhos estava morta. Quando deu as costas para o avião, com a respiração pesada e tentando manter as emoções sob controle, alguma coisa chamou sua atenção. No meio das folhas do chão da floresta havia a casca de um cupuaçu. Isso o fez enterrar o luto, Manuel conta, por baixo de um senso renovado de propósito.

– Eu vi os vestígios que mostravam onde eles tinham dormido, onde tinham comido – recorda ele. – E havia a mamadeira encontrada pelos soldados ali perto. Essas coisas nos deram forças, nos alimentaram e consolaram. Nós havíamos encontrado o avião. Agora, precisávamos encontrar as crianças.

Elas não podiam ter chegado muito longe, isso era um consenso entre os integrantes da equipe indígena. E, naquela mesma tarde, as preces de Manuel foram atendidas. Às 15h30, chegou pelo rádio a informação de que haviam encontrado as crianças. Um piloto da Avianline havia pousado em Cachiporro com suprimentos, e um grupo de moradores dissera a ele que as crianças tinham sido vistas a bordo de uma *lancha* descendo o rio. Elas estariam no povoado antes das 17h.

Os militares tentaram obter alguma confirmação do fato, mas a notícia se espalhou depressa. A OPIAC, organização pelos direitos indígenas da qual Herman Mendoza fazia parte, deu a notícia no seu programa de rádio.

– Hoje nós podemos confirmar que as crianças foram encontradas pela equipe de buscas formada pelos indígenas – um dos diretores da OPIAC declarou.

Então, deixando claro o clima de animosidade que havia sido gerado pela maneira como a operação estava sendo gerida, ele acrescentou:

– Esse grupo de nativos conseguiu um grande feito. Há veículos de imprensa e algumas instituições, entretanto, determinados a invisibilizar o trabalho [deles].

Às 16h43, foi publicada uma postagem no perfil do presidente Gustavo Petro no aplicativo X, para os seus sete milhões de seguidores.

"Depois de um árduo esforço de busca empreendido pelas nossas Forças Armadas, nós encontramos com vida as quatro crianças desaparecidas vítimas do acidente com o avião em Guaviare. Este é um momento de alegria para o país", o *post* dizia.

Mas esse não era o final da história. Na verdade, ela mal havia começado. O relógio marcou 17h, passou desse horário, e não houve nem sinal das crianças. A noite estendeu seu manto escuro sobre a floresta e sobre as esperanças da equipe de resgate.

40 DIAS NA FLORESTA

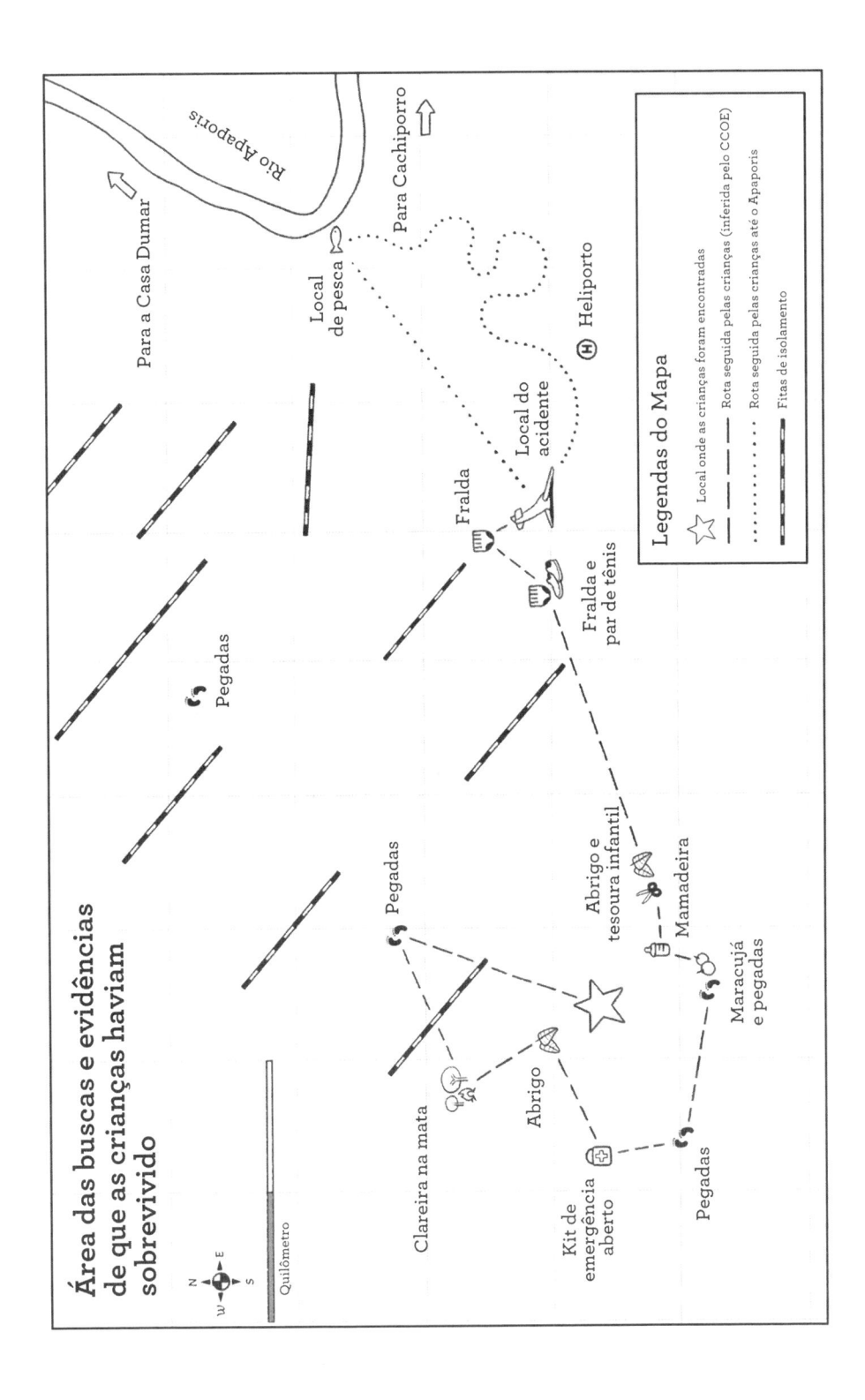

Área das buscas e evidências de que as crianças haviam sobrevivido

Legendas do Mapa
- ☆ Local onde as crianças foram encontradas
- – – – Rota seguida pelas crianças (inferida pelo CCOE)
- ·········· Rota seguida pelas crianças até o Apaporis
- ▬▬▬ Fitas de isolamento

Rio Apaporis

Para a Casa Dumar

Para Cachiporro

Local de pesca

Local do acidente

Heliporto

Fralda

Fralda e par de tênis

Pegadas

Abrigo e tesoura infantil

Mamadeira

Maracujá e pegadas

Pegadas

Abrigo

Clareira na mata

Kit de emergência aberto

Pegadas

Quilômetro

CAPÍTULO CATORZE
A Voragem

A floresta os engoliu.

Até o surgimento de Gabriel García Márquez, essas últimas palavras do romance de Eustasio Rivera publicado em 1924, *A Voragem,* eram as mais famosas da literatura colombiana. O livro começa como um diário de um jovem poeta urbano que se aventura pela Amazônia em busca de um amor perdido. Logo, no entanto, ele se vê desorientado em meio a uma "monotonia incessante de verde". Nessa "prisão esmeralda", a mente do poeta começa a divagar, e o leitor acompanha à medida que a insanidade vai tomando conta da sua escrita, como um fungo agressivo da floresta.

Embora o livro tenha sido concebido por Rivera como uma crítica à indústria da exploração da borracha, foram as suas descrições apavorantes e rebuscadas da selva amazônica que ficaram marcadas na memória das gerações de estudantes colombianos que leram o livro como parte do currículo escolar. Para a vasta maioria dos colombianos vivendo nos vales andinos e na costa caribenha do país, as palavras de Rivera consolidaram a ideia da floresta ao sul do território como um inferno verde, um lugar particularmente hostil à integridade física e mental de qualquer pessoa que se aventurasse a penetrar mais fundo na mata.

Assim, quando os destroços do HK-2803 foram localizados e divulgados os detalhes sobre os diversos indícios que indicavam a sobrevivência das crianças, repórteres da imprensa local trataram de espanar a poeira dos seus velhos exemplares de *A Voragem* em busca de inspiração para a cobertura jornalística. "A floresta terá engolido essas crianças?", indagava uma das manchetes.

A notícia do resgate acabou se provando mentirosa. Na manhã seguinte ao anúncio, a postagem do presidente Petro no X foi apagada. Veículos da mídia local e internacional trataram rapidamente de tirar do ar as suas reportagens on-line.

A fonte exata do equívoco jamais foi determinada. Segundo Fredy Ladino, os moradores de Cachiporro tinham ouvido, pelo rádio de ondas curtas, que alguém vira as crianças a bordo de uma *lancha*. No momento em que eles repassaram a notícia ao piloto da Avianline e este, por sua vez, atualizou a direção da empresa, um soldado que estava presente no local vazou a informação para a imprensa. Mas de quem partiu a transmissão ouvida no rádio, em primeiro lugar? Terá sido só um engano ou foi um boato mal-intencionado? Essas questões nunca chegaram a ser respondidas, e elas logo passariam para segundo plano à medida que o mistério das crianças desaparecidas mobilizava a atenção do país.

Duas semanas haviam se passado desde a queda do Cessna, e poucos colombianos ainda tinham esperança de que seriam encontrados sobreviventes do acidente. O país tem um triste histórico de desastres de avião. Além dos aviadores mortos homenageados no monumento visto no aeroporto de Villavicencio, há inúmeros outros casos que foram noticiados na imprensa. Em 1989, um Boeing 727 foi explodido por ordens de Pablo Escobar. Seis anos mais tarde, um 757 se chocou contra uma montanha nos arredores da cidade de Cali. Em 2016, um avião fretado ficou sem combustível e caiu na floresta perto de Medellín, levando a bordo a equipe inteira de um time de futebol brasileiro. Nesse caso do Cessna desaparecido, no entanto, de uma hora para outra surgiu a chance de haver um final feliz.

A história já havia se transformado no maior fenômeno midiático do ano. Os colombianos sintonizavam diariamente a TV no noticiário à espera de atualizações ou de novas pistas sobre o paradeiro das crianças. Os detetives da internet apresentavam teorias sobre o que poderia ter lhes acontecido. A base de operações dos militares em San José del Guaviare foi inundada de ligações de médiuns com informações sobre onde os soldados deveriam procurar. Os jornalistas da imprensa internacional começaram a dar mais atenção à cobertura do caso.

A pressão sobre o general Pedro Sánchez estava aumentando. Os familiares das crianças estavam irritados por terem tido suas esperanças alimentadas e em seguida destruídas em razão do alarme falso. Eles divulgaram um comunicado à imprensa criticando a falta de cuidado com as informações e enfatizando que "a sua saúde física e mental era assunto sério". Enquanto isso, grupos indígenas se enfureceram pelo fato de os militares terem ficado com o crédito pela descoberta dos destroços do avião. O presidente Petro, depois do fiasco da postagem que acabou sendo deletada, estava precisando mais do que nunca de um desfecho positivo para as buscas.

Encontrar o avião já havia sido uma tarefa complicada. Localizar quatro crianças que estavam perambulando sozinhas pelo meio da floresta seria exponencialmente mais difícil. Uma etapa nova e mais intensa das buscas estava para ser iniciada. Sánchez a batizou de Operação Esperança.

– Foi preciso mobilizar mais homens – explica ele. – Do meu ponto de vista, aquela era nossa janela de oportunidade. Eu concluí que nós tínhamos, no máximo, cinco dias para encontrar as crianças.

No dia 18 de maio, três outros grupos de soldados de elite foram introduzidos na selva, e já havia mais destacamentos sendo mobilizados para se juntar a eles. No início de junho, o Posto Intermediário de Operações em Calamar estava provendo suprimentos para dezesseis times de buscas, com seu helicóptero Huey dedicado em tempo integral ao transporte de fardos de comida desidratada, gás para os fogareiros e repelente contra insetos. A área de buscas foi ampliada para um perímetro de dezessete por dezenove quilômetros, com a constatação de que as crianças talvez tivessem se afastado mais do que inicialmente previsto.

Além dos reforços na equipe, era preciso adotar uma nova estratégia. Edwin Paky e seus companheiros haviam encontrado o avião em um quadrante que já havia sido vasculhado anteriormente pelos militares. Naquela área de vegetação tão densa e visibilidade limitada, a tática de varredura em X empregada pelos soldados obviamente não era a mais eficaz. Ela deixava muito espaço não coberto pelas buscas na parte central do quadrante.

Os militares, então, adotaram o padrão em zigue-zague. Os soldados iam e voltavam ao longo de todo o quadrante, trilhando rotas que eram separadas por apenas vinte metros umas das outras. Com isso, cada homem agora caminhava um total de doze quilômetros, e o tempo de varredura subiu de três para catorze horas em cada quadrante. Cada time de buscas passou a dar conta de apenas 1 quilômetro quadrado por dia, e a operação precisou avançar noite adentro, com os soldados munidos de óculos para visão noturna. E toda a cautela para não denunciar sua presença foi deixada de lado. Os homens passaram a chamar o nome de Lesly aos gritos.

Do espaço aéreo acima da floresta, aeronaves militares lançaram centenas de kits de suprimentos contendo lanches e bebidas reidratantes. Dez mil panfletos alertando as crianças para que parassem e aguardassem o resgate no local onde estivessem desceram pelo meio das árvores. O helicóptero Huey foi equipado com um enorme alto-falante redondo apontado para fora das suas portas abertas, que emitia em volume ensurdecedor um apelo da avó das crianças dirigido a Lesly, pedindo que ela ficasse onde estivesse porque os soldados estavam procurando por eles.

Na base de operações em San José del Guaviare, os mais de 100 analistas de inteligência, navegadores e peritos em logística que formavam a equipe de apoio estavam trabalhando sem pausa, 16 horas por dia. Eles haviam trocado os uniformes militares por trajes civis e pareciam à beira do esgotamento. Pratos com restos de comida e latas de bebida eram vistos pelas escrivaninhas. Pareciam um grupo de estudantes dando tudo de si às vésperas das provas finais.

No dia 20 de maio, a base recebeu um visitante inesperado. Baixinho e parrudo, ele vestia uma camisa branca larga com bordados de padrões geométricos no colarinho e um chapéu redondo de aba larga, feito de folhas de palmeira trançadas. À medida que a notícia de sua chegada se espalhava pelos corredores, os membros da equipe de apoio trocavam olhares sugestivos. A coisa ia ficar complicada.

Giovani Yule tinha uma reputação e tanto. Ele fazia parte do povo Nasa, nativo da parte mais ao sul dos Andes colombianos, uma área onde os conflitos entre o Estado e grupos indígenas se estendiam há gerações. E era também um aliado do presidente Petro, que o incluíra em sua nova equipe de governo como o líder da iniciativa que visava restituir terras aos colombianos que haviam sido realocados de seus territórios devido à violência. Yule era um sujeito intransigente e combativo, que não escondia sua animosidade em relação às Forças Armadas.

– Historicamente, todas as vezes que os povos originários tiveram que lutar por seus direitos, os opositores eram sempre as forças de segurança – ele me explicou mais tarde. – Nos protestos, eram sempre eles que batiam e jogavam gás em nós. As forças de segurança mataram muitos dos meus companheiros. Quando eu pus os pés lá [na base militar], foi com muita desconfiança.

Yule chegou na companhia de uma dezena de membros da Guarda Indígena. O general Sánchez os recebeu, apertou as mãos de cada um e os conduziu à sala de operações. Na parede, havia um grande mapa quase inteiramente verde, exceto pelas curvas azuis do Apaporis vistas no canto superior direito. Fotos da mamadeira, das pegadas das crianças e das cascas de frutas mordidas estavam pregadas nos locais onde essas evidências haviam sido encontradas. Dúzias de pequenos quadrados vermelhos marcavam os locais onde os soldados haviam passado as noites. Os quadrantes já vasculhados estavam atravessados por linhas pretas na diagonal. Agora, já havia quadrantes demarcados num raio de até 8 quilômetros a oeste e a sudoeste do local onde o avião havia caído.

Sánchez ofereceu um café a Yule. O líder nativo pediu apenas água e foi direto ao assunto. Ele estava ali sob ordens do gabinete da Presidência, com o objetivo de garantir a entrada de novas equipes indígenas de busca na área da operação.

O general Sánchez viu-se numa posição delicada. Um general colombiano da velha guarda teria encarado a chegada dos visitantes, e o apoio presidencial a eles, como uma afronta à sua autoridade operacional. Tradicionalmente, as Forças Armadas não viam com bons olhos a legitimidade e as práticas da Guarda Indígena, que estava ali representada na figura de Yule. Dois meses antes, membros das forças de segurança do país haviam sido denunciados pelo assassinato brutal de um policial em Caquetá. Os autores do crime eram membros da Guarda Campesina, uma organização irmã da Guarda Indígena, formada por trabalhadores rurais não nativos. Para os opositores do governo, esse caso era a prova de como os ataques políticos de Petro às Forças Armadas vinham dilapidando a autoridade dos militares, pondo em risco a segurança nas áreas rurais do país e insuflando ações justiceiras tão chocantes. Se essa não era a posição pessoal de Sánchez, ele sabia que ela refletia o pensamento de muitos de seus colegas e estava bem ciente da delicadeza da situação.

– Eu pensei comigo: "Se qualquer militar da ativa ou da reserva olhasse para essa cena, me enxergaria como um indígena, cumprimentando os assassinos de um policial" – ele explica. – Mas a decisão que tomei foi repassar a eles toda a informação que tínhamos até o momento, na intenção de conquistar a sua confiança e de fazer com que vissem que estávamos fazendo as coisas direito.

Sánchez relatou a Yule e aos homens da Guarda as novas medidas que haviam sido implementadas com a Operação Esperança. Mas, no que tangia às demandas de Yule, o general sabia que precisava ter cuidado. As equipes indígenas já haviam dado provas concretas do seu valor, mas introduzir dezenas de novos civis na área de buscas poderia prejudicar a integridade operacional da missão e acabar pondo vidas em risco.

– Eu disse a eles que a maior prioridade ali era encontrar as crianças, mas que a segunda coisa mais importante era deixar claro quem era quem na operação. "Nós somos a força legítima do Estado e temos o monopólio sobre os armamentos", o general se recorda de ter dito. "Mas sabemos também que o conhecimento de vocês é precioso, que estão aqui para somar forças e que será mais fácil encontrar essas crianças se trabalharmos todos juntos."

Ele havia conseguido achar o tom exato. Yule pareceu achar a proposta razoável. Para encerrar a conversa, Sánchez compartilhou um pouco da sua história pessoal. Contou que viera de uma família humilde, sendo filho de um pedreiro e de uma professora primária vivendo numa cidadezinha ao norte de Bogotá, e que havia conseguido avançar no universo militar elitista e antiquado da Colômbia à custa do próprio esforço. E que, além disso, ele próprio também tinha raízes indígenas. Seus avós eram do povo Guane, uma etnia que fora quase completamente dizimada pelos conquistadores espanhóis.

Yule levantou-se da cadeira onde estava e atravessou a sala. Abrindo bem os braços, ele deu um abraço em Sánchez.

– É a primeira vez na vida que eu abraço um general do exército colombiano – ele sussurrou no seu ouvido.

O abraço, esse gesto tão simples, marcou o início de uma nova fase de cooperação e respeito entre os militares e as equipes indígenas, sem as quais talvez as crianças jamais tivessem sido encontradas.

Nas semanas que se seguiram, as buscas por Lesly e seus irmãos ganharam um viés claramente indígena. Yule acionou sua rede de contatos em populações nativas de todo o país. Ele lhes pediu que organizassem uma "*minga* espiritual".

Nas comunidades indígenas, a *minga* é o processo no qual clãs e grupos diferentes se unem para alcançar um objetivo comum. Campos de plantio são desbastados e casas são construídas por meio de *mingas*. Protestos são organizados assim. Dessa vez, Yule convocou os diversos povos originários do país para que fossem aos seus locais sagrados e fizessem os rituais da sua cultura, para que pedissem aos espíritos e à mãe natureza que devolvessem as crianças em segurança.

Nos dias que se seguiram, ele recebeu vídeos e mensagens relatando sobre rituais feitos pelo povo Wayuu, dos desertos no norte do país, pelos Kogi, que vivem nas montanhas nevadas, e por muitas tribos diferentes em toda a Amazônia.

– Eles me ligaram para dizer que haviam aberto uma trilha espiritual para que nós pudéssemos entrar na floresta em segurança – conta Yule. – E também para falar que as crianças ainda estavam vivas. Que estavam fracas, mas que nós íamos encontrá-las.

No dia 21 de maio, 50 homens se postaram no gramado em frente à base militar, formando diante da floresta um semicírculo voltado para o sul. O grupo incluía soldados e indígenas, além de Yule e de Sánchez, todos com os braços apoiados nos ombros uns dos outros. Yule conduziu então um ritual, pedindo aos espíritos da floresta que lhes garantissem o acesso em segurança. Em seguida, os indígenas que passariam a contribuir na missão embarcaram no helicóptero Black Hawk que os aguardava.

Depois da partida deles, o general Sánchez cruzou os portões da base militar para enfrentar uma selva de microfones em riste e uma saraivada de perguntas: As crianças ainda estavam vivas? Como era possível que os soldados mais bem treinados da Colômbia não conseguissem encontrar quatro crianças que estavam sozinhas no meio da floresta? O que ele pensava sobre a inclusão dos novos reforços indígenas?

Sánchez respondeu a todos num tom calmo de autoridade. As crianças ainda estavam vivas, afirmou.

A sinistra verdade era que, caso elas não estivessem, os cães farejadores que já estavam na área das buscas havia vários dias teriam localizado facilmente os corpos pelo cheiro. O problema era que elas estavam em constante movimento, e possivelmente tentando se esconder das equipes.

– O que estamos fazendo não é procurar agulha num palheiro. É tentar ir atrás de uma pulga minúscula pulando de um lado para o outro num tapete muito grande, porque as crianças não estão paradas – ele explicou.

Os repórteres começaram a pressionar por um prazo. O general afirmou que era uma questão de dias até que elas fossem encontradas. A operação de buscas já estava completando três semanas. Quando começou a dar explicações sobre as complexidades do terreno e do clima, a voz de Sánchez pareceu travar na garganta. Foi algo que durou apenas um segundo. Ele fez um movimento de engolir, piscou os olhos e prosseguiu com a sua declaração. Mas esse momento de emoção do soldado, que se mostrava sempre tão estoico, não passou despercebido. Um ano depois, eu perguntei a ele o que estava sentindo naquele instante.

– Impotência – foi a sua resposta. – Impotência e uma dor terrível.

CAPÍTULO QUINZE
Panfleto

– ...Avó Fatima, está entendendo? Vocês precisam ficar...

As crianças começaram a olhar freneticamente ao seu redor. A voz da avó parecia chegar pelo meio das árvores e passar por entre eles como um vento para em seguida sumir de novo, substituída por um zumbido ritmado.

Soleiny e Tien olharam em volta, depois voltaram-se para a irmã em busca de uma explicação. Lesly não tinha nenhuma para lhes dar, mas começou a avançar na direção de onde o som viera. A dor na sua perna tinha começado a ceder e ela estava conseguindo se mexer mais depressa, mesmo com as meias encharcadas que escorregavam na lama.

– ...procurando por vocês... Lesly. Aqui é sua avó Fatima, vocês...

Dessa vez, a voz da avó pareceu passar pela frente deles, desaparecendo pelo lado direito, no meio da mata. Lesly mudou o rumo dos passos e começou a atravessar pelo meio da vegetação rasteira, com as samambaias e galhos se enroscando na sua calça jeans. Só que, em seguida, a voz ressurgiu por trás deles.

– É a vovó? – Soleiny perguntou.

Lesly não sabia o que dizer a ela.

Com o passar da semana, o *monte* foi se tornando cada vez mais misterioso. As crianças estavam desorientadas, vagando em círculos na tentativa de achar algum sinal de vida humana. E tinham começado a perder itens que lhes eram necessários.

Primeiro, Tien tinha descalçado os tênis e resolvido continuar só de meias, igual a Lesly, mas seus pés ficaram machucados e cheios de bolhas. Usando a tesoura, ela havia cortado tiras de tecido das roupas que estava levando para enrolar nos pés do irmão, como se fossem ataduras. Só que depois foi a tesoura que sumiu, junto com uma das garrafas plásticas de água. Quando a noite chegou, Lesly teve que puxar com as mãos as folhas de palmeira, usando os dentes para soltá-las do caule.

Numa outra noite, enquanto Lesly se preparava para misturar o último punhado de *fariña* com água para dar a Cristin, Soleiny lhe confessou que havia deixado a mamadeira pelo caminho. Pela primeira vez desde o acidente, ela perdeu a paciência com a irmã menor. Como poderiam alimentar Cristin sem a mamadeira? Olhando em volta, catou uma folha grande e redonda e dobrou as beiradas até formar o recipiente improvisado onde despejou a *fariña* e a água. Então, cuidadosamente, despejou a mistura pela beirada da folha na boca da bebê.

Enquanto descansavam junto de uma árvore caída, as crianças ouviram vozes masculinas. Estavam chamando o nome de Lesly. Quando as vozes ficaram mais próximas, ela pôde distinguir os uniformes verdes, os rifles sobre os ombros. Amedrontada, Lesly agarrou Tien e Soleiny pelos braços e os puxou para baixo do tronco caído. Os homens foram chegando cada vez mais perto, até o som do seu nome sendo chamado abafar todos os outros barulhos da floresta. Eles chegaram a passar a uns dez metros do tronco caído. Lesly tapou a boca de Cristin com a mão para impedi-la de chamar a atenção dos homens.

Alguns dias mais tarde, em 30 de maio, Lesly chegou com os irmãos a uma pequena clareira. No chão, ela viu um pedaço de papel vermelho-vivo. Ao pegá-lo, pôde ler as palavras, escritas em espanhol e na sua língua nativa:

Nós estamos procurando vocês
Não andem mais, fiquem perto
de algum rio ou riacho.
Façam barulho.
Façam fumaça.
Nós vamos salvar vocês.
Estamos perto.
Sua avó Fatima e sua
família estão
procurando por vocês.

Lesly tirou o mosquiteiro da mochila e o pendurou numa árvore. As crianças se abrigaram debaixo dele. E ficaram esperando.

CAPÍTULO DEZESSEIS
Uma aliança improvável

Juan Felipe Montoya vinha de uma linhagem de militares. Seu pai havia servido no exército colombiano, assim como seu avô paterno. Juan havia crescido cercado por homens de uniforme, absorvendo deles o profundo senso de dever cívico, e nunca pensara em ter uma carreira diferente. Ele entrou para a academia militar aos dezesseis anos, e depois de apenas dois anos na ativa os seus superiores o convenceram de que ele tinha o perfil ideal para se tornar um oficial das Forças Especiais.

Quando conversamos num pequeno apartamento numa vila militar, na zona norte de Bogotá, em agosto de 2023, ele havia acabado de retornar de mais uma missão sobre a qual não podia fornecer detalhes nem localização. A sala estava cheia de brinquedos espalhados. Uma das paredes exibia rabiscos de canetinha até a altura dos joelhos, feitos pela sua filha de dois anos. Vindo do quarto ao lado, ouvia-se de tempos em tempos o choro de um recém-nascido.

Com a sua mandíbula bem demarcada, os braços musculosos e um corte rente de cabelo que não escondia sinais de uma calvície precoce, Montoya recebeu um apelido inevitável dos colegas. No destacamento Destroyer 1, os soldados chamam o seu tenente de 24 anos de "Popeye". Pode ser complicado para um oficial tão jovem conquistar o respeito de veteranos calejados que estejam sob o seu comando, mas Montoya já teve oportunidade de provar sua coragem sob o fogo inimigo e, o mais importante, é conhecido por ter os instintos aguçados.

– O Popeye está sempre alerta e também sempre disposto a ouvir – diz o sargento Juan Carlos Rojas, que tem 34 anos e está abaixo de Montoya no comando da tropa. – Não adianta nada ser durão se você não tiver habilidade para resolver as coisas e tomar as decisões certas. Nós confiamos nele.

Na tarde do dia 17 de maio, Montoya havia posto em teste a confiança que seus homens depositavam nele. Nesse dia, dois soldados do Destroyer 1 estavam fazendo a varredura do quadrante quando avistaram vultos escuros se movendo no meio da vegetação. Eles se agacharam, ergueram os rifles e estreitaram os olhos para apurar a visão.

– Foi um momento crítico – recorda-se Montoya. – Os meus homens estavam em modo de combate, prontos para puxar o gatilho.

Os soldados continuaram imóveis. Por causa da folhagem densa, era impossível distinguir se os desconhecidos estavam armados. Quando chegaram a menos de 30 metros de distância, eles gritaram para que levantassem as mãos acima da cabeça e prosseguissem devagar. Os rostos espantados de Manuel Ranoque, Henry Guerrero e dos demais companheiros da equipe de buscas de Araracuara emergiram do meio das árvores.

Os militares passaram por rádio a informação do encontro a Montoya, que estava na base de buscas montada bem no centro do quadrante. O tenente sabia que não podia permitir que civis perambulassem pela área das buscas. Caso eles esbarrassem com soldados de algum outro esquadrão, talvez o desfecho não fosse tão pacífico. Então ele deu ordens para que os homens encontrados fossem levados à base.

Assim que chegaram, a primeira coisa que chamou a atenção de Montoya foi a precariedade do equipamento dos indígenas. Eles tinham machadinhas, mas não contavam com redes onde pudessem dormir e quase não levavam nenhuma comida. Manuel estava vestindo a mesma camisa preta empapada de suor fazia mais de uma semana. Henry Guerrero usava um par de tênis surrados para caminhar pela floresta. Um dos soldados acendeu o seu fogareiro e abriu um fardo de rações militares. Pouco depois, os homens de Araracuara estavam sentados em círculo, devorando porções de *fettuccine* Alfredo de dentro de sachês fumegantes de papel-alumínio.

Manuel pediu para usar o telefone via satélite da base. Ele precisava conversar com a vidente, explicou. Todos observaram enquanto ele falava algumas palavras no bocal do aparelho, assentia com a cabeça algumas vezes, indicando que compreendia, e em seguida ele encerrou a ligação. Então ele se voltou para os soldados e lhes disse que 250 metros a oeste do local onde haviam encontrado a mamadeira haveria mais evidências da passagem das crianças.

Rojas, um soldado atirador alto, moreno e esguio, viu nesse momento o seu comandante sacar o GPS, digitar algumas coordenadas no aparelho e sumir mata adentro com Manuel e mais dois dos indígenas. *Como é que nós vamos explicar à base de operações essa incursão baseada nas ordens de uma vidente?* Foi o que ele pensou consigo mesmo. *Eles vão achar que enlouquecemos. Não é assim que as coisas devem funcionar.*

Duas horas mais tarde, ele viu Montoya retornar com uma expressão estranha no rosto. O tenente rumou diretamente para o telefone por satélite e fez uma ligação para San José del Guaviare. Eles haviam encontrado pegadas de crianças perto de um riacho, informou.

– Ótima notícia, tenente. Continuem assim. Continuem trabalhando junto com os indígenas – foi a resposta que soou do aparelho.

Aquela missão, Rojas se deu conta nessa hora, estava ficando diferente de qualquer outra de toda a sua carreira na tropa.

Durante a conversa que teve com os indígenas naquela noite, a onda inicial de pena que Montoya sentiu por causa da precariedade aparente do grupo foi logo substituída por admiração. Eles eram homens valentes e determinados, unidos pela dedicação a uma causa em comum, e havia algo em Manuel – a intensidade do seu olhar, a energia represada que seus gestos mal davam conta de disfarçar – que parecia especialmente impressionante. Ele dissera a Montoya que não arredaria os pés da selva até encontrar as suas crianças.

– Manuel parecia ser um homem sem nada a perder – o militar se recorda. – E isso o fez pensar nos próprios filhos que deixara em Bogotá. Eu sou pai também, e sei que se estivesse na posição dele eu teria agido da mesma forma.

Esse foi um momento de reconhecimento mútuo e de empatia entre as duas equipes de buscas, que até então viam uma à outra como adversárias. Montoya ficou se perguntando se o grupo dos indígenas poderia ter mais a contribuir com a missão. E decidiu que deixaria passar aquela noite antes de tomar uma decisão final.

Com a escuridão caindo sobre a mata, ele convidou os indígenas a pernoitarem no acampamento militar. Essa era uma quebra grave de protocolo. Pelotões de elite nunca permitem que desconhecidos durmam perto deles, e o sargento Rojas se pôs em alerta.

Nessa noite, ele disse aos outros homens que ficassem de prontidão, atentos à movimentação dos recém-chegados.

– Nós mantivemos as nossas armas dentro dos nossos sacos de dormir e cuidamos para não deixar nada espalhado pelo acampamento – Rojas relata.

Quando chegou o seu turno de ficar como sentinela, ele se lembra de não ter tirado os olhos de Henry Guerrero, que se levantou da lona onde dormia no meio da noite e sumiu entre as árvores que cercavam o acampamento militar para esvaziar a bexiga, soltando um suspiro alto de alívio.

Na manhã seguinte, o tenente Montoya convidou os indígenas a se juntar aos esforços de busca do destacamento Destroyer 1. Ao longo de todo o dia, os homens de Araracuara marchavam junto com os soldados, completando a varredura dos quadrantes. À noite, Manuel Ranoque era convidado a estar presente na troca de relatórios por rádio em que cada uma das tropas de buscas repassava os progressos feitos até ali. Ninguém estava mais ansioso do que ele para receber as novas informações e entender como estavam avançando as buscas na área geral da operação. Os indígenas se surpreenderam com o acolhimento que tiveram da parte dos militares, com a generosidade deles ao partilhar alimentos e remédios e com a forma como pareceram sempre dispostos a compartilhar informações.

– Eles foram ótimos – conta Manuel. – Garantiram segurança para nós, alimento, e nos ajudaram. Nós caminhávamos juntos na mata todos os dias, era quase como se fôssemos amigos.

Apesar das roupas em frangalhos que vestiam e dos suprimentos escassos, os soldados perceberam que a equipe de buscas dos indígenas seguia uma organização semelhante à deles. Eles também tinham uma ordem certa para avançar pela mata, um homem que era o navegador do grupo e um responsável pelos cuidados médicos. A diferença era que o navegador indígena se orientava pela posição do sol em vez de usar o GPS, e os cuidados médicos eram assegurados por plantas da floresta em vez de depender de comprimidos e ataduras.

Os militares começaram a testar as habilidades dos novos companheiros. Eles pediam que os indígenas localizassem, por exemplo, um determinado ponto 300 metros a noroeste. E ficavam observando enquanto aqueles homens Uitoto e Muinane calculavam a sua posição a partir da altura do sol, marcavam alguma árvore como ponto de referência e avançavam no rumo determinado. Quando todos se reuniam no local designado e as coordenadas eram verificadas no GPS, era raro os indígenas errarem o alvo por mais de dez metros.

Henry Guerrero parecia especialmente disposto a dar essas demonstrações da habilidade dos *paisanos*. Ele localizava pelo caminho plantas que guardavam água e mostrava aos soldados como extrair o líquido delas; e foi ele também que ensinou a eles como trançar as folhas de palmeira para criar abrigos que quase não deixavam passar as gotas grossas de chuva. Houve uma vez em que Guerrero avançou até um riacho que não parecia ter nada de especial e voltou da água com os braços carregados de *sabaletas*, que foram assadas e compartilhadas entre as duas equipes.

A maior das revelações, entretanto, foi o *mambé*. Aqueles soldados que ganhavam a vida capturando traficantes de cocaína foram convidados a experimentar o preparado feito com as folhas de coca. Os indígenas lhes mostraram como umedecer o pó com saliva e empurrá-lo com a língua até o espaço entre a parte interna da bochecha e a gengiva. Para os *paisanos*, isso era um sinal de respeito e aceitação. Por toda a Amazônia, e também nas comunidades Uitôto vivendo nas áreas urbanas da Colômbia, um bom saco de *mambé* é sempre uma fonte de orgulho e um dos melhores presentes que se pode dar.

Dali em diante, os soldados passaram a avançar pela selva com as bochechas recheadas. As porções de *mambé* funcionavam para cortar o apetite e também como estimulante.

– Ele faz você se sentir bem forte – diz Montoya, puxando um saco do pó verde do meio da sua prateleira de livros em Bogotá. – Lá na floresta, isso fez uma bela diferença.

O militar conhecido como Popeye agora havia conhecido a versão Uitôto do seu famoso espinafre.

À noite, enquanto os soldados se balançavam nas suas redes, os indígenas acenderam uma fogueira, partilharam o seu mambé e sentaram em volta do fogo contando histórias na sua língua nativa. Com o passar das horas, a voz de Manuel se sobrepôs às outras, triste e ritmada, como se fizesse uma oração. No dia seguinte, Montoya pediu a Henry Guerrero que lhe contasse sobre o que estavam falando. Manuel havia relatado aos outros um embate com os espíritos da floresta que haviam devorado as suas crianças. E em seguida passara a pedir aos espíritos que as devolvessem.

No dia 23 de maio, 92 novos indígenas se embrenharam na mata ao redor do local do acidente. Entre eles, havia reforços vindos de Araracuara, homens da etnia Nasa da região de Cauca e um grupo de dez Nukak, a última tribo nômade que ainda existe na Colômbia. Eles foram distribuídos entre os outros destacamentos militares, e o impacto da sua presença se fez sentir imediatamente. Às 17h do mesmo dia, num local a apenas 500 metros dos destroços do avião, os Nukak haviam encontrado duas fraldas, uma capa de telefone celular, mais um abrigo feito com folhas de palmeiras e um par de tênis azuis muito pequenos.

No dia seguinte, Cristin completaria um ano. Conduzidos por Manuel, no acampamento os soldados do Destroyer 1 e os indígenas cantaram juntos os parabéns para ela.

Três dias mais tarde, enquanto a equipe mista de buscas vasculhava uma área 1 quilômetro a oeste de onde a mamadeira havia sido encontrada, um dos homens de Araracuara alertou a tropa. Bem ao lado deles, nos barrancos enlameados da margem de um riacho, havia dois tipos de pegadas: um deixado por uma criança e outro por algum tipo de animal, possivelmente um cachorro. As marcas pareciam recentes, talvez de poucos dias antes, e ainda não haviam sido desfeitas pela chuva. Os soldados haviam passado por elas sem enxergá-las, mas os olhos dos Uitoto não as deixaram passar. Montoya havia desenvolvido uma admiração especial pelas habilidades dos seus novos companheiros de busca na lida com a floresta.

– Nós vimos que eram homens muito fortes – ele conta. – E eles nos ensinaram que existem muito mais técnicas de sobrevivência na selva do que aquelas que aprendemos nas Forças Especiais.

As pegadas acrescentavam mais uma marcação ao mapa confuso das evidências colhidas até ali. Os sinais de que as crianças haviam sobrevivido tinham sido detectados em duas regiões principais. A primeira era no entorno do local do acidente em si, onde os Nukak haviam encontrado as fraldas e o par de tênis. A segunda ficava dois quilômetros mais a oeste, onde os homens do Dragon 4 encontraram a mamadeira, no dia 15 de maio. O abrigo, a tesoura e a casca mordida da fruta da *juan soco* estavam por perto dela. Havia também outras pistas isoladas ao norte e a oeste dessa segunda região: mais um abrigo e um dos kits de alimentos lançados pela Força Aérea que havia sido aberto, mas cujo conteúdo permanecera intacto.

Mais algumas pegadas haviam sido detectadas dois quilômetros ao norte. Parecia impossível pensar que as crianças tivessem percorrido toda essa distância numa área coalhada de soldados das equipes de busca. O grosso tapete de folhas caídas no chão da floresta e o efeito das chuvas constantes faziam com que fosse complicado detectar as pegadas, mas era difícil acreditar que os homens treinados das equipes de buscas não estivessem sendo capazes de encontrar outras evidências da passagem das crianças pela mata.

Henry Guerrero tinha uma explicação para isso. Em algumas ocasiões, eles haviam se deparado com estranhas clareiras no meio da vegetação sempre tão densa. Para Henry, essas clareiras eram lares espirituais, as *malocas* dos espíritos da selva. Ele e seus companheiros indígenas conseguiam sentir a presença desses espíritos, a energia soturna emanada por eles. Guerrero havia chegado a uma constatação nada confortável: as crianças haviam sido levadas por um *duende*.

A mitologia amazônica é repleta de criaturas místicas e espíritos malévolos. Guardiões da floresta que habitam as árvores costumam punir caçadores muito ávidos. Existem homens reptilianos que vivem nos rios e provocam enchentes repentinas ou seduzem moças que acabam mortas debaixo d'água. Embora o termo *duende* venha originalmente do folclore espanhol, nessa parte da Amazônia ele se refere a espíritos metamorfos que fazem amizade com as pessoas que se perdem na floresta e lhes oferecem ajuda, mas em vez disso as levam a se embrenhar ainda mais nas profundezas do *monte*. Algumas vezes, eles aparecem na forma de algum animal. Em outras, se mostram na figura de um amigo ou parente querido.

Henry contou para os militares a sua preocupante teoria. As crianças tinham escapado dos destroços do avião e chegado até o local onde a mamadeira fora encontrada. Lá, elas teriam sido abordadas e capturadas pelo *duende*, que provavelmente assumira a forma de uma anta e as carregara nas suas costas. Era o *duende* que estava correndo com elas de um lugar para o outro, permitindo que parassem para beber água nos riachos. Isso explicava por que haviam sido encontradas pegadas das crianças em pontos tão distantes uns dos outros. O *duende* alimentava e protegia as crianças, mas, ao mesmo tempo, estava envenenando a mente delas, fazendo com que se desfizessem dos seus pertences e deixassem de responder ao chamado das equipes de busca.

A alguns quilômetros dali, os homens do destacamento Dragon 4 estavam fazendo a varredura da mata quando a notícia sobre a teoria do *duende* circulou através do sistema de rádio do exército. Montiel voltou-se para um dos seus soldados, um homem que havia crescido na floresta da bacia do Caquetá, e perguntou a ele se acreditava que uma criatura daquelas podia mesmo existir. *Eu sei que existe,* foi a resposta inesperada que o oficial ouviu.

Com níveis maiores ou menores de zombaria, todos os homens do esquadrão de Montiel acabaram por atribuir acontecimentos estranhos da missão às ações do *duende*. Houve um dia em que as agulhas das suas bússolas começaram a girar desgovernadamente por uma hora inteira, deixando-os desorientados e fazendo com que levassem uma hora para cobrir cem metros de terreno na mata. Um dos soldados deu um laço duplo no cadarço das suas botas e mesmo assim eles se desfizeram repetidas vezes, como se puxados pelas mãos de um espírito zombeteiro.

Nos outros destacamentos, também houve relatos semelhantes de acontecimentos inexplicáveis. Soldados viam-se de repente incapazes de marchar adiante nas trilhas, como se estivessem sendo segurados por alguma força invisível. Galhos caíam do nada bem em cima da cabeça deles. À noite, as redes começavam a se balançar sem motivo, e os ruídos da selva – como os cantos das aves e rugidos de animais – se metamorfoseavam em risadas humanas sinistras. Soldados começaram a sucumbir à febre da malária e a ter a sensação formigante da leishmaniose se instalando.

– Eu sou católico, não acredito nessas coisas – diz Montiel, cauteloso. – Mas, pensando em tudo de mau que nos aconteceu por lá, se você me perguntar se existe o Mal, eu posso dizer que sim, ele de fato existe. Havia alguma coisa, fosse de fato um *duende* da floresta ou não, que parecia querer impedir os militares de concluir a sua missão.

Numa tarde, Montiel recebeu ordens para buscar um carregamento no heliporto. Dentro da caixa de papelão que foi entregue havia quatro garrafas de aguardente Cristal, um destilado local com sabor de anis. Não se tratava dos preparativos para nenhuma festa. Os soldados deveriam levar as garrafas até o local, a pouco mais de 1 quilômetro do acampamento, onde havia a junção de dois riachos formando um "Y". À meia-noite, eles deveriam deixá-las sobre uma cruz riscada no chão. Segundo a crença dos indígenas, agora compartilhada pelo comando militar da operação, o *duende* se embebedaria com a aguardente e acabaria, desse modo, libertando as crianças.

Naquela noite, os homens do Dragon 4 partiram confiantes para cumprir a tarefa. Eles já haviam estado na junção dos riachos e tinham as coordenadas carregadas no aparelho de GPS.

– Nós tínhamos o local já identificado, mas você acredita que justo nessa noite não conseguimos encontrá-lo? – relata Montiel, ainda perplexo com o acontecido, mesmo tendo se passado vários meses.

Por fim, eles acabaram simplesmente deixando as garrafas à margem de um riacho, o que não teve nenhum efeito perceptível sobre a sua sorte.

Em retrospecto, a única baixa registrada na Operação Esperança acabaria atribuída também às ações do *duende*. Uma semana antes, Wilson, um dos pastores-belgas farejadores, havia se soltado da guia. Isso aconteceu em meio a uma tempestade violenta, com trovoadas e galhos caindo por toda parte, e, num primeiro momento, o tutor do cão não ficou muito preocupado. Wilson era um dos cães mais bem treinados do exército e tinha grande experiência em operações na selva. Ele era capaz de farejar minas terrestres, de ser descido de helicópteros preso por correias e de permanecer tranquilo e sem latir em situações de combate. Ele já havia se soltado da guia em outras ocasiões e sempre acabava retornando, ofegante e com as patas sujas de lama.

Dessa vez, entretanto, Wilson não voltou. Ao longo dos dez dias seguintes, ele foi avistado duas vezes pelos soldados, primeiro na extremidade sudeste do perímetro das buscas e depois bem no centro dele, 1 quilômetro a noroeste dos destroços do avião. Nesse segundo avistamento ele parecia ter emagrecido, tinha as costelas aparentes por baixo do pelo e estava muito agitado. Quando um dos soldados tentou se aproximar, o cão disparou na direção oposta. Enquanto os homens do destacamento Ares 3 cozinhavam salsichas na esperança de o cheiro atrair o seu companheiro canino de volta ao acampamento, eles especulavam sobre o que poderia ter causado a mudança tão repentina no comportamento de Wilson. Teria sido a tempestade? Uma picada de cobra? O confronto com alguma onça? Ou algo muito diferente disso?

Como parte da nova leva de voluntários anunciada por Yule, Montoya estava para receber cinco homens vindos de Puerto Leguízamo, uma cidade à margem do rio Putomayo. Entre eles, estava Eliécer Muñoz.

Quando nos encontramos meses mais tarde, num mercado em Suba, Muñoz havia ido a Bogotá para completar os registros oficiais da sua condição de *desplazado*. Aos 48 anos, ele exibia um bigode fino e tinha bochechas redondas. Baixo e forte, Muñoz serviu no exército colombiano como recruta quando era mais jovem, uma experiência que não melhorou sua visão das instituições do Estado. Hoje, ele é membro do destacamento local da Guarda Indígena.

Quando ouviu pela primeira vez a notícia do desaparecimento do HK-2803, Muñoz me disse que não havia pensado muito no assunto. Os passageiros a bordo eram indígenas, e ele sabia que o governo costumava prestar pouca atenção ao destino de integrantes dos povos originários. Em 2000, seu pai e seu único irmão haviam sido dados como "desaparecidos" graças à ação de grupos armados. Durante três anos, Muñoz procurara pelos dois ao longo dos rios e nos povoados da região de Puerto Leguízamo, na fronteira sul da Colômbia com o Peru. E não recebeu nenhum apoio do Estado. Os corpos nunca foram encontrados, e eles não puderam ter um funeral.

Em meados daquele mês de maio, no entanto, enquanto a Operação Esperança continuava a pleno vapor e jornalistas confusos tentavam explicar o mistério do desaparecimento das quatro crianças nos noticiários da TV, Eliécer Muñoz se deu conta de que a explicação estava fora da alçada das habilidades dos militares.

– Quando vimos nos noticiários que ainda não havia sinal das crianças, nós começamos a nos preocupar – recorda ele. – Porque já sabíamos que elas tinham sido levadas pela Mãe da Mata.

Quando chegou a notícia de que soldados haviam encontrado a mamadeira da bebê, ele tomou uma decisão. A Força Aérea enviara um avião para transportar voluntários de Puerto Leguízamo para San José del Guaviare. Quatro assentos desse voo estavam reservados para membros da Guarda Indígena. Eliécer disse à sua esposa que ele precisava participar das buscas. O seu instinto lhe dizia que só uma equipe formada por indígenas seria capaz de resgatar as crianças do jugo dos espíritos da floresta.

Na noite do dia 28 de maio, o general Pedro Sánchez estava de volta aos escritórios do CCOES em Bogotá. Os relatórios dos destacamentos em operação na floresta indicavam que a integração dos voluntários indígenas estava avançando bem. No momento, havia perto de 200 nativos ajudando a vascular a área das buscas, mas nem mesmo os objetos encontrados por eles tinham deixado o resgate das crianças mais próximo. Acima das copas das árvores, as varreduras aéreas também não estavam ajudando a encontrar outras pistas do paradeiro delas. Não se ouviam bipes vindos dos sensores de movimento instalados. Os pastores-belgas não haviam farejado nada de novo.

Nunca antes na história o Estado colombiano havia investido tanto dinheiro, tecnologia e capital humano numa missão de resgate de civis. Ninguém dissera nada a ele a esse respeito, mas Sánchez podia perceber que a paciência do alto comando militar estava se esgotando. Num dado momento, ele se recorda de ter comentado com um colega de alta patente sobre o custo total que a operação tivera até ali (uma cifra que nunca foi tornada pública) e viu o colega arregalar os olhos, sem acreditar. Sánchez se recusava a moderar as despesas, mas estava com a sensação de que a qualquer momento a sua verba poderia ser cortada.

Enquanto isso, o fascínio da opinião pública pelo caso continuava a crescer. Num dos noticiários da noite, Fatima declarou para as câmeras que podia sentir que as crianças continuavam vivas e revelou para os telespectadores colombianos aquela que no momento era a teoria dominante sobre o caso: "A essa altura, não são mais as crianças que estão caminhando pela mata. Elas só podem estar sendo carregadas por alguns dos animais do *monte*; é por isso que não ficam no mesmo lugar", ela declarou à emissora RCN. "O animal que está com elas, correndo em círculos com elas, é um *duende*, e isso é o que tem me deixado mais preocupada."

Nesse momento, Sánchez desligou a TV e desceu pelo corredor do CCOES até a minúscula capela do regimento, instalada num canto do edifício. Ela tinha vidraças que iam do chão até o teto, quatro fileiras de bancos estreitos e um pequeno púlpito. No decorrer da operação de buscas, ele se vira procurando esse refúgio de tranquilidade cada vez com mais frequência. Com os soldados sempre à espera das suas orientações e as atenções da mídia voltadas para si, esse era o local onde o general se recolhia para momentos de contemplação solitária e, às vezes, onde extravasava as suas lágrimas de frustração e desespero.

Naquela semana, o seu filho de dez anos trouxera da escola uma tarefa em que precisava desenhar o seu herói e havia desenhado um retrato do pai, o homem que iria encontrar as crianças perdidas na floresta.

– Eu disse a mim mesmo que não podia decepcionar aquelas crianças, nem o menino que fizera o desenho – recorda-se Sánchez.

Sentado ali na capela, entretanto, ele viu as suas preces serem tomadas por uma sensação de desespero.

– Você pensa que Deus vai lhe dar algum sinal – ele explica. – Mas naquele dia eu já tinha lido a Bíblia, tinha olhado embaixo dos bancos da capela, para o teto dela e para as ruas que avistava através das vidraças. Eu perguntei a Ele o que estava fazendo de errado, onde estava falhando.

Em seguida, o general juntou as mãos e rogou que as crianças o perdoassem.

A bordo do avião rumo a San José del Guaviare, Eliécer Muñoz estava preocupado. Como membro mais velho do grupo de quatro homens que viera de Puerto Leguízamo, caberia a ele conduzir os rituais destinados a invocar os espíritos e pedir que a floresta se abrisse para a equipe de buscas. Na noite anterior, ele havia recebido instruções de um dos anciãos do povoado sobre quais rezas usar e que palavras dizer para a floresta pouco conhecida do Apaporis. Com os olhos fixos nas copas das árvores lá embaixo, Muñoz sentia o peso da responsabilidade sobre seus ombros. Ele queria ter com quem dividir esse fardo.

Quando o avião pousou e os passageiros começaram a desembarcar, Eliécer avistou um rosto conhecido entre as pessoas que aguardavam por eles junto do helicóptero militar. E foi tomado por uma sensação de alívio, como se suas preces tivessem sido atendidas. A força da ligação com a floresta do homem que estava ali na sua frente era lendária entre os moradores de toda a região.

– Don Rubio! – ele o chamou.

CAPÍTULO DEZESSETE
A videira da alma

Quando José Rubio Rodriguez tinha nove anos de idade, o seu avô o levou até uma caverna subterrânea escondida nas profundezas da floresta. No teto dela estava pendurada uma colônia de morcegos. Pios agudos dos *guácharos,* pássaro amazônico que se abriga em cavernas, ecoavam pelas paredes úmidas de pedra. O avô mandou que o menino se sentasse e espalhou pelo chão as plantas e cipós que havia trazido. Ali teve início a aprendizagem do jovem Rubio.

Quando nos encontramos pela primeira vez, em setembro de 2023, Rubio estava com cinquenta e cinco anos. Ele tem membros esguios e porte atlético. Os olhos são estreitos e penetrantes, e as pontas das orelhas se projetam da cabeça. Suas mãos grandes fazem gestos ligeiros e fluidos que ilustram suas palavras. A voz continua rouca em razão do tempo passado na floresta, dando um ar adicional de seriedade à sua presença. Os Uitoto falam com reverência sobre o conhecimento sem igual que Rubio tem da floresta. Ele é chamado de Don Rubio, uma forma de tratamento reservada a pessoas do mais elevado *status* social. Rubio havia se juntado à equipe de buscas a pedido dos pais de Magdalena e de Manuel Ranoque. Não haveria outra pessoa mais preparada para lidar com o *duende*. Don Rubio era um homem que dedicara a sua vida inteira à lida com os espíritos sombrios da mata. E tudo havia começado naquela caverna, sentado aos pés do seu avô.

Bartolo Rodriguez era um homem solitário e melancólico. Ainda criança, ele fora escravizado junto com seu clã Uitoto inteiro pelos barões da borracha. Bartolo tinha visto seus familiares serem torturados por não conseguirem extrair a cota diária de látex, as mulheres serem estupradas e os homens estrangulados. Ele havia se rebelado, matando diversos dos seus algozes e escapando para as entranhas da floresta debaixo dos tiros dos guardas. Uma das balas acertou o alvo, atingindo seu abdômen, mas Bartolo, nas palavras de Rubio, tinha um corpo "que era como o número oito". O projétil passou direto através dele, sem perfurar nenhum órgão interno, deixando apenas cicatrizes escurecidas e um medo de armas de fogo que se manteve por toda a vida. Bartolo, então, refugiou-se nas margens do rio Caquetá para arquitetar seu plano de vingança contra os donos peruanos dos seringais. Só que a vingança nunca aconteceu. Ele envelheceu, viu seus dois filhos se tornarem homens e irem embora da floresta. Ele viu o próprio povo ser massacrado e a sua cultura ser quase extinta. Só o que lhe restou foi o neto.

– Ele me disse que não tinha uma vida até eu nascer – conta Rubio, recordando a conversa que os dois tiveram na caverna. – Eu fui o escolhido, e ele me passou tudo que sabia.

Bartolo e a esposa haviam criado o menino desde os seis meses de idade. Ele fora nutrido com as frutas, as castanhas e os sumos do *monte*. Rubio começou a tomar o *mambé* com apenas sete anos de idade, por volta da mesma época em que aprendeu os cantos do seu clã na língua nativa. A verdadeira missão da sua vida, no entanto, teria início na escuridão e na umidade da caverna, em meio aos morcegos e aos *guácharos*.

– Se você quer ser curandeiro, pajé ou um contador das histórias tradicionais, antes de começar a praticar na *maloca* precisa estudar na floresta, nas cavernas e debaixo das árvores – ele explica.

Os dois passaram duas semanas inteiras conversando, comendo e dormindo na caverna. Rubio absorveu os conhecimentos ancestrais do seu povo por meio do avô. Quando finalmente deixaram a caverna, ele havia aprendido sobre as plantas que curavam muitos dos males da floresta e, aos dez anos de idade, já passou a ser considerado um curandeiro na sua comunidade. Aos quinze, Rubio conduziu o seu primeiro ritual, entrando em comunhão com os espíritos da floresta: o tigre, a jiboia, o urso e a águia.

Depois que o helicóptero o deixou junto com os homens de Puerto Leguízamo no heliporto aberto na mata, Don Rubio pediu que o levassem primeiro até o local dos destroços. Acompanhado pelos homens de Puerto Leguízamo, que tinham as bochechas cheias de *mambé*, ele deu início ao ritual.

– Eu me concentrei nos espíritos da floresta, nos animais – recorda ele. – Pedi permissão para entrarmos e disse a eles que não estávamos ali para destruir a natureza nem matar os animais, e sim para resgatar a nossa família. E, acima de tudo, eu pedi para que o tempo ficasse bom, para que fosse como o verão.

Ele rogou aos espíritos que poupassem a área ao norte, a leste e a oeste das chuvas fortes e que empurrassem todas as nuvens carregadas para o sul. Ao longo da semana seguinte, a chuva cedeu. Diferentemente do que acontecera com os homens de Araracuara, Eliécer, Don Rubio e os outros vindos de Puerto Leguízamo mantiveram distância dos soldados do destacamento Destroyer 1, liderado por Montoya.

– Você tem que entender que todos nós havíamos sofrido demais na mão do sistema – explica Eliécer. – Não queríamos ter os soldados nos vigiando, principalmente durante os rituais. Nós ficávamos de um lado, eles do outro.

Foi preciso chegar uma onda de gripe para fazer melhorar o relacionamento entre os grupos. Quando vários dos homens de Puerto Leguízamo foram derrubados por fortes dores de cabeça, o sargento Rojas lhes deu antibióticos e preparou uma dose fumegante de *panela*, a bebida local à base de cana-de-açúcar.

– Isso criou um laço de confiança – diz Eliécer. – Aos poucos nós fomos nos aproximando, convivendo mais, partilhando a comida.

Apenas Don Rubio, sempre calado, solitário e à margem do grupo, manteve distância dos soldados. Enquanto caminhava pela mata, ele ia ficando mais e mais impressionado com o que percebia ao seu redor.

– Em Caquetá, a presença dos espíritos é leve – ele diz. – Lá no Apaporis, na floresta virgem, era muito mais pesado. Eram espíritos do mal.

No dia 3 de junho, chegou o momento de os primeiros três esquadrões do CCOES saírem da floresta. No heliporto, um Black Hawk estava à espera para transportá-los para uma semana de descanso e recuperação longe da mata. Os soldados do Destroyer 1 estavam ansiosos para ter chuveiros quentes e ar-condicionado e comer uma boa carne grelhada.

A área de buscas agora parecia muito diferente da floresta virgem onde os soldados haviam sido deixados quatro semanas antes. Havia 16 tropas das Forças Especiais e 73 voluntários indígenas no perímetro. No local onde a mamadeira fora encontrada, haviam instalado um imenso holofote. Seis alto-falantes repetiam sem parar a mensagem enviada por Fatima. Onze mil metros de fita de isolamento amarelo fluorescente tinham sido estendidos entre as árvores para chamar a atenção das crianças quando elas passassem, e pendurados nessas fitas havia 2.200 apitos de plástico.

No heliporto, os homens pararam para uma última foto, com soldados e indígenas posando lado a lado. Bem no meio da imagem, vemos Manuel Ranoque sem camisa, com os cabelos agora longos e cheios, segurando uma das pontas da bandeira da Colômbia; o tenente Montoya segurava a outra. Henry Guerrero ofereceu de presente ao sargento Rojas as folhas de palmeira que havia trançado, como um símbolo da união entre as duas equipes. Quando Rojas jogou sua mochila sobre o ombro, Manuel se aproximou quase em lágrimas e o abraçou pelo que pareceu uma eternidade.

– Não se esqueçam de nós – implorou o Uitoto.

Rojas garantiu a ele que estaria de volta dali a uma semana.

Quando o piloto estava fazendo a checagem final do equipamento antes da decolagem, Don Rubio abandonou o seu isolamento habitual para se aproximar de Montoya. Ele tinha um último pedido a fazer. Montoya sacou seu bloco e tomou nota dos nomes. Em seguida, ele embarcou no Black Hawk, e os grupos de Puerto Leguízamo e de Araracuara se afastaram para ver o helicóptero levantar voo, inclinar o nariz para a frente e desaparecer de vista.

Na traseira da cabine, o sargento Rojas sentia um nó no estômago, frustrado por não ter cumprido a missão.

– Foi devastador – ele se recorda. – Nós tínhamos vasculhado a mata todos os dias, de manhã até a noite, e ainda não tínhamos uma resposta. Mal conseguíramos ter ideia do que fazer.

Em San José del Guaviare, Montoya seguiu direto para a base de operações à procura do capitão Armando Guerrero, que chefiava a logística. Era prioridade máxima, ele lhe disse, que fosse enviado a Don Rubio um carregamento de doses de *yagé*, um cipó com fortes propriedades alucinógenas.

– Isso pode ser crucial para a operação ser concluída, para encontrarmos as crianças – falou Montoya ao capitão.

O capitão Guerrero era um comandante de logística eficaz. Além de prover suprimentos para 16 esquadrões de elite, ele fora encarregado também de conseguir itens pedidos pelos indígenas que não faziam parte do estoque habitual do exército. Ao longo da semana anterior, o capitão se valera dos contatos de Giovani Yule para providenciar carregamentos de *ambil* e de *mambé* e mandara um de seus soldados ir até um mercado local comprar as garrafas de aguardente necessárias para o ritual que seria feito para o *duende*. Àquela altura, portanto, não haveria pedido que fosse capaz de lhe causar estranhamento.

– Qualquer ideia, por mais louca que pudesse parecer, estava sendo cogitada – ele se recorda. – Os pedidos podiam parecer fora de propósito para nós, mas tudo que nos restava era manter a esperança e a fé de que eles pudessem ajudar.

Num dos cantos do povoado de Araracuara, no local onde desembocava uma das trilhas abertas pela mata, havia um amontoado de casas ao redor de um pequeno campo de futebol de terra batida. Um pouco mais adiante, cercada de árvores e à beira de um riacho, ficava a casa de Serafina Guerrero.

Serafina era tia de Henry Guerrero. Com mais de setenta anos, o nariz largo e os lóbulos das orelhas pendentes, ela mantinha o cabelo escuro recolhido num prendedor de plástico. Era a matriarca da família Guerrero. De dentro de casa, Serafina podia ouvir os gritos das doze garotas Uitoto que chutavam pelo campinho uma bola meio murcha. Todas elas eram suas netas ou bisnetas.

A comprida cozinha de Serafina ficava nos fundos da casa. Nela viam-se dezenas de panelas de metal nas prateleiras ou penduradas em ganchos. Num canto, pendurada por cima de um fogão de madeira, ficava uma tela de arame com cabeças de peixe e pedaços de carne defumados. A cozinha toda cheirava a fumaça, e as paredes de madeira tinham manchas pretas por causa dela.

Para ir da cozinha para o quintal, bastava descer uma escadinha de degraus de madeira. Lá havia cachos de banana-da-terra verdes pendendo de suas árvores, palmeiras *milpesos* e pés de abacaxi. Um pequeno canteiro, mais perto da casa, era coberto pela moita densa de um arbusto. Suas folhas, num tom de verde-escuro, tinham formato de lágrima, e do meio delas emergia um cipó grosso e claro, amarrado em nós como se fosse um rabo de cavalo usado por alguma das meninas. Essa era a *Banisteriopsis caapi*, ou *yagé*, como é chamado pelo Povo do Centro. Na região amazônica do Peru e entre seus muitos adeptos que vivem em grandes cidades pelo resto do mundo, ela é mais conhecida como ayahuasca, palavra que se origina do termo quíchua que significa "videira da alma".

Ao amanhecer do dia 5 de junho, Serafina cortou oito nós de um dos cipós. Na cozinha, ela seguiu o modo de preparo que lhe foi ensinado pela sua mãe quando ainda era menina. Ela cozinhou e pulverizou o cipó antes de pendurar a massa resultante num prego na parede, com uma tigela por baixo para recolher o sumo. Depois que o cipó parou de pingar, Serafina voltou a aquecê-lo imerso no líquido coletado, repetindo o processo várias vezes, até obter um fluido espesso e viscoso.

Serafina então o verteu para uma garrafa de refrigerante de 600 ml e fechou com a tampa de rosca. Ali havia o suficiente para duas doses. A preparação potente foi levada de Araracuara para San José del Guaviare por Natalya Rodríguez, uma prima de Herman Mendoza, que entregou a garrafa ao capitão Guerrero. Natalya disse a ele que aquela era a última esperança para a missão de buscas.

Guerrero pegou a garrafa e a virou lentamente na mão, observando o líquido espesso e escuro colado às paredes.

– Então esse é o *yagé*? – indagou.

O *yagé* é nativo do Vale Napo, no Equador, onde o chamam de "a mãe de todas as plantas". Durante séculos, os curandeiros do vale utilizaram a preparação para ajudá-los a compreender as propriedades medicinais das plantas da floresta. O seu ingrediente ativo principal são os inibidores de monoamina oxidase, ou IMAO, moléculas que têm o efeito de deixar o curandeiro mais sensível aos efeitos das outras plantas quando elas são misturadas e fervidas junto com o *yagé*. O preparado ajuda a compreender o propósito das plantas e a imaginar de que maneira elas poderiam ser usadas para tratar doenças.

Depois que os exploradores espanhóis introduziram a malária na Amazônia, levou apenas 25 anos para os curandeiros equatorianos descobrirem que a casca do arbusto chamado cinchona, rica em quinino, podia ser consumida para combater a doença.

O *yagé* se alastrou por toda a região amazônica levado por mãos humanas, plantado em *chagras* em período de pousio para garantir que recebesse bastante luz direta do sol. Em muitas sociedades indígenas, a preparação é usada para tratar doenças. Um curandeiro pode tomá-lo para ser capaz de diagnosticar a doença de um paciente ou prescrever uma dose poderosa a algum deles para provocar uma purga. Os princípios ativos do *yagé* causam vômito e diarreia, mas muita gente afirma que o processo os ajudou a superar traumas físicos e emocionais e que fez com que se sentissem purificados de dentro para fora. Há alguns pajés que se referem a esse uso como o *yagé jiboia*.

Se combinado com outras plantas, no entanto, o *yagé* pode desencadear potentes episódios de psicodelia. As folhas da chacrona e da chaliponga contêm dimetiltriptamina, ou DMT, um poderoso alucinógeno que normalmente é decomposto pela mucosa do estômago. Os princípios ativos da videira inibem esse processo e fazem com que o DMT seja ativado.

Esse é o *yagé tigre*, usado pelos pajés para fins divinatórios e de visão remota. Embora hoje em dia os indígenas possam comunicar-se por chamadas de vídeo sempre que há um bom sinal de internet disponível, no passado dependiam de um pajé que tivesse tomado o *yagé tigre* para saber como estava a vida de parentes e amigos que haviam saído da floresta. Os guerreiros podiam recorrer ao *yagé* para saber em que ponto da mata o inimigo estava escondido, e os caçadores usavam a substância para localizar boas presas. Com a dose certa, os nativos acreditam, é possível fazer com que o espírito se liberte das limitações do corpo, caminhe pela mata e torne-se um só com a onça. A tribo Tukano e outras populações originárias da bacia do Apaporis consomem regularmente o *yagé tigre* em cerimônias dedicadas a Yuruparí, o seu herói mítico.

O yagé não tem um papel central na cultura dos Uitoto. Ele aparece na sua cosmologia, em que o cipó é representado como um cordão umbilical com o universo, ligando os homens à terra sob os seus pés e ao céu acima de suas cabeças, mas a maior parte dos integrantes do Povo do Centro passa a vida toda sem provar a substância.

Em seus quase 40 anos atuando como curandeiro, Don Rubio prescreveu dezenas de tratamentos diferentes à base de plantas para *paisanos* doentes na bacia do Caquetá-Putumayo. Mas o *yagé* só foi ministrado por ele em umas poucas ocasiões, geralmente aquelas em que o paciente estava nos últimos momentos de vida, já agonizante.

– É nessas horas que você usa o *yagé*, como um último recurso – ele diz. – Ele é Deus, é o criador em si.

A garrafa de refrigerante de Serafina chegou até a floresta pelas mãos do mais alto escalão militar. No dia 7 de junho, depois de ter passado um mês comandando as buscas a partir da base montada em San José del Guaviare e de Bogotá, o general Pedro Sánchez pôs pela primeira vez os pés na floresta do Apaporis. Ele queria verificar se as suas ordens estavam sendo cumpridas à risca na área das buscas, avaliar como estava o moral da tropa e reforçar o comprometimento do CCOES com a causa.

– Eu estava determinado a concluir a missão – ele me contou mais tarde. – Mas, àquela altura, tinha certeza de que encontraríamos as crianças sem vida.

Quando o general perguntou aos soldados como estavam, a resposta que lhe deram foi filtrada pelo senso de orgulho profissional. Estavam todos bem, disseram, mas Sánchez podia ver o cansaço no rosto deles. A energia das primeiras semanas havia se esvaído. Ele enviou ordens para que novos efetivos fossem enviados de Cali. Enquanto isso, alguns dos voluntários indígenas começavam a bater em retirada. Mais de uma dúzia deles embarcou no mesmo helicóptero que havia pousado trazendo o general. Depois de um momento em que o número de voluntários indígenas na área das buscas havia chegado a 92, agora só restavam 16 deles. Os indígenas haviam estabelecido o dia 10 de junho como a data limite dos seus esforços – caso as crianças não tivessem sido encontradas até lá, pensavam eles, esse seria o sinal de que o poder do *duende* sobre elas era forte demais. E que ficariam perdidas na mata para sempre.

Em terra, Sánchez pôde comprovar por si mesmo quão desafiador era o terreno onde a missão se desenrolava. A visibilidade nunca passava dos dez metros. Se fosse preciso fazer mesmo uma varredura completa de toda a área, o general concluiu, isso demoraria vários meses. À noite, deitado em sua rede, a escuridão era tão profunda que ele não conseguia enxergar a própria mão aberta diante do rosto.

– Eu me senti assoberbado por aquela imensidão toda – relata Sánchez. – Fui tomado pela sensação de estar à mercê de algo muito maior.

A algumas centenas de metros do general, Don Rubio já estava de posse da garrafa contendo o *yagé*. Ele havia construído um pequeno abrigo de folhas de palmeira numa clareira próxima ao local dos destroços do Cessna. Ali, Rubio teria o silêncio e o isolamento necessários para que as visões se firmassem. Manuel observou ansiosamente enquanto o curandeiro despejava a metade do conteúdo da garrafa em um copo plástico.

Para um melhor efeito, era fundamental que o *yagé* fosse consumido por alguém que tivesse uma ligação pessoal forte com as crianças. Rubio concluiu que Manuel era o único ali que poderia rogar aos espíritos da floresta que as devolvessem. O curandeiro passou o copo às mãos dele e ficou olhando enquanto Manuel engolia a poção amarga e se deitava no chão do abrigo.

Manuel já havia tomado o *yagé* antes. Ele conta que, quando Tien estava com nove meses de idade, Magdalena havia caído doente, e ele havia viajado até Chukiki para se aconselhar com Fatima. Ela o instruíra a tomar o *yagé* e a enfrentar os seus efeitos mantendo firme na mente uma única coisa: a restauração da saúde da sua namorada. Manuel sabia que o *yagé* era ao mesmo tempo bom e mau; que poderia ajudá-lo a se aproximar dos espíritos da floresta, mas que também era capaz de lhe mostrar a verdade mais crua a respeito de si mesmo, "como se fosse na tela da televisão".

Deitado no chão do abrigo, com o *yagé* circulando pelo seu corpo, Manuel não estava conseguindo se concentrar. Ele diz que começou a ser torturado por pensamentos sobre a morte de Magdalena, sobre as ameaças que sofrera dos guerrilheiros e sobre o *monte* desconhecido e selvagem onde estava deitado agora. Prostrado ali, suando, ele chegou à conclusão de que não era a pessoa certa para fazer o ritual. Era preciso alguém mais experiente, explica, uma pessoa que tivesse os conhecimentos de um pajé e soubesse como falar com os espíritos.

Dez minutos depois de ter tomado o *yagé*, Manuel estava de pé outra vez. Aquela mistura não era bem-feita, reclamou. Ele não tivera visão nenhuma, e, além disso, era melhor que o próprio Rubio fizesse contato com o *duende*. Mas o curandeiro reagiu com irritação. Manuel não estava aberto para o processo. Eliécer viu os dois homens discutindo.

– Você precisa estar preparado, mental e espiritualmente, e também precisa saber por que motivo está tomando a dose – ele explica. – Manuel estava duvidando de si mesmo. Foi por isso que não teve a visão. Não houve verdade.

Na manhã seguinte, quando os indígenas de Puerto Leguízamo estavam no acampamento, Eliécer foi falar com Rubio.

– Agora só depende de você – ele disse.

– Eu vou tomar hoje à noite – foi a resposta do curandeiro. – E vou lhes dizer se vi ou não o *duende*. Caso eu não veja, será hora de ir embora.

Ele pediu a Eliécer que preparasse os homens de Puerto Leguízamo para um último dia de buscas. E, depois disso, passou o resto do dia se preparando mentalmente para o ritual.

À meia-noite, quando começou a preparar a dose seguinte do *yagé*, Rubio já sabia que encontraria as crianças. Ele conseguia ouvir as vozes delas, relata, e podia ouvi-las chorando. Às três da madrugada do dia 9 de junho, ele se deitou no chão do abrigo e tomou o *yagé* que restava na garrafa.

– Quando toma o *yagé*, você vai até o Criador; nós o chamamos de Mo Buinaima – ele explica. – Você vai até o alto e vê tudo de lá. Eu disse a ele que não podia suportar mais, que o *duende* estava acabando comigo. Eu pedi que me mostrasse onde as crianças estavam, e foi isso que ele fez. E então ele me mandou de volta para a Terra, onde eu precisei enfrentar o mal. Eu caminhei pela escuridão. Senti como se estivesse morto. Era só o meu espírito que estava caminhando ali.

Enquanto seu espírito viajava pela floresta, Rubio sentiu a presença do *duende*. Ele sentiu o toque da entidade na sua pele. Voltando-se na direção do toque, ele o viu. O *duende* havia assumido uma forma humana: tinha a pele escura e estava nu, exibindo uma barriga proeminente e o peito cabeludo.

– Nós ficamos frente a frente – Rubio relata. – Eu o vi bem nitidamente, como se tivéssemos nos esbarrado na rua.

O *duende* lhe perguntou o que estava fazendo, e ele lhe disse que estava procurando pelas crianças. *Elas são minhas,* foi a resposta. A entidade não tinha intenção de devolvê-las; elas seriam transformadas em outros *duendes*. Se Rubio quisesse ficar com elas, ele teria que arcar com as consequências.

– Ele me agarrou pelo pescoço, como se quisesse me estrangular, e depois me jogou contra o tronco de uma árvore. Então eu acordei.

Eram cinco da manhã. Rubio sabia onde as crianças estavam.

Quando o dia clareou, Eliécer reuniu uma tropa da Guarda Indígena entre os membros do grupo, agora reduzido de voluntários. Rubio disse a eles que as crianças estavam a 2,5 quilômetros de distância e que seriam encontradas antes do final da tarde. Os soldados começaram a se preparar para agir, mas Rubio disse a eles que só caminharia num grupo que fosse formado exclusivamente por indígenas.

Ao meio-dia, eles pararam para se hidratar e tomar *mambé*. Eliécer andava tendo febre e vinha sobrevivendo à base de uma dieta de chocolate quente. Uma parte do grupo decidiu voltar ao acampamento, deixando-o apenas com três companheiros de Puerto Leguízamo: Nicolás Ordoñez, Dairo Kumariteke e Edwin Manchola. Ainda restavam mais quatro horas de luz do dia – as últimas horas que tinham para encontrar as crianças desaparecidas.

Duas horas mais tarde, eles se depararam com um sinal auspicioso. Um jabuti-piranga cruzou seu caminho. O animal é o equivalente amazônico de encontrar um gênio preso na garrafa. Diz o folclore local que qualquer pedido feito ao jabuti será atendido, desde que a pessoa que o encontrou libere o animal logo depois que o desejo for concedido. Eliécer o agarrou pelo casco.

– Você vai me levar até as crianças – declarou. – E, se não fizer isso, eu comerei o seu fígado.

Para tornar a situação do pobre réptil ainda mais complicada, Nicolás Ordoñez prometeu que beberia o seu sangue. Eliécer trançou folhas de palmeira para fazer um saco, pôs o jabuti dentro dele e o jogou sobre o ombro.

Uma hora mais tarde, o pedido estava atendido. Eles ouviram o som do choro de um bebê.

CAPÍTULO DEZOITO
Milagre

Lesly estava deitada no chão debaixo do mosquiteiro chupando sementes de *milpesos*, mas até mesmo esse esforço parecia demandar mais energia do que a que ainda lhe restava. Ela esfregou um pé contra o tornozelo oposto, buscando se aliviar da irritação provocada pelas picadas de insetos.

Por nove dias, as crianças haviam permanecido na pequena clareira, seguindo as instruções lidas no panfleto. Dia após dia, ela via os irmãos ficarem mais magros e mais fracos. Tien já não conseguia se pôr de pé, mas Soleiny ainda tinha forças para segurar Cristin no colo. Ao fazer isso, ela começou a mexer no pulso esquerdo, onde a leishmaniose havia se alastrado e formado feridas amareladas. Lesly estendeu a mão para impedir gentilmente que a irmã se coçasse. Em seguida, viu o próprio braço cair de volta, flácido, ao lado do corpo.

Alguns dias antes, enquanto esperavam na clareira, um cachorro havia aparecido pelo meio da vegetação. Ele tinha o focinho bem preto e o pelo marrom, e por baixo do pelo viam-se as costelas saltadas, como as teclas de um xilofone. O cão havia se aproximado das crianças com ar curioso e sentado junto delas. Elas o olharam, perguntando-se se era mesmo de verdade. Mais tarde, quando a escuridão começava a engolir a mata, as crianças ouviram um rosnado baixo que pareceu cercá-las por todos os lados. Lesly reconheceu o som. Era uma matilha de *perros del monte*, os cachorros selvagens de orelhas pequenas que são vistos por toda a Amazônia. As orelhas do pastor-belga se ergueram e ele tratou de desaparecer por baixo da folhagem, rosnando.

Depois, enquanto vasculhava a área em busca de árvores frutíferas, Lesly havia sentido o pânico percorrer seu corpo, como se fosse uma onda de água gelada. O peito ficou apertado e a respiração de repente ficou curta e cortante. O coração martelava dentro do peito, e ela se viu encharcada de suor. Lesly havia voltado para o abrigo, deitado no chão e ficado lá, sem se mexer desde então. Agora estava se sentindo mais calma.

    Seus pensamentos estavam na *chagra*, com os pés de mandioca e de banana-da-terra. E também nos animais do *monte*: nas cobras, nas antas e no enorme jabuti que cruzara o seu caminho poucos dias antes na clareira. E também na sua mãe.

Lesly ouviu um farfalhar na vegetação e tentou imaginar qual dos predadores da floresta poderia estar ali à espreita. Cristin soltou um lamento. Lesly reuniu todas as forças que lhe restavam e se pôs de pé, pegando Soleiny pelo braço e guiando a irmã para o meio da folhagem. Ela ouviu a voz alta de um homem, o som de galhos se partindo e de pés batendo no chão. Ao redor das crianças, vultos escuros pareciam bruxulear pelo meio da mata cerrada. E então elas ouviram vozes falando na sua língua Uitoto.

– Lesly, nós somos da família – diziam as vozes.

Os homens se aproximaram, com os braços abertos como os de goleiros de futebol, formando um círculo ao redor das crianças e se aproximando delas lentamente. Estavam usando camisetas azuis e coletes pretos. Eles se agacharam diante das crianças, abriram sorrisos e falaram com elas gentilmente.

Tien, que tinha ficado sentado na clareira, ergueu os olhos para encarar um dos homens e falou:

– A minha mãe morreu.

Os homens cercaram o abrigo. Um deles levava um jabuti-piranga preso às costas, num cesto de folhas trançadas de palmeira. À medida que olhavam melhor para as crianças, a preocupação começou a se estampar nos seus rostos. Os homens acenderam o tabaco e sopraram nuvens suaves de fumaça sobre elas. Um deles tomou Cristin nos braços e começou a entoar uma canção de ninar. Lesly foi se sentindo mais confiante.

– Estou com fome – ela disse aos homens.

Mas o mais velho deles, o que os outros chamavam de Eliécer, lhe explicou que seria perigoso para ela comer qualquer coisa naquele momento. Eles lhe deram um gole da *água panela* que tinham trazido numa garrafa.

Cada um dos homens pegou nos braços uma das crianças. Lesly foi levada pelo que chamavam de Nicolás, que era jovem e forte e tinha uma bandana verde amarrada na cabeça. Eles começaram a caminhar e depois a correr pelo meio da mata. Depois de uma hora, estavam todos exaustos. Soleiny não parava de pedir comida. Por fim, Eliécer a fez sentar-se no chão, abriu o fardo e tirou de lá um pouco de *fariña* e salsichas fritas, que deu às crianças. O sabor estava maravilhoso. Eliécer benzeu-se com o sinal da cruz e ergueu os olhos para os filetes estreitos de luz que atravessavam as copas das árvores.

– Perdoa-me, Senhor – ele disse –, mas se as vidas delas não foram tiradas no acidente, por que o Senhor faria isso agora, por causa de um punhado de comida?

Nicolás e Eliécer ficaram ali com Lesly e Soleiny enquanto os outros dois disparavam pela floresta levando Tien e Cristin. Vinte minutos mais tarde, chegaram dois homens diferentes, usando uniformes verdes e com rifles pendurados nos ombros. Os rostos deles eram uma mistura estranha de euforia e preocupação. Eles içaram Lesly e Soleiny sobre os ombros e partiram de volta na direção de onde tinham surgido.

Quando foi posta sobre um chão de lona verde, Lesly viu mais homens usando uniformes. Um deles tinha Cristin no colo, enquanto outro dava sopa de uma caneca preta na boca de Tien. Um dos soldados correu as mãos pelas pernas e braços de Lesly, para checar se havia alguma fratura. Ela se encolheu de dor quando a mão dele tocou a sua panturrilha esquerda.

Um homem cujo uniforme tinha três braçadeiras amarelas armou o transmissor de rádio no chão e falou no bocal do aparelho, com a voz trêmula de emoção:

– Milagre! Milagre! Milagre! Milagre!

O resto dos homens começou a desbastar as árvores com as suas machadinhas. As crianças tomaram sopa e sorveram os sachês de bebida reidratante dados pelos soldados. Um grupo de indígenas chegou. Lesly viu seu padrasto, Manuel, tremendo e chorando. Ele tomou Cristin nos braços e a apertou contra o peito. Depois, sentou-se numa das lonas estendidas no chão e puxou Tien para o seu colo. Embrulhadas num cobertor azul, Lesly e Soleiny se aconchegaram ao seu lado.

Já tinha escurecido quando o helicóptero chegou e estava chovendo forte. Os soldados tiraram dos bolsos tubos plásticos transparentes. Depois de serem dobrados e sacudidos, os tubos começaram a emitir um brilho forte que projetou sombras estranhas pela mata. Alguns soldados apontavam para cima o facho das suas lanternas. Eles haviam desbastado uma parte das copas das árvores com as machadinhas, e, pela primeira vez em muitas semanas, Lesly pôde ver o céu. As nuvens carregadas refletiam a luz da Lua e das luzes do helicóptero que pairava acima deles, castigado pelo vento do temporal.

A menina ficou olhando enquanto dois homens desciam lentamente até o chão da floresta, sentados numa barra em forma de "T" presa a um cabo metálico. Manuel foi o primeiro, segurando Cristin bem firme nos braços. Um dos homens prendeu as correias de segurança e tomou o lugar ao seu lado na barra antes de os dois começarem a ser içados para o alto, até sumirem de vista. O homem do helicóptero voltou mais uma vez para o chão. Tien foi o segundo a ser içado e depois foi a vez de Soleiny.

Por fim, Lesly se aproximou da barra. O homem a ajudou a passar as pernas pelas correias e ajustou as faixas às suas coxas. Ele lhe disse para segurar bem forte. Enquanto subia para longe da floresta, Lesly sentiu o vento frio na pele e a chuva batendo no rosto. Até que uma mão forte a agarrou e puxou para dentro do helicóptero. Ela sentiu quando o aparelho subiu e começou a avançar pela noite. Olhando ao redor, Lesly viu mais homens usando uniformes, além de enfermeiros usando jaquetas cor de laranja. E, no fundo da aeronave, ela viu Manuel, que tinha os olhos fixos nos seus.

PARTE III

As crianças da floresta

CAPÍTULO DEZENOVE
Duas Colômbias

Em 2021, um enorme *outdoor* foi instalado na Gran Via, a avenida comercial mais importante de Madri. Pairando imensa sobre os consumidores e os turistas da capital espanhola, via-se nele a imagem de uma menina com cabelos escuros e cacheados, usando saia azul-turquesa e com uma borboleta amarela brilhante na palma da mão. "Por um Natal cheio de cor", dizia o *slogan* abaixo dela.

Mirabel Madrigal era a estrela do longa-metragem de animação *Encanto,* da Disney, que contava a história de uma família colombiana na qual cada membro tinha certas habilidades especiais. Uma das crianças fazia as plantas crescerem, a outra controlava o clima com as suas emoções e havia uma terceira capaz de falar com os animais da mata. Um dos personagens, inclusive, tinha o mesmo poder dos *duendes:* mudar de forma para se fazer passar por outras pessoas.

Os colombianos se apaixonaram por *Encanto*. O filme mostrava as belas paisagens da parte do país que é tomada pelas lavouras de café, promovia a culinária típica e apresentava uma trilha sonora cantada por artistas colombianos, que passaria nove semanas seguidas no topo da parada Billboard 200. E, acima de tudo, ele mostrava ao mundo um país cheio de mistérios e de magia, onde um povo humilde e amável trabalhava duro para ganhar a vida.

As crianças ainda estavam a bordo do helicóptero, voando para longe da floresta, quando a imprensa colombiana já havia começado a montar para elas uma narrativa que parecia saída diretamente do mundo de *Encanto*. As primeiras fotos dos quatro irmãos embrulhados em pedaços de lona e recebendo alimento dos homens da equipe de resgate estavam circulando pela internet. Eles haviam sobrevivido sozinhos por 40 dias em um dos ambientes mais hostis do planeta. A façanha impressionante daquelas crianças era um testemunho do amor fraterno e também da engenhosidade e resiliência da cultura Uitoto. Um pouco antes das 19h, Gustavo Petro postou em sua conta do X: "É uma alegria para todo o país! As quatro crianças que estavam perdidas na selva foram encontradas com vida!". O resgate estava confirmado. A Colômbia seria manchete nos noticiários do mundo inteiro, e dessa vez pelos motivos certos.

Isso porque o "Natal cheio de cor" prometido no *outdoor* de *Encanto* era, na verdade, uma referência a outro produto audiovisual que tinha como cenário o país. Cinco anos antes, a poucas quadras do local onde agora estava a imagem de Maribel em Madri, a Netflix havia instalado o anúncio da sua série *Narcos*, sobre os esforços da Agência de Combate ao Tráfico de Drogas dos Estados Unidos para desmantelar o cartel de Medellín. Abaixo da imagem sombria do ator que interpretava Pablo Escobar no programa, lia-se o *slogan*: "Ah, o Natal branco!" – o tipo de alusão *blasé* e nada engraçada à cocaína que costuma fazer os colombianos revirarem os olhos. *Narcos*, no entanto, acabou sendo um grande sucesso no mundo todo e levou toda uma nova geração de espectadores a associar a imagem do país aos cartéis de drogas e a grupos guerrilheiros. Na Colômbia, a população começou a se perguntar se um dia poderia se ver livre da sombra do seu passado recente.

A verdade, obviamente, é que tanto *Encanto* quanto *Narcos* retratam duas realidades legítimas desse país belo, complexo e algumas vezes violento que é a Colômbia. E, à medida que foram emergindo mais detalhes sobre a história das crianças perdidas na floresta, essas duas Colômbias entraram em rota de colisão.

O major Julian Novoa guiou o Black Hawk rumo ao norte sob um céu sem Lua. Ele estava retornando da missão mais inesperada e visada pela mídia de toda a sua carreira. Naquela mesma tarde, o major estivera presente às comemorações do aniversário do seu destacamento em Villavicencio. Por várias semanas, ele havia transportado soldados e voluntários indígenas para o meio da floresta e de volta à base, mas, no dia 9 de junho, as esperanças de que as crianças fossem encontradas com vida haviam minguado tanto que os dois Black Hawks designados para a missão tinham sido recolhidos até a cidade, ao pé dos Andes, onde passariam pela manutenção de rotina. No local da comemoração, enquanto Novoa aguardava perfilado, observando medalhas serem distribuídas entre os soldados, o seu celular tocou com uma ligação do comandante.

– Temos uma evacuação a fazer – disse a voz do outro lado da ligação.

O protocolo das Forças Especiais determina que os pilotos só sejam informados sobre os detalhes de cada missão poucos minutos antes de decolar. Mas a emoção na voz do comandante não deixava dúvida: eram as crianças.

O major foi correndo até a pista montado numa *scooter* elétrica, já gesticulando para que os encarregados da manutenção dos Black Hawks se afastassem para dar lugar ao embarque da tripulação. O voo até Calamar geralmente levava setenta minutos, mas ele baixou o nariz do helicóptero e acelerou para completar o percurso em cinquenta e cinco. Durante mais meia hora, com a chuva martelando a lateral da cabine, o major o manteve pairando estável acima da minúscula clareira aberta pelos soldados em terra. E agora estava pilotando de volta para casa levando a bordo uma carga preciosa. As luzes piscantes da pista de pouso em San José del Guaviare surgiram a distância.

Lá embaixo, o general Pedro Sánchez tinha os olhos pregados no céu. Ao seu lado havia dois anciãos indígenas, um deles usando o adorno de cabeça circular do povo Nasa, e o outro portando o colorido cocar de penas dos Siona. Quatro horas antes, os gritos de "Milagre!" haviam ecoado pela base. A palavra tinha sido ouvida primeiro em meio ao ruído de estática do rádio na sala de comunicações, onde os dois operadores, com os olhos injetados de cansaço, encararam um ao outro sem acreditar. Depois, ela fora repetida na sala de operações, onde os analistas de inteligência, eufóricos, socavam os tampos das suas mesas, e soldados veteranos deixavam escorrer lágrimas de alívio. Alguns minutos mais tarde, na sala de conferências do andar de cima, Sánchez estava no meio de uma reunião quando um dos seus oficiais irrompeu porta adentro.

– Milagre! – ele disse.

– Estão vivas? – foi a primeira reação do general, sem confiar no sorriso largo que o outro exibia.

A essa altura, Sánchez já havia chegado à conclusão dolorosa de que a busca provavelmente se encerraria com a descoberta dos restos mortais das crianças.

– Eu mal pude acreditar quando ele me confirmou que elas estavam vivas – recorda-se ele. – Abracei o sujeito na hora e fiquei repetindo: "Obrigado, obrigado".

Agora, parado na noite quente e úmida, ele viu emocionado as crianças, embrulhadas em cobertores amarelos fluorescentes, serem tiradas do helicóptero e levadas às pressas para o avião militar que aguardava na pista. Sánchez embarcou em seguida. A bordo, equipes médicas checavam os sinais vitais de cada criança enquanto ajudavam-nas a sorver lentamente o conteúdo de garrafas de bebidas isotônicas. Era impressionante como estavam fragilizadas. Os bracinhos de Cristin, antes tão rechonchudos, se estendiam finos como gravetos de dentro do cobertor para agarrar o alimento.

– Bom trabalho, soldados, vocês fizeram o impossível se tornar possível – Sánchez disse aos seus homens.

Os dois anciãos indígenas embarcaram em seguida. Eles sopraram fumaça de tabaco sobre as crianças e fizeram suas rezas, numa última cerimônia para purificá-las dos espíritos da floresta que ainda estavam presos a elas. Terminado o ritual, Sánchez e os anciãos desembarcaram e o avião se preparou para a decolagem. O general ficou na pista, observando em silêncio até que a aeronave desaparecesse a distância.

Em 10 de junho, um táxi levando Andrés Jacobombaire, seu irmão Jairo e sua irmã Rosamira parou na frente do hospital militar de Bogotá. À sombra do prédio alto, em estilo brutalista, os repórteres e equipes de cinegrafistas formavam uma multidão agitada, ávida por novas informações sobre as crianças. A família passou pelos detectores de metais e percorreu o corredor que levava à ala pediátrica, onde um soldado fora posto de sentinela à porta do quarto onde estavam as crianças. Uma enfermeira se aproximou e disse a Andrés e aos seus irmãos que Lesly estava esperando por eles. Andrés foi tomado por uma onda de fraqueza. Ele teve que ser amparado por Jairo enquanto a enfermeira abria a porta. Na cama, lá dentro, estava Lesly, a filha que ele não via fazia mais de seis anos. A menina ergueu o corpo na mesma hora e exclamou: *Papa!*

Enquanto avançava lentamente até a cama, Andrés começou a chorar. As lágrimas eram de alívio e de alegria, ele me contou mais tarde, mas também de lástima pelo estado em que a menina estava. Lesly tinha o rosto encovado, o corte do lado direito da cabeça estava aberto e rosado e dava para ver o contorno dos ossos nos seus antebraços. Quando ergueu a coberta, um arrepio de pavor percorreu seu corpo. A filha estava parecendo um cadáver, Andrés se recorda. Ele a abraçou e lhe disse que estava orgulhoso, que ela era uma *guerrera*.

– Foi difícil, *papa*. Foi difícil demais – Lesly lhe respondeu.

Soleiny, que estava dormindo na cama ao lado, acordou nessa hora. As meninas estavam debilitadas demais para contar o que haviam passado nessa primeira visita que receberam do pai. Os quatro ainda passariam mais de um mês no hospital até recuperar o peso, graças a uma dieta à base das suas sopas preferidas e de *fariña,* enquanto eram tratados pela equipe médica. Além do corte na cabeça, Lesly tinha uma infecção provocada por um fungo, e tanto ela quanto Soleiny estavam com feridas causadas pela leishmaniose nos braços.

A doença, conhecida por carcomer a pele, também havia se alastrado entre as equipes de busca. No corredor de acesso à ala da pediatria, enfermeiros limpavam as feridas purulentas de dezenas de soldados e voluntários indígenas. No primeiro momento, uma parte dos homens Uitoto tinha voltado diretamente para Araracuara, mas, como no posto médico de lá não havia os microscópios necessários para diagnosticar adequadamente a doença, todos acabaram transferidos para Bogotá. Havia outras queixas nos integrantes dos times de resgate a serem tratadas – cortes profundos, infecção respiratória, alguma fratura ocasional. O mais desafortunado de todos era Nestor Andoke, o caçador que estava no grupo dos homens que tinham localizado o avião. Enquanto caminhava na mata, ele escorregou e caiu por cima de um galho especialmente afiado que perfurou a sua bolsa escrotal. Andoke tentou se esquivar do tratamento quanto pôde, e, quando finalmente aceitou ser examinado, a equipe médica do hospital militar ficou horrorizada com o que viu.

Nas salas de espera e no estacionamento, histórias como essas, envolvendo os membros da equipe de buscas – muitas vezes heroicas e algumas delas cheias de descrições sangrentas –, alimentavam a curiosidade dos repórteres, mas elas não serviam para responder à maior questão de todas: *Como aquelas crianças haviam conseguido sobreviver?*

Narciso Mucutuy foi quem ofereceu um primeiro relato a esse respeito. Ao sair da ala da pediatria, acompanhado por Fatima, ele repetiu o que as crianças haviam lhe contado. Elas tinham se alimentado de *fariña* no início, e depois de frutas e sementes achadas na mata. Depois que a mamadeira ficou para trás, Cristin só havia tomado água. Elas tinham passado frio e fome, mas ele contou que não tinham ficado com medo. As crianças se sentiam à vontade na floresta, e Lesly havia recorrido às habilidades que aprendera com os pais e com a sua avó. Naquele momento, essa resposta, a única que havia, teve que bastar para os repórteres. Afinal, um visitante mais ilustre acabara de chegar ao hospital.

No dia do resgate das crianças, o presidente Gustavo Petro estava retornando de uma viagem a Havana, onde estivera em negociações de paz com o ELN, um dos grupos guerrilheiros atuantes na Colômbia. Ele foi visitar o hospital no dia seguinte, na companhia da esposa e da filha de quinze anos. Em seguida, foi postada no perfil presidencial no X a foto do presidente ao lado das camas das crianças, com elogios aos esforços em conjunto e à colaboração entre os militares e os indígenas. Não houve como resistir ao impulso de explorar politicamente o caso. A imagem do helicóptero Black Hawk, o maior símbolo do prolongado conflito interno que se arrasta na Colômbia, sendo usado para resgatar os cidadãos mais vulneráveis do país, era poderosa demais para ser ignorada. "Eis aqui uma nova Colômbia", escreveu Petro, "um país no qual a vida está acima de todas as outras coisas. O objetivo que nos une é proteger a vida". Lesly e seus irmãos, ele declarou aos repórteres, entrariam para a história como "os filhos da paz".

Até mesmo os críticos mais aguerridos da presidência acharam difícil retrucar tais palavras. Nos dias e semanas que se seguiram, integrantes indígenas e militares das equipes de buscas e familiares das crianças marcaram presença em programas de TV e *podcasts* e tiveram suas falas citadas com maior ou menor liberdade de interpretação nas matérias dos jornais. Os incansáveis e valentes homens de Araracuara e Puerto Leguízamo tornaram-se os novos heróis nacionais, e as palavras humildes e o rosto jovial do general Pedro Sánchez deram uma nova imagem ao exército do país. A história, com aquele final feliz tão inesperado, havia seduzido a opinião pública. Só se falava dela, por toda a parte. Nos cafés de Bogotá, os benefícios espirituais do *yagé* eram assunto nas rodinhas das madames de alta classe. Nos canteiros de obras, operários sem camisa lamentavam o destino do cão Wilson.

Quando os militares anunciaram que a busca pelo pastor-belga iria continuar, nenhum dos formadores de opinião do país teve coragem de questionar se essa era a melhor maneira de alocar os recursos do Estado. Pressionada pelas expectativas da população, a Operação Esperança iniciou assim a sua terceira fase: a busca por Wilson. "O nosso compromisso como soldados de elite é nunca deixar para trás um companheiro no campo de batalha", declarou o general Helder Giraldo Bonilla, comandante das Forças Armadas, em uma postagem no X. Ao longo das duas semanas seguintes, cinquenta combatentes e vinte integrantes das equipes de logística permaneceram na selva, na busca pelo pastor-belga. As receitas mais suculentas e cheirosas foram preparadas na tentativa de atraí-lo. E, apelando para outros instintos caninos, diversas cadelas no cio também foram levadas para a área.

No hospital, deram lápis de cera e folhas de papel às crianças. Lesly desenhou montanhas, um rio, árvores e, ao pé delas, um cachorro marrom. Soleiny também retratou um cão, junto com flores e uma bandeira da Colômbia num mastro.

Diante da enxurrada de pedidos para entrevistar as crianças, o Instituto Colombiano de Bem-Estar Familiar (ICBF) tomou a decisão de proibir o acesso da imprensa a elas, alegando que estavam frágeis demais, tanto física quanto emocionalmente. Até que se recuperassem totalmente, o público colombiano ficaria sem respostas para muitas outras questões além das duas interrogações principais: *Como aquelas crianças tinham conseguido sobreviver por quarenta dias na selva?* e *Por que as Forças Especiais da Colômbia não foram capazes de encontrá-las?* Com esse apagão forçado da mídia, a curiosidade legítima começou a se misturar a teorias da conspiração com tintas politizadas.

Não é todo mundo que acredita em milagres.

Às 18h48 do dia 9 de junho, o tenente-coronel Óscar Dávila, membro da equipe de segurança presidencial, fez uma ligação do banco traseiro de uma SUV Nissan no Centro de Bogotá. Ele estava eufórico, relatou mais tarde o membro da sua família que atendeu o telefonema, com a notícia do resgate das crianças perdidas na floresta. Dávila era um entre os milhões de colombianos que estavam desfrutando daquele momento catártico, fazendo soar a buzina de seus carros e ligando para os parentes e amigos para compartilhar a notícia. No entanto, apenas cinco minutos depois ele estaria morto, atingido por uma bala que perfurou sua têmpora.

Na semana anterior, Dávila havia concordado em dar seu depoimento para a investigação de um caso importante de corrupção no governo. O caso era mais um que tinha ares de uma típica novela colombiana, envolvendo uma babá ladra, grampos telefônicos ilegais e alegadas doações provenientes de fontes escusas para a campanha eleitoral do presidente Petro. Quando Petro divulgou um pronunciamento nas redes sociais no dia seguinte ao acontecido, declarando – antes de ter saído o laudo oficial da autópsia – que a morte de Dávila havia sido um suicídio, seus muitos oponentes ferrenhos sentiram nesse ato o cheiro de uma *cortina de humo*, ou cortina de fumaça.

Havia muitos detalhes curiosos no caso que davam margem a suspeitas. Muitos colombianos consideraram que o comportamento e as ações de Dávila nas horas anteriores ao tiro não correspondiam aos de alguém prestes a cometer suicídio. Além de ter dado o telefonema em tom aparentemente eufórico minutos antes de morrer, o tenente-coronel havia pago na manhã do mesmo dia $ 12 mil a um advogado para que o representasse no processo. A arma que o matou havia sido deixada no carro pelo seu motorista e guarda-costas enquanto este saiu para comprar uma garrafa de água, fato considerado nada plausível por alguns especialistas em segurança pessoal, que alegam que a regra número 1 de qualquer guarda-costas é jamais se separar da sua arma. E há quem tenha considerado, também, que o *timing* foi conveniente demais para ter sido uma simples coincidência. A tese dessas pessoas era de que o governo orquestrara o "circo" do resgate das crianças para desviar a atenção da opinião pública sobre a morte de Dávila.

Os colombianos são um povo calejado quando se trata de escândalos políticos e manobras para acobertá-los. O país tem um histórico de presidentes com grande aprovação popular de quem mais tarde se descobriu que tinham sido financiados pelos cartéis de drogas; de empresas de sucesso que acabaram expostas, como esquemas de lavagem de dinheiro; e de supostas vitórias do exército contra ações de guerrilheiros expostas, como assassinatos a sangue-frio de civis por militares. E até mesmo na seara tão específica das histórias de sobrevivência já havia um precedente. Em 1955, a imprensa colombiana teve as manchetes tomadas pela saga milagrosa de um marinheiro que conseguira sobreviver por dez dias no Mar do Caribe depois de ter sido varrido do convés de um torpedeiro da Marinha. Na época, foi preciso um jovem jornalista de nome Gabriel García Márquez para a verdade ser revelada. Não tinha havido uma tempestade, como fora a alegação da Marinha, mas o torpedeiro estava abarrotado de mercadorias de contrabando e um dos fardos havia se soltado e empurrado o marinheiro sobrevivente junto com outros sete companheiros para a água.

A história do país, portanto, havia ensinado os colombianos a receber com uma ponta de ceticismo as notícias boas, e foi quase um reflexo instintivo que levou muitos deles a presumir a existência de alguma força soturna – fossem os cartéis do tráfico, a guerrilha ou manobras políticas escusas – atuando por trás da narrativa oficial sobre o resgate daquelas crianças. Após a euforia inicial, os detalhes da Operação Esperança passaram a ser examinados com maior escrutínio. O alarme falso que fora divulgado no dia 15 de maio foi revisitado. Naquele momento, ele fora entendido como um simples caso de falha de comunicação misturada ao excesso de entusiasmo e ao desejo de ter boas notícias para dar à população, combinação que acabou levando um boato surgido em Cachiporro a ser amplificado pelo perfil presidencial nas redes sociais, sem que os fatos fossem verificados antes. Agora, muita gente começava a se questionar se na verdade o boato teria sido verdadeiro. Seria possível que as crianças tivessem sido encontradas e removidas de barco da área de buscas? Que outra explicação poderia haver para o fato de uma equipe de buscas imensa e reforçada por equipamentos de alta tecnologia e pela presença de cães farejadores não ter encontrado aquelas crianças, a menos de três quilômetros do local da queda do avião? Será que alguma testemunha realmente avistara as crianças na *lancha* e passara inocentemente essa notícia pelo rádio?

Essa teoria – de que as crianças teriam sido encontradas em maio, mas "resgatadas" apenas num momento politicamente mais conveniente para o governo – carecia de credibilidade e acabou sendo posta de lado. No dia 21 de junho, a perícia determinou que a causa da morte de Oscar Dávila havia sido suicídio. A principal evidência eram os vestígios de respingos de sangue encontrados no punho direito do morto. Ao contrário do que acontece em outros países latino-americanos, na Colômbia as instituições conservam intacta a sua reputação de independência e profissionalismo, e o laudo da autópsia derrubou definitivamente a tese de que a Operação Esperança havia servido como cortina de fumaça para um assassinato. Ainda assim, a teoria não parecia de todo infundada, considerando que ela ofereceria uma explicação para o fato de as três crianças e um bebê de onze meses terem permanecido com vida ao longo daqueles quarenta dias: alguém lhes garantira abrigo e comida durante esse tempo.

No dia 1º de julho, Salud Hernández-Mora, jornalista da revista *Semana,* publicou uma matéria que alegava trazer a confirmação daquela que já era a suspeita secreta de muitos colombianos desde o início. A manchete dizia: "As crianças da floresta estavam com as FARC".

CAPÍTULO VINTE
Boatos

Foi em San José del Guaviare que o rumor se espalhou com mais força. A cidade, formada por casas e prédios baixos, antigamente ficava situada no limiar da selva da Amazônia colombiana e servia de entreposto para os traficantes de peles de animais e espécimes raros. No entanto, nas décadas de 1980 e 1990, porções da floresta foram queimadas para dar lugar às lavouras de coca e, assim, até o início dos anos 2000, San José del Guaviare esteve sob o controle das FARC. Quando eu estive lá, em novembro de 2023, a cidade desfrutava de uma fase de relativa prosperidade. A praça central, com as suas imensas ceibas e o monumento aos colonos fundadores, acabara de ser reformada. Ao seu redor havia um shopping center e um cinema, além de agências abertas em razão do crescimento do turismo na região, oferecendo passeios para conhecer as quedas d'água e as cavernas com pinturas ancestrais. No entanto, os moradores mais antigos insistiram para que eu não me deixasse enganar pela impressão de normalidade. A presença da guerrilha ainda era fortíssima na região, eles disseram, e os grupos armados estavam envolvidos com tudo que acontecia ali – inclusive o caso do desaparecimento das crianças e do avião acidentado.

A bordo de um dos pequenos táxis amarelos da cidade, o motorista me contou sobre a guerra entre o EMC e outra facção de guerrilheiros pelo controle das rotas de transporte de cocaína. Com o típico ar bem informado visto nos taxistas de toda parte, ele me explicou como os homens de Ivan Mordisco haviam capturado as crianças na floresta e usado-as para pressionar o governo a concentrar os ataques das Forças Armadas sobre o grupo rival. Esse era o tipo de informação privilegiada que acabava chegando aos seus ouvidos graças à tendência que o banco de um táxi tem para funcionar como confessionário. Só que tudo não passava de boato. Mais tarde, uma jornalista da cidade me contou sobre o telefonema que recebera, em meados de maio, de um homem que alegava ter visto as crianças num assentamento indígena à margem de um dos afluentes do Apaporis. O problema era que o homem não deixara um número de contato e a ligação não havia sido gravada. Uma moradora da cidade relatou ter se chocado quando constatou que as roupas de criança que tinha enviado num kit de assistência eram as mesmas peças que Lesly estava vestindo no dia do resgate. Ou que pelo menos o jeans e a blusa pareciam quase iguais nas fotos divulgadas pelo exército. Por fim, um morador, que não quis ter o nome divulgado, me contou que entreouvira um guerrilheiro se gabando sobre o fato de as crianças estarem nas mãos dos seus companheiros. Só que esse guerrilheiro mencionado morava no meio da floresta e, mesmo que fosse possível contatá-lo, ele certamente não falaria com nenhum jornalista.

Em seu artigo publicado em julho, Salud Hernández-Mora afirmava que, estando familiarizada com a região e com as viagens pelas águas do Apaporis, ela acreditava que as crianças tinham sido encontradas por homens do EMC liderados por Mordisco poucos dias depois de o avião ter caído na floresta. Os quatro irmãos sobreviventes eram um achado oportuno e que certamente poderia ser usado em negociações políticas, portanto os guerrilheiros trataram de removê-los da área das buscas. E o estado de desnutrição em que se encontravam quando o exército os resgatou, diz ela, seria explicado pelo fato de que a guerrilha não dispunha de recursos para manter as crianças alimentadas. O Apaporis, a única rota para fazer chegar suprimentos até eles, estava sob vigilância aérea o tempo todo. E fora somente quando os guerrilheiros começaram a se sentir mais seguros e que o ritmo das varreduras aéreas se reduziu é que eles levaram os quatro irmãos até o local onde foi feito o resgate. Hernández-Mora afirma no texto que a sua história foi confirmada, mas as fontes não podem ser reveladas por temerem pela própria segurança.

A reportagem dividiu opiniões. Na internet, parte dos comentários elogiava a coragem profissional da jornalista, enquanto outros a criticavam por não dar o devido reconhecimento à capacidade demonstrada pelas crianças de conseguirem o próprio alimento e se manterem vivas na floresta. Essas críticas traziam referências a outros casos igualmente improváveis de sobrevivência. Em junho de 2015, cinco garotas indígenas com idades entre 10 e 14 anos haviam sido encontradas com vida depois de terem passado quase três semanas na selva, ao se perderem no caminho de volta da escola para casa, em Vaupes. Em 2020, uma mulher de quarenta anos e seus três filhos haviam passado trinta e sete dias vagando pela mata nos arredores do rio Putumayo, sobrevivendo à base de sementes e água.

Outros detalhes relatados na matéria da revista *Semana* não correspondiam aos fatos registrados na área de buscas. As Forças Armadas declararam que as análises mais avançadas da inteligência militar indicavam que não havia atuação da guerrilha na região. E, além de um único acampamento abandonado há muito tempo, nem os soldados de elite nem os experientes mateiros indígenas encontraram evidências da presença de outros seres humanos na floresta – nem mesmo uma única pegada. Além disso, o local onde as crianças foram finalmente descobertas pela equipe dos indígenas também não condizia com a narrativa da jornalista. Se elas tivessem mesmo sido capturadas pelos guerrilheiros, a maneira mais rápida e mais viável de removê-las da área de buscas teria sido pelo Apaporis. E o local mais lógico para mantê-las em cativeiro seria algum ponto a leste do rio, para além do alcance dos soldados em terra e das varreduras aéreas. Levando isso em conta, a maneira mais fácil e menos arriscada de devolver as crianças para que fossem "descobertas" na área das buscas teria sido simplesmente atravessar o rio e deixá-las em algum ponto próximo à margem oeste. Mas Lesly e seus irmãos foram encontrados no meio da mata, muitos quilômetros a oeste do rio – o que teria demandado que os guerrilheiros atravessassem o coração da área das buscas e se esquivassem de centenas de soldados no trajeto.

Havia também a questão sobre a motivação. A guerrilha já havia negado estar de posse das crianças, e nunca ficou bem claro o que eles teriam a ganhar mantendo-as sob o seu poder. Caso tivessem se deparado com Lesly e seus irmãos nos dias seguintes ao acidente, teria sido muito mais simples divulgar com alarde a notícia, entregar os quatro de volta à família em segurança e desfrutar do efeito que isso teria para melhorar sua imagem junto à opinião pública. Os ganhos políticos que poderiam existir caso continuassem com as crianças, se é que inicialmente existiam, foram ficando menos evidentes à medida que os meses se passavam e o governo endurecia a sua postura em relação ao EMC.

Por fim, se o caso todo fosse um acobertamento ou uma operação clandestina, ela teria sido excessivamente dispendiosa e mal articulada. Os militares deslocaram para a área muito mais homens do que era comum em operações de resgate, e a decisão de incorporar centenas de voluntários aos esforços de busca teria servido apenas para criar mais testemunhas em potencial para qualquer atividade irregular que estivesse acontecendo ali. Nas semanas que se seguiram, os jornalistas tiveram livre acesso a oficiais comandantes, soldados do efetivo e indígenas que haviam participado da busca. Nenhum dos homens que tinham estado na floresta ao longo dos 40 dias da operação de resgate deu qualquer indicação de acreditar que pudesse haver algum outro grupo que estivesse de posse das crianças. Até mesmo Manuel, que não tinha nenhuma simpatia pelos guerrilheiros e tivera atritos com eles no passado, duvidou que pudesse haver algum envolvimento da guerrilha. A matéria de Salud Hernández-Mora, disse-me ele, era simplesmente desrespeitosa.

– Se as crianças tivessem sido capturadas pela guerrilha, eles teriam pedido milhões [de resgate]. E jamais as entregariam desnutridas como estavam.

Em San José del Guaviare, eu tentei ir atrás de qualquer pista que sugerisse o envolvimento da guerrilha, mas não cheguei a lugar algum. Não pude encontrar nenhuma evidência e não cheguei a nenhuma fonte confiável. A hipótese que me pareceu mais provável, numa cidade que guardava a memória tão recente de estar sob o jugo das FARC, foi a de que sempre haveria boatos exagerando o alcance do poder e da influência da guerrilha. Para descartar de vez a ideia, no entanto, eu precisava investigar mais a fundo o detalhe mais impressionante em toda a história das quatro crianças: o fato de Cristin ter sobrevivido.

A explicação dada por Narciso de que as crianças haviam sobrevivido à base de *fariña* e frutas podia ter bastado nos dias imediatamente após o resgate, mas ela foi parecendo insuficiente à medida que não surgiam novos detalhes que a sustentassem. A mamadeira onde supostamente Lesly misturava *fariña* com água para dar à bebê havia sido encontrada pelos homens de Montiel no dia 16 de maio – o que significa que Cristin havia sobrevivido sem ela por quase um mês inteiro. Muitas vezes, os indígenas haviam explicado a repórteres incrédulos que era difícil para a mentalidade do homem branco compreender como as crianças Uitoto são criadas na floresta e como aprendem desde pequenas sobre as plantas e os animais. Se muitos olhares de fora só enxergam na Amazônia o "inferno verde" de *A Voragem*, as populações nativas veem a mata como a fonte de todos os seus recursos.

Essa explicação, entretanto, não parecia se alinhar às experiências relatadas pelas equipes de buscas formadas pelos próprios homens Uitoto, Muinane e Andoke. Eles me falaram de uma selva estéril e hostil, onde não havia a mesma abundância de frutas que conheciam na bacia do Caquetá-Putumayo. Se mateiros e caçadores tão experientes quanto eles haviam passado fome na margem do Apaporis, como explicar que quatro crianças foram capazes de sobreviver 40 dias no mesmo território? Uma parte da resposta para essa questão é bem óbvia: o organismo das crianças requer menos calorias. Elas são menores e estavam consumindo menos energia do que a despendida pelos homens na sua marcha incessante. Mesmo assim, eu ainda via com descrença a ideia de que aqueles quatro irmãos, e Cristin, em especial, tivessem conseguido encontrar fontes adequadas de nutrição durante um período tão extenso. Nas entrevistas investigativas que fiz, pude confirmar que Herman havia mesmo embarcado com uma quantidade considerável de *fariña* e que Magdalena costumava levar frutas para as crianças sempre que viajava. E uma pessoa que falou com Lesly após o resgate também me disse que havia sachês de leite em pó na bolsa de fraldas de Cristin. Mesmo assim, essa parecia uma lista muito escassa de suprimentos para durar 40 dias.

Eu resolvi ir até La Chorrera atrás de algo que me convencesse de que era possível que as crianças tivessem se sustentado sozinhas por mais de um mês. Numa tarde, em novembro, eu me vi sentado na *maloca* central da cidade, ouvindo longos discursos abastecidos pelo *mambé* serem proferidos pelos anciãos da tribo. O ar sob o telhado de palha trançada era quente e úmido, e, quando resolvi sair um pouco para me refrescar, caíram as primeiras gotas de chuva. Um raio riscou o céu no horizonte, e logo depois a *maloca* foi sacudida pelo estrondo de um trovão. Eu fui me abrigar debaixo de uma árvore próxima, onde havia duas mulheres Uitoto ao redor de um balde de plástico. A água dentro dele era de um tom marrom leitoso, e boiavam na superfície dela as cascas de *milpesos* à medida que as mulheres amassavam com os dedos a polpa das frutas. Quando perguntei a respeito, as duas me falaram efusivamente do suco poderoso que estavam preparando. Ele era melhor que o leite materno, uma delas afirmou. Para os Uitoto, era certo que aquela frutinha roxa havia sido crucial para a sobrevivência das crianças. Quando os indígenas da equipe de resgate chegaram, Lesly tinha uma semente da fruta na boca.

Naquele solo hostil ao redor do Apaporis, crescia justamente a espécie amazônica capaz de servir de alimento para um bebê de onze meses.

Em maio de 2024, a Aerocivil publicou o resumo da entrevista que Lesly dera aos investigadores da instituição para ajudar a determinar a causa do acidente com o avião. Nela, a menina confirma que o fruto da *milpesos* foi a principal fonte de alimento da irmã caçula na floresta. Não há nenhuma menção à *fariña* ou ao leite em pó, mas é possível que isso tenha sido um simples lapso. Lesly descreve também, no texto, os acontecimentos imediatamente anteriores e posteriores ao acidente com o HK-2803, que ajudam a explicar as suas ações e motivações. E que correspondem ao relato que ela havia feito aos seus familiares no hospital.

Essa entrevista acrescentou ainda elementos novos ao relato da experiência das crianças, que eram desconhecidos até então. Nos mapas da área das buscas que haviam sido publicados até o momento pelos militares, a rota seguida pelos irmãos na mata, conforme inferida pelos analistas, vinha marcada na forma de uma linha em amarelo brilhante. Ela segue rumo a oeste partindo dos destroços do avião até o ponto onde a mamadeira foi encontrada, depois vira para o norte antes de voltar a avançar de novo para o sul. Não havia qualquer linha indo na direção do Apaporis, a leste, onde Lesly contou aos investigadores da Aerocivil que conseguiu pegar um peixe usando um graveto pontudo, num relato em primeira mão que não tinha motivo para ser contestado. A menina tinha ouvido o piloto do avião dizer que estava indo na direção do rio e tinha visto o Apaporis pelas janelas da cabine, segundo explicou aos analistas. Ela sabia que o lugar mais provável para encontrarem algum povoado era na beira do rio, então lhe pareceu mais lógico caminhar na direção para onde o avião estava seguindo. É verdade que não houve marcas de pegadas nem outras evidências da passagem das crianças encontradas pelas equipes de buscas no terreno entre os destroços do Cessna e o rio, mas o mapa de rastreamento do GPS dos próprios militares mostra que esse trecho foi menos vasculhado pelos esquadrões em terra do que outras áreas mais para oeste e ao norte. Os sinais podem simplesmente não ter sido vistos.

Existem, entretanto, alguns elementos na entrevista publicada pela Autoridade de Aviação Civil que parecem mais confusos. Lesly declara que acabou encontrando outra vez os destroços depois de ter passado três dias caminhando sem rumo com os irmãos. Isso teria sido um golpe de sorte impressionante, considerando a dificuldade que os próprios soldados tiveram para localizar inicialmente o avião durante a sua primeira semana na selva, mas não impossível. A explicação dada por ela para o motivo pelo qual as crianças se esconderam das tropas parece um pouco mais estranha. Lesly diz que ouviu pessoas chamando o seu nome, mas que ficou com medo de o som estar sendo produzido por algum animal predador. Essa declaração parece contradizer a versão do relato que ela fez ao avô, quando disse que tinha se escondido deliberadamente debaixo de um tronco de árvore e abafado o choro de Cristin tapando com a mão a boca da irmã. Os dados do GPS mostram também que os soldados haviam vasculhado inúmeras vezes o local onde por fim aconteceu o resgate – e eles certamente passaram perto o suficiente para terem sido vistos pelas crianças. A meu ver, parece mais plausível concluir que Lesly realmente se escondeu, embora as suas motivações para ter feito isso – seja porque pensou que os vultos na mata eram guerrilheiros ou porque estivesse com medo de ser castigada, como disse Narciso num dado momento – não estejam tão claras.

Ainda assim, nenhum outro elemento da história mexeu mais com as emoções do público nem foi motivo de tantos debates quanto o caso do cão Wilson. Segundo Pedro Sánchez, Lesly contou a ele que um cachorro bem magro ficou junto com as crianças nos dias anteriores ao resgate. Narciso confirmou essa versão do relato na conversa que teve com os repórteres ainda no hospital. Em duas ocasiões diferentes, Soleiny contou para a sua tia Rosamira que foi o cachorro que espantou para longe uma matilha de cachorros-vinagre. Mas, na coletiva de imprensa convocada pela OPIAC no dia 16 de junho, o irmão de Magdalena insistiu que as crianças em nenhum momento tinham visto um cão. O relatório da Aerocivil também é categórico, afirmando que "não houve nenhum contato com outras pessoas durante a jornada delas, tampouco com um canino".

Esse relatório é um recurso importante para quem deseja entender melhor o que as crianças passaram na floresta. Enquanto eu tentava organizar a narrativa da versão mais provável para os acontecimentos, cruzei as informações contidas nele com relatos feitos pelos familiares e dados de outras fontes disponíveis. E era compreensível que houvesse algumas partes confusas ou contraditórias, pensei, considerando os dias intermináveis em que as crianças passaram fome, as noites de frio e chuva que atravessaram e o território desorientador onde estavam imersas.

Mas houve um último elemento do relatório que me deixou preocupado. Lesly, afirma o texto, "havia contado cuidadosamente os dias passados desde o acidente […] [facilitando] o trabalho da investigação ao organizar a cronologia dos aspectos que determinaram a sua sobrevivência". Entre outras informações divulgadas pela Aerocivil, ela teria sido capaz de determinar em quais dias ouviu aviões sobrevoando a floresta (entre o 10º e o 15º dia), quando o seu pé parou de doer (20º dia) e o dia em que encontrou o panfleto (30º dia). Esse dado me pareceu improvável. Para mim, foi como se houvesse duas versões de Lesly sendo apresentadas ao público: uma era a menina cuja cultura ancestral lhe deu os recursos para encontrar alimento numa selva hostil, mas também a levou a acreditar que as vozes dos soldados pudessem ser animais à espreita; a outra, uma mente racional e detalhista, que tratou de tomar notas mentais dos dias e acontecimentos até bem depois da altura em que a maior parte das pessoas já teria perdido o juízo nas mesmas circunstâncias. Isso me deixou com a sensação incômoda de que o depoimento que Lesly dera para a Aerocivil havia sido, de alguma maneira, orientado.

Se as crianças não viram nenhum cachorro, por que motivo apareceria um nos seus desenhos? Essa não era uma pergunta banal. E por que Lesly disse ao general Sánchez que só havia recolhido frutas caídas no chão, mas insistiu com a avó que havia subido em árvores para catá-las? E mais: uma menina indígena de nove anos de idade teria tido por si mesma a ideia de incluir a bandeira da Colômbia num desenho da floresta, sem ter sido orientada a fazer isso por algum adulto patriota? No estado físico ainda muito debilitado que estavam, e assoberbadas pelo tamanho da atenção que estavam recebendo, a impressão foi que ou havia alguém pondo palavras na boca das crianças, ou elas estavam altamente sugestionáveis em reação às pessoas que as visitaram.

O meu questionamento sobre a veracidade dos relatos não pretende subestimar a engenhosidade, a resiliência mental e a coragem demonstrada pelas crianças na floresta. Nem é uma tentativa de pôr em dúvida o papel determinante que a cultura Uitoto em que foram criadas teve para a sua sobrevivência. Com acesso a um suprimento suficiente de frutos da palmeira *milpesos*, é certo que elas teriam mesmo resistido sozinhas até o dia do resgate. Mas as diferenças entre a versão dos acontecimentos que foi passada aos parentes no hospital e o depoimento "redondo demais" dado aos investigadores da Aerocivil me levaram a suspeitar que esse último pudesse ter sido fortemente influenciado pelos adultos que visitaram os quatro irmãos durante o período em que eles ficaram abrigados numa casa de acolhimento infantil, nos últimos seis meses de 2023.

No entanto, pouca gente deu atenção às inconsistências quando o relatório da Aerocivil foi divulgado. Àquela altura, o público colombiano estava perdendo o interesse pela história depois que ela acabara por deixar um travo amargo na boca das pessoas. Na Colômbia, as facetas de *Encanto* e *Narcos* estão profundamente entrelaçadas: frequentemente, o mundo da magia é confrontado pela realidade sombria. No dia 11 de agosto de 2023, Manuel Ranoque foi preso em um parque na zona norte de Bogotá e levado ao Ministério Público.

Ele estava sendo acusado de ter estuprado Lesly Jacobombaire.

CAPÍTULO VINTE E UM
A batalha

Ao longo da Operação Esperança, o comprometimento inabalável de Manuel Ranoque com as buscas e a prontidão para conversar com os repórteres o transformaram na celebridade do momento, um herói para o povo colombiano. Mas, nos dias que se seguiram ao resgate, a língua solta começou a lhe causar problemas. No dia 11 de junho, vestindo jeans rasgados e um suéter de lã para se proteger do frio de Bogotá, Ranoque declarou aos repórteres reunidos na porta do hospital militar que tinha conversado com Lesly.

– A única coisa que [ela] me disse foi que a mãe continuou viva por quatro dias – contou ele. – E que, antes de morrer, falou a eles: "Saiam daqui. Vocês vão ver quem é o seu pai; ele sabe o que é o amor de pai e já demonstrou isso a vocês".

Olhando em retrospecto, isso soa como uma declaração improvável e que obviamente visa beneficiar Manuel. Mas, naqueles dias seguintes ao resgate, a imprensa do mundo inteiro estava ávida por qualquer notícia sobre o que as crianças haviam enfrentado na floresta, e muitos jornalistas publicaram a citação. Ela acrescentava uma nova camada de tragédia à história. Magdalena, presa no avião caído, vira-se forçada a mandar os filhos embora, priorizando a sobrevivência deles acima da sua própria. No entanto, a versão dos fatos oferecida por Manuel, na qual Magdalena usara suas últimas palavras para elogiar as suas qualidades como pai, acabou representando a gota d'água que faltava no conflito familiar que vinha se desenrolando nos bastidores do caso.

No dia seguinte, Narciso Mucutuy se pronunciou depois de ter visitado Lesly no hospital. A menina lhe dissera, ele declarou, que a mãe e os outros adultos a bordo do avião tinham morrido com o impacto da queda. Essa versão mais tarde foi confirmada pelo laudo provisório emitido pela Aerocivil, que afirma que os três passageiros adultos morreram devido a "traumatismos severos múltiplos, falência de órgãos e hemorragia grave". Dois dias mais tarde, Fatima falou à Rádio Caracol. "Lesly não queria passar nem perto [de Manuel]. Aliás, ela sentia vontade de morrer, porque ele tratava muito mal a sua mãe", foram as palavras dela. "A verdade é que ele tentou abusar de Lesly. Ele a levou [para dentro da floresta] e a agarrou, mas ela conseguiu escapar. Ela voltou correndo e disse à mãe que ele tinha vindo atrás e batido nela. O comportamento dele era muito abusivo." Os avós maternos das crianças declararam que pretendiam lutar pela custódia dos netos.

O ICBF anunciou que os menores continuariam sob a tutela do Estado por seis meses, enquanto seus direitos estivessem sendo restaurados – um procedimento habitual no país para crianças em situação de vulnerabilidade. Quando uma equipe de psicólogos começou a fazer as avaliações de praxe, Manuel foi proibido de visitar Lesly e Soleiny no hospital.

Um mês depois da sua prisão, a promotoria divulgou um documento descrevendo as acusações que pesavam contra Manuel Ranoque. Os abusos começaram quando Lesly estava com apenas dez anos de idade, o texto declara, e continuaram pelos três anos seguintes. O padrasto se aproveitava dos momentos em que ficava sozinho com a menor, enquanto a mãe estava trabalhando na *chagra* e os irmãos mais novos haviam saído de casa, para realizar diversos atos sexuais abusivos de violação carnal. O documento apresenta uma lista dos atos, que vão de beijos e apalpamento a diversas instâncias de violação. A investigação alega que Manuel teria dito a Lesly que, quando ela crescesse, os dois iriam se casar. Sempre que ela tentava revelar o abuso a algum dos membros da família, ele a ameaçava com a machadinha. Segundo as entrevistas feitas com Lesly pela promotoria, Manuel lhe dissera que, se continuasse a contar aquilo às pessoas, ele "ia matá-la e dar o corpo aos urubus".

Em novembro de 2023, eu tomei um barco rio acima para ir de Araracuara a Puerto Sábalo em companhia de Ismael Mendoza, pai de Herman, que estava então com oitenta e três anos. Chegar ao povoado onde Magdalena e sua família tinham vivido durante os quatro anos anteriores ao acidente não foi uma tarefa fácil. Depois de uma viagem de doze horas de ônibus entre Bogotá e San José del Guaviare, nós tínhamos voado de lá para Araracuara a bordo de um avião cargueiro Antonov que levava materiais de construção, utensílios domésticos e engradados de cerveja Aguila. Quando chegamos ao embarcadouro em Puerto Arturo, Ismael conduziu as negociações com um dos barqueiros para que ele nos levasse pelo trajeto de três horas rio acima, atravessando desfiladeiros e corredeiras, até Puerto Sábalo.

Para além dos desafios logísticos, a grande questão era a segurança. O trecho rio acima, passando de Araracuara, era um território que continuava sob o controle do EMC. A chegada de qualquer forasteiro não passaria despercebida para os informantes que o grupo mantinha na localidade. Dois meses antes, uma equipe de TV da imprensa estrangeira tivera o acesso negado, mas na época da minha visita a situação da segurança nesse trecho do rio Caquetá havia melhorado um pouco. Em outubro, as Forças Armadas da Colômbia haviam divulgado a notícia da morte de El Gato, o guerrilheiro acusado de ter matado quatro crianças indígenas em maio. Na ocasião, o exército afirmou que ele morrera numa troca de tiros, mas o EMC acusou os soldados de terem executado El Gato depois da sua captura. No acampamento do guerrilheiro, haviam sido encontradas armas de fogo, granadas de mão e uma garota indígena de quinze anos que ele havia recrutado para o grupo armado e tomado como parceira sexual. Duas semanas depois, o governo anunciou um cessar-fogo de dois meses com o EMC e iniciou negociações de paz com os guerrilheiros.

Na sua cozinha de defumação à beira do rio, uma velha senhora Uitoto me disse que a sensação de segurança na região havia aumentado, mas mesmo assim não se sentiu à vontade para revelar seu nome. Ela nos ofereceu suco de abacaxi e costela de anta defumada antes de nos despedirmos.

Ismael atracou-se depressa com o petisco, arrancando nacos de carne do osso com sua dentição perfeita. Haviam me aconselhado a não partir de Araracuara para visitar o *monte* rio acima sem a companhia de um guia experiente e que tivesse bons contatos na região. Ismael era perfeito para essa função, além de ser uma ótima companhia. Nós havíamos nos encontrado diversas vezes em Bogotá antes dessa viagem, e na capital ele sempre me passara a imagem de ser um homem acanhado, com o corpo franzino soterrado pelas muitas camadas de roupas que usava para se proteger da friagem andina. Mas estar na floresta pareceu revigorá-lo. Ele subiu e desceu a pé o *tepui* em Araracuara. No rio, saltava da canoa para amarrar as cordas na margem lamacenta com o entusiasmo de um menino. No trajeto, ele apontou o que restava da velha colônia penal de Araracuara, recordando os velhos tempos em que trabalhara como guarda por lá – os edifícios de tijolos agora estavam cobertos pela vegetação, os antigos ranchos de gado devolvidos ao domínio das árvores e o maquinário enferrujado de uma velha serraria parecia uma locomotiva a vapor perdida na selva.

À noite, no entanto, quando estávamos os dois sem camisa deitados em nossas redes nas palafitas, ele parecia se render ao desalento. Na juventude, Ismael se ressentia da maneira como era tratado pelos patrões brancos e pelos prisioneiros. Mas, com a desativação da colônia penal, a pista de pouso e a estrada que serviam a Araracuara haviam se deteriorado drasticamente.

Para o Povo do Centro, nativo da região, hoje só é possível encontrar trabalho pago nas madeireiras ilegais, no garimpo ou servindo como mulas para o tráfico. Ismael não acredita que os créditos de carbono, que são a promessa da vez, vão trazer benefícios reais para a comunidade. Ele disse estar preocupado com a situação de segurança nos povoados ribeirinhos e recordou que fora uma ameaça das FARC que o obrigara a deixar de vez a sua comunidade para trás. Ao som do *reggaeton* vindo dos alto-falantes de um bar próximo, Ismael, um católico praticante que quase não bebeu na vida, lamentou o alastramento do alcoolismo entre o seu povo e a decadência da cultura indígena que ele se recordava de ter vivido ativamente na juventude. E agora, o seu filho mais velho, Herman, que havia se engajado na luta para deter essas mudanças, que havia empregado a educação que recebera em Bogotá para lutar pelos direitos dos indígenas, estava morto.

Quando nós chegamos a Puerto Sábalo, a *maloca* onde Lesly e os irmãos tinham vivido estava abandonada, sem as placas de ferro corrugado que formavam as paredes e sem muitos sinais de que ali um dia vivera uma família. A *chagra* cuidada por Magdalena, no entanto, continuava viçosa, cheia de pés de mandioca. William Castro, que fora um dia o braço direito de Manuel Ranoque, convidou-nos para irmos à sua casa. Depois que terminou de nos falar sobre os primeiros anos que Manuel e Magdalena viveram em Puerto Sábalo, ele passou a recordar os acontecimentos do início de abril de 2023.

– Os problemas começaram antes do negócio com os créditos de carbono – falou Castro. No começo do ano, tendo sido eleito havia pouco tempo governador da localidade, Manuel fora mandado a Bogotá para tentar formalizar o reconhecimento oficial de Puerto Sábalo como município perante o Estado colombiano. Para isso a comunidade precisava ter um número de registro fiscal e uma conta bancária, e era preciso atualizar os dados censitários. Ele viajou levando 6 milhões de pesos tirados do orçamento comunitário do povoado, o equivalente a cerca de US$ 1.500, para cobrir suas despesas.

Dias depois de ter chegado à capital, Ranoque enviou uma mensagem informando que a quantia era insuficiente, e lhe enviaram outros 5 milhões de pesos. Mesmo com os recursos extras, Manuel não conseguiu cumprir o que fora fazer lá. Ele alegou que tinham lhe roubado o dinheiro. Mas outros *paisanos* que viviam na cidade contaram a William que o governador fora visto bebendo e frequentando clubes noturnos quase todas as noites. Fatima, que também estava em Bogotá nessa época, viu Manuel jantando com uma ex-namorada no restaurante de um hotel.

Quando retornou para Puerto Sábalo, o governador do povoado levou consigo a ex-namorada. William ficou furioso, tanto por causa do desperdício de dinheiro quanto pela forma como Manuel retornou à comunidade.

– Eu disse que ele tinha ferrado tudo – se recorda. – Que tinha perdido minha confiança [...] Mas ele estava todo arrogante e falastrão.

A ex passou uma semana instalada na casa do pai de Manuel, mas ele começou a dizer a William e a quem mais quisesse ouvir que pretendia viver sob o mesmo teto com duas namoradas. E também a falar para os garotos do povoado que era assim que os homens de verdade viviam, para grande humilhação de Magdalena. Afinal, não era essa a maneira como o restante da comunidade católica da localidade vivia. E, embora fizessem festas ocasionais para celebrar algum casamento ou data comemorativa, eles não estavam acostumados a beber álcool todos os dias nem com a música alta que vinha da *maloca* de Manuel.

– Eles começavam a beber, a coisa logo virava uma discussão e acabavam indo brigar do lado de fora – conta William.

Ele deu a Manuel um prazo de três dias para mandar a ex embora, mas o casal ignorou o ultimato. Um dos irmãos de Magdalena chegou com um rifle para ameaçar Manuel, mas ele conseguiu escapar. Quando Magdalena recusou-se a aceitar o modo de vida que o companheiro queria lhe impor, ele começou a agir com violência física. Ela passou a ir se banhar no rio de manhã bem cedo, para não chamar atenção para os hematomas, mas não demorou a ser questionada pelas mulheres do povoado e acabou contando a elas sobre as agressões. Depois que começou a ser alvo da antipatia dos moradores locais, Manuel começou a falar em se mudar com Magdalena para outro povoado.

– Eu disse a eles que podiam ir viver onde quisessem, mas que se não mudassem o jeito de agir iriam encontrar os mesmos problemas em qualquer lugar, fosse Bogotá, Suíça ou Estados Unidos – diz William.

Uma noite, no começo de abril, os moradores ouviram gritos vindos da *maloca*. Manuel estava batendo em Magdalena com a parte chata da lâmina de seu facão. Fotos tiradas no dia seguinte mostram as costas e o pescoço dela cobertos de manchas roxas. William diz que Manuel também batia nas crianças. Em meio aos gritos trocados pelo casal, os vizinhos ouviram uma acusação terrível: Magdalena berrou que Manuel havia tentado abusar de Lesly. A versão dos acontecimentos relatada por William coincide com a declaração dada por Fatima Mucutuy à imprensa, dias depois do resgate.

A comunidade inteira ficou furiosa com Manuel, e William viu-se obrigado a agir. Ele sabia que Ranoque tinha um histórico de violência e uso de drogas, e sabia também que essa confusão mais recente acabaria atraindo a atenção dos guerrilheiros, os quais muito provavelmente decidiriam pela execução sumária.

William convocou uma assembleia de emergência na comunidade, e todos votaram para que Manuel fosse removido do posto de governador. Eles também deliberaram sobre a punição que seria aplicada a ele. O artigo 246 da Constituição colombiana garante autonomia aos povos indígenas para aplicar as próprias leis em seus territórios. Os Nasa, que vivem no sudeste do país, punem as ocorrências ligadas ao uso de drogas com chibatadas nas panturrilhas da pessoa culpada, seguidas da aplicação de uma água curativa com infusão de plantas sagradas para simbolizar a sua reintegração à comunidade. Em caso de crimes mais graves, o povo Ticuna, do Amazonas, pode condenar o culpado a ser amarrado a uma árvore e exposto às picadas doloridas de formigas gigantes. Há também punições que são simbólicas. Para os Kichwa, que habitam a região da fronteira entre Colômbia e Equador, os cabelos longos são um símbolo de conhecimento e um sinal de respeito conquistado. Portanto, cortar as madeixas de um Kichwa é um ato de humilhação e é considerado uma punição severa.

Em Puerto Sábalo, os anciãos mascaram seu *mambé* e decidiram que Manuel precisava purgar as forças destrutivas do seu corpo e da sua alma. Para isso seria necessário ingerir 200 gramas de *ambil* na forma líquida, uma dose suficiente para expulsar o mal ou, muito possivelmente, acabar sendo fatal.

– A purga pode curar alguém moral e psicologicamente, uma nova pessoa pode nascer do processo – explica William.

Ainda assim, o uso de tamanha quantidade de *ambil* não era um recurso comum. Os anciãos se recordavam de uma única vez em que essa punição fora usada. Manuel, que nunca fora um fã da medicina tradicional indígena, e que dois meses mais tarde acabaria tendo uma reação ruim ao *yagé* oferecido por Don Rubio, decidiu que era melhor não correr o risco. Assim que soube da punição que caberia a ele, tratou de desaparecer do povoado, partindo de *lancha* no meio da noite.

No relato que William faz dos acontecimentos, não chegou a existir nenhuma ameaça do EMC feita a Manuel. Ele fora expulso pelos próprios moradores, que não podiam mais fazer vista grossa para o seu comportamento abusivo.

– O que estão dizendo que Magdalena sofria reflete a realidade de muitas mulheres da floresta – diz Maria Kuiru, governadora de uma das comunidades que formam La Chorrera.

Maria prefere ser chamada pelo seu nome indígena, Jitomakury. Nós conversamos à beira da pista de pouso local, onde ela estava trajando calça jeans e tênis e usava um chapéu de palha para se proteger do sol do meio-dia. A governadora foi paciente com as minhas perguntas, mesmo quando responder a elas era frustrante ou doloroso. Há mais de trinta anos, a líder indígena vem lutando para conseguir maior proteção para as mulheres e crianças da Amazônia.

Os Uitoto sempre tiveram uma sociedade patriarcal, e seu pai era um produto desse meio. O destino, no entanto, o presenteou com oito filhas, todas elas de personalidade rebelde, segundo conta Jitomakury. Ainda adolescente, ela começou a fumar – não porque apreciasse o gosto do tabaco, mas porque os homens do povoado lhe haviam dito que não podia. Aos vinte anos, tornou-se a primeira governadora em La Chorrera. Os outros vinte homens que ocupavam o posto na comunidade a encaravam com curiosidade e estranheza.

Jitomakury foi uma pioneira. Hoje, existem oito governadoras nas vinte e duas comunidades de La Chorrera. Desde o final dos anos 1980, as políticas de abrangência nacional e mudanças culturais acabaram com algumas das práticas mais patriarcais da comunidade.

– As mulheres tomaram as rédeas, nós nos fortalecemos e começamos a exigir nossos direitos – explica a governadora.

O costume dos casamentos arranjados entre os clãs, que já foi muito comum, está praticamente extinto, e novas leis sobre a idade mínima de consentimento sexual ajudaram a reduzir o número de meninas que se veem casadas assim que começam a menstruar. Foi inaugurado um posto do ICBF em La Chorrera, e com ele abriu-se o caminho para processos criminais por causa da violência de gênero. Apesar desses avanços, nos últimos cinco anos a área municipal de La Chorrera teve uma das mais altas taxas de casos de violência doméstica e abuso sexual de toda a Colômbia. O mais frequente, explica Jitomakury, é que os casos de abuso ou estupro sejam resolvidos entre as famílias envolvidas, com o culpado pagando alguma forma de compensação. As crianças, que são deixadas em casa enquanto as mães vão trabalhar nas *chagras* ou então são mandadas para estudar em internatos longe da comunidade dos seus pais, acabam ficando especialmente vulneráveis. Muitas vezes o abuso é cometido por um membro da própria família. Houve um caso, ela conta, em que a mulher sabia que o marido estuprava suas filhas, mas ficou calada por medo. Existem também dezenas de casos de menores abusados sexualmente por funcionários de instituições públicas – incluindo professores, padres e soldados – na área ao redor de La Chorrera. Sem uma presença policial, muitas outras ocorrências nem chegam a ser denunciadas, diz um promotor público que atuava na região e que em 2020 denunciou o estado de abandono sistemático por parte do Estado e o pacto de silêncio vigente nas comunidades indígenas.

Nem sempre foi assim. A cultura Uitoto, com o seu foco na vida e na abundância, sempre valorizou as mulheres por sua capacidade de gerar vidas e costumava reverenciá-las. Em quase a totalidade dos casos de violência doméstica e sexual que chegaram ao conhecimento de Jitomakury, havia álcool ou drogas envolvidos.

– Nós estamos presenciando uma perda da nossa cultura – diz ela. – Fomos golpeados duramente pela civilização ocidental, primeiro com a exploração da borracha, depois com a explosão da demanda por peles de animais e, agora, com a coca. Foram eles que trouxeram consigo o álcool, a música alta e o desejo por bens de luxo, criando condições para que os abusos aconteçam.

Vivendo num trecho remoto à margem do rio Caquetá, Magdalena e seus filhos estavam ainda mais vulneráveis do que em La Chorrera. Não apenas não havia a presença do ICBF no povoado, como polícia e exército não ousavam sequer pôr os pés em Puerto Sábalo. Eles então só podiam buscar apoio na própria comunidade, e não seria fácil conseguir a intervenção de alguém. As famílias em geral tratavam cada uma apenas dos seus próprios assuntos, segundo William Castro; além disso, Manuel Ranoque já tinha conquistado autoridade suficiente na comunidade para ser nomeado governador. A quem Magdalena poderia recorrer?

No dia seguinte àquela última briga, Magdalena foi embora de Puerto Sábalo. Pela manhã, ela não conseguiu encontrar Lesly, Soleiny nem Tien em lugar nenhum.

– Ela levou [Cristin]. Chegou a procurar pelas outras crianças, mas não as achava – William Castro conta. – Ela queria só acordar daquele pesadelo, esquecer o que havia acontecido. Estava muito, muito ferida, mas Magdalena era forte. Por fim, ela desistiu de procurar. O irmão chegou numa *lancha* para transportar a ela e a Cristin até Chukiki.

Esse poderia e talvez devesse ter sido o ponto final da história. Manuel poderia ter seguido a vida em Bogotá, como mais um dos milhões de colombianos forçados a abandonar suas comunidades rurais. Magdalena e sua família poderiam ter ficado em Puerto Sábalo ou em Chukiki, a salvo do seu abusador.

Durante o tempo que ela passou em Chukiki, familiares de Magdalena contam que a viram falando animadamente ao celular. Num dado momento, ela aparentemente tomou a decisão de seguir o plano de Manuel e deixar Puerto Sábalo para viver em Bogotá. As motivações por trás disso, considerando as agressões que vinha sofrendo e o seu conhecimento da ameaça que Manuel representava para Lesly, são difíceis de desvendar. William diz que a comunidade de Puerto Sábalo chegou à conclusão de que Magdalena era masoquista. Fidencio Mucutuy, tio da moça, afirma que Manuel havia feito uma "lavagem cerebral" nela, com promessas de uma casa e dinheiro na capital. A família tentou impedir que ela partisse. Fidencio declarou à imprensa local em julho de 2023 que tinha sido ele a pessoa que ligou para a empresa que operava os voos de carga para pedir que recusassem o embarque de Magdalena.

Mas ela estava irredutível. Em Araracuara, enquanto tentava sem sucesso embarcar em algum avião cargueiro, ela continuou em contato com Manuel, pedindo-lhe que pressionasse a polícia a priorizar o seu transporte em segurança para longe das ameaças dos guerrilheiros. Nada indica com certeza, entretanto, que Magdalena estivesse de fato planejando viajar até Bogotá ou ir morar com Manuel na cidade. Entre os Uitoto há quem especule, como a sua amiga de infância Diana Rodriguez, que a intenção de Magdalena não era embarcar no ônibus para Bogotá, e sim ficar na casa de um parente em San José del Guaviare. Ela talvez tivesse decidido escapar da floresta e de Manuel de uma vez só. As verdadeiras razões que tinha para fazer isso talvez nunca sejam conhecidas.

Na noite em que Manuel agrediu Magdalena, Lesly pegou Soleiny e Tien e os levou para fora de casa. Ela conduziu os irmãos pela trilha estreita de terra batida que serpenteava pelo meio da *chagra*, ajudando-os a cruzar os riachos nas tábuas estreitas estendidas por cima da água. Eles seguiram morro acima, passando pelo campo de futebol e pela casa minúscula onde funcionava a escola local, bem no topo, com vista para o povoado lá embaixo. E foram adiante. Lesly se embrenhou com eles na escuridão do *monte*, onde as copas das árvores tapavam o brilho das estrelas. Lá, ela fez um abrigo com folhas de palmeira e puxou os irmãos bem para perto de si.

Em novembro de 2023, eu refiz esse caminho guiado por um amigo de Lesly. Ele foi olhando para a floresta dos dois lados da trilha enquanto caminhávamos e identificando todas as frutas que cresciam ali. *Canangucho, camu-camu, juan soco, milpesos*. Ele me contou que Lesly e as crianças muitas vezes sumiam de casa durante as discussões acaloradas e regadas a álcool entre Manuel e Magdalena. Algumas vezes, eles voltavam na mesma noite, depois que os gritos tivessem cessado. Em outras, retornavam na manhã seguinte. Nessa ocasião, eles passaram três dias na floresta antes de aparecer de volta em Puerto Sábalo e enfim ser levados para ficar com Magdalena e Cristin em Chukiki. Nesse tempo, Lesly alimentou os irmãos com as frutas e sementes das árvores, graças aos conhecimentos que havia adquirido da mãe.

CAPÍTULO VINTE E DOIS
Custódia

Em 14 de julho de 2023, depois de terem passado pouco mais de um mês no hospital militar, as quatro crianças foram transferidas para um abrigo da ICBF nos subúrbios ao norte de Bogotá. Era uma casa acolhedora e espaçosa, onde moravam sessenta crianças. As salas de brincadeiras e os dormitórios ficavam espalhados entre amplos jardins e tinham telhados pontudos, que lembravam os de um povoado indígena tradicional. A instituição recorreu a medidas extraordinárias para assegurar o bem-estar dos quatro irmãos. Cuidadores da etnia Uitoto foram contratados para que falassem com eles na sua língua nativa. Uma pequena *chagra* foi criada para que pudessem plantar e colher alimentos. Os visitantes levavam suas comidas preferidas – *fariña*, peixe defumado e frutas da floresta –, e as outras crianças do abrigo passaram a conhecer os aromas da culinária amazônica.

O apetite de Tien, nessas ocasiões, impressionava os cuidadores. Com cinco anos de idade, ele era sempre o primeiro a raspar o prato e a pedir para repetir a comida, e muitas vezes precisava ser lembrado da importância de saber dividir com os outros. Mas, com seu jeito agitado e traquinas, ele costumava também arrancar mais risos do que broncas dos adultos ao redor. Numa das visitas regulares que fazia às crianças, o general Pedro Sánchez se recorda de um breve momento de pânico, quando achou que tivesse perdido sua boina, que logo apareceu na pequena cabeça de Tien, cobrindo toda a testa do menino enquanto ele marchava com a mão erguida, entoando: "Eu sou o general!".

Soleiny também se adaptou depressa. Falante e extrovertida, ela logo fez amigos e passava o tempo brincando com eles e ajudando as crianças menores. Lesly, no entanto, continuava calada e com ar distante. Ela preferia passar seu tempo pintando e, ao menos nos primeiros meses, era quem menos interagia com as outras crianças. À noite, os pesadelos eram constantes, muitas vezes envolvendo a morte da mãe. No entanto, apesar de cada um dos irmãos ter reagido de forma diferente ao tempo passado no abrigo do ICBF, os três tinham o mesmo desejo: voltar para o território Uitoto.

Segundo o protocolo da instituição, sempre que se determina que uma criança está em risco de sofrer violência ou maus-tratos e não existe um ambiente doméstico capaz de garantir a sua segurança, é preciso abrir um processo de "restauração de direitos". Inicialmente, pelo menos, o ICBF declarou que daria preferência para que as crianças fossem alojadas todas juntas. Isso parecia ser um ponto a favor de a custódia ser entregue a Fatima e Narciso Mucutuy, os avós maternos dos quatro irmãos. Com as acusações graves e plausíveis contra Manuel Ranoque, ele deixara de ser considerado uma possibilidade, mas a sua irmã, moradora de Puerto Sábalo, havia entrado com um pedido pela guarda de Tien e Cristin. E Andrés Jacobombaire queria que Lesly e Soleiny voltassem a viver com a sua família. A alegação dele era que as meninas tinham outros dois irmãos por parte materna e paterna, Angie e John Andrés, que ainda viviam em La Chorrera – um fator que o ICBF parecia não estar levando em consideração.

Ao longo de toda a busca pelas suas filhas, Andrés tinha ficado longe dos holofotes. A sua fragilidade física o impedira de se juntar às equipes de resgate, e ele tinha se sentido frustrado ao ouvir as declarações dadas por Manuel Ranoque aos repórteres da TV e das rádios. Manuel não apenas ouvira os jornalistas se referirem a ele como pai das quatro crianças sem corrigir a informação, como parecera interessado em endossá-la. Nos primeiros dias da operação, quando os familiares dos passageiros ainda estavam aguardando notícias sobre o avião acidentado no hangar do aeroporto em Villavicencio, ele havia se apresentado como marido de Magdalena. E isso não era verdade, já que ela não chegou a se divorciar de Andrés. Rosamira conta que confrontou Manuel no escritório da Avianline quando soube que ele pretendia requerer que Lesly e Soleiny tivessem o sobrenome Ranoque. E ela afirma que, durante essa discussão, Manuel disse ter os documentos de registro civil nomeando-o pai das duas meninas. Mas em nenhum momento chegou a ser apresentado papel algum, e nos registros oficiais a paternidade das menores é atribuída a Andrés. Mesmo assim, nunca foi esclarecido ao público colombiano que as quatro crianças perdidas tinham dois pais diferentes. Quando se encontrou pela primeira vez com Pedro Sánchez junto ao leito de Lesly no hospital militar, Andrés conta que o general se surpreendeu ao saber que ele era o pai da menina.

Depois desse primeiro reencontro, Andrés, Rosamira e Jairo retornaram ao hospital nos dois domingos seguintes, durante os horários de visita. Eles levaram alimentos e brinquedos para as meninas e mostraram a Lesly e a Soleiny fotografias da casa onde elas tinham passado os primeiros anos de vida, em La Chorrera, e fotos dos seus irmãos Angie e John Andrés. As duas se lembravam da irmã e do irmão e, segundo Andrés e Rosamira, disseram que queriam voltar a morar perto deles. A essa altura, diz Andrés, o seu único pensamento era garantir o bem-estar das filhas. Mas, na última visita que fez a elas no hospital, no dia 31 de julho, ele foi convidado a tomar um café com a família Mucutuy.

Ao longo dos dois meses anteriores, as duas famílias haviam se aproximado enquanto compartilhavam a ansiedade com as buscas, o luto pela morte de Magdalena e o alívio pelo resgate das crianças. Andrés tinha grande estima por Narciso, desde a visita que fizera a ele em Puerto Sábalo, muito tempo antes. Mas, nesse dia no hospital, foi apresentado pelo sogro a um advogado que quis convencê-lo a assinar papéis que, segundo alegou, garantiriam que as crianças não seriam mantidas sob a tutela do ICBF. E, diante da sua recusa em assinar qualquer coisa, Andrés conta que o sujeito ficou furioso. Isso marcou os primeiros momentos da interminável batalha legal pela guarda das crianças.

Rosamira, que já havia trabalhado fazendo faxina no apartamento de um advogado na zona norte de Bogotá, resolveu buscar a opinião profissional dele. Fredy Quintero é um sujeito de ar bonachão, com um princípio de calvície e nada do ar pomposo que é comum encontrar nos grandes escritórios de advocacia da capital colombiana. Nós nos encontramos diversas vezes entre o fim de 2023 e o início de 2024, e a cada encontro ele se mostrava mais perplexo com o rumo que o caso estava tomando. A primeira ação de Quintero foi pedir para ver o contrato que haviam pedido que Andrés assinasse. Diante da recusa da outra parte, o advogado concluiu que os termos do documento deviam ser prejudiciais ao seu cliente. De todo modo, pensou ele, a lei era bem clara: na eventualidade da morte de um dos pais biológicos, a guarda dos filhos pertencia por direito ao genitor sobrevivente, que nesse caso era Andrés. A pedido de Rosamira, Quintero estava atuando como representante legal de Andrés.

– Eu achava que seria um caso simples de transferência da custódia legal – Quintero diz –, mas logo fiquei com a impressão de que o ICBF estava determinado a tirar Andrés da equação. O primeiro sinal disso foi a omissão de informações por parte do instituto, ele explica.

Quando as crianças tiveram alta do hospital, Andrés não foi avisado. No dia 6 de julho, o presidente Petro conduziu uma reunião na Casa de Nariño, o palácio presidencial em estilo neoclássico no Centro de Bogotá. Nela, estiveram presentes Astrid Cáceres, diretora do ICBF, Fatima e Narciso Mucutuy. Após o encontro, Cáceres relatou à imprensa que o governo destinaria recursos para assegurar o futuro econômico das crianças e que a reunião havia sido uma "conversa amigável", em que "os familiares tiveram a oportunidade de apresentar seus argumentos ao presidente". Mas Andrés e a sua família não estavam presentes.

A missão de alojar as quatro crianças juntas era complicada, pelo fato de que as três mais velhas tinham preferências diferentes. Desde o primeiro momento, Soleiny havia deixado claro que queria voltar para La Chorrera e ficar perto dos irmãos mais velhos. Lesly, no entanto, pareceu ter mudado de ideia durante a estada no hospital. É sabido que Andrés esteve com a filha por três vezes nesse período. Essas visitas, segundo ele próprio relata, foram momentos de alegria, nos quais a filha se mostrou aberta à ideia de se reconectar à família paterna. Tanto Andrés quanto Rosamira afirmam que Lesly chegou a dizer que queria voltar para La Chorrera, para a casa onde passara a infância.

No abrigo do ICBF, no entanto, a postura de Lesly mudou. Nas visitas feitas pelos Jacobombaire, Soleiny parecia alegre e falante como sempre e corria para abraçar o pai e a tia. E Tien sempre dava um jeito de escapar do alojamento para brincar de luta com Jairo, a quem se afeiçoara e passara a chamar de "tio". Lesly, entretanto, ficava recolhida no dormitório. A menina estava chateada, segundo me disse uma pessoa que conversou com ela nesse período, com o fato de o pai querer vê-la agora, mas nunca ter tentado fazer isso ao longo dos seis anos em que ela viveu em Puerto Sábalo.

Essa alegação magoou Andrés. Ele insiste que tentou de muitas maneiras convencer Magdalena a lhe devolver as filhas durante o afastamento do casal. A batalha legal pela custódia se acirrou. As acusações voavam de parte a parte, sobre questões presentes e passadas. Andrés disse que os Mucutuy tinham feito a filha mais velha se voltar contra ele. Fatima acusava Andrés de ter sido abusivo com Magdalena. Manuel dizia que Fatima era uma bêbada e que nunca havia ligado muito para os netos antes do acidente.

Na primeira audiência do caso, em dezembro de 2023, depois de seis meses de deliberações, o ICBF não havia chegado a uma conclusão sobre quem deveria ser apontado pelo instituto em tribunal como o tutor mais adequado para as crianças, e decidiu estender por mais seis meses o prazo para a restauração de direitos dos menores. Em junho de 2024, o prazo foi novamente estendido. Na Colômbia, é comum que processos envolvendo a tutela de menores acabem se perdendo nas brechas do sistema judiciário, mas num caso com tamanha repercussão pública a demora parecia inexplicável. A essa altura, pelo menos, os Jacobombaire e os Mucutuy estavam novamente unidos na sua frustração pela morosidade nas deliberações do ICBF. Um ano não era tempo suficiente para terem avaliado as argumentações de cada uma das famílias em seus pedidos pela guarda das crianças? E, mesmo que nenhuma das partes reunisse as condições necessárias, eles poderiam ter entregado a custódia a uma família provisória nesse meio-tempo, proporcionando o retorno de alguma normalidade às vidas dos quatro irmãos.

Qual era o motivo para tanta demora? Por que a guarda de Lesly e Soleiny não havia sido entregue a Andrés já na primeira audiência? Por que ele não havia sido convidado para a reunião na Casa de Nariño? Eu apresentei todas essas questões ao ICBF, mas não obtive resposta.

Enquanto escrevo estas palavras, o caso judicial pela custódia das crianças continua em andamento, e as informações referentes a ele estão protegidas por confidencialidade. Por meio de conversas com pessoas que estão a par do desdobramento do processo, entretanto, eu pude ter uma ideia geral da natureza das acusações feitas pelas partes e das motivações por trás delas. E só o que posso afirmar a respeito é que toda essa batalha legal me fez lamentar por Lesly, que, depois de tudo que teve que enfrentar na floresta, estava sendo submetida a outro tipo de provação. A minha sensação foi de que ela agora estava sendo manipulada como parte da disputa entre adultos interessados em influenciar o relato da menina sobre os fatos. Essa seria uma explicação possível para as inconsistências entre o que ela contou à família e a versão que deu mais tarde aos investigadores da Aerocivil. Mas quem, além dos familiares, estava visitando as crianças no abrigo? Mais uma vez, o ICBF me deixou sem resposta.

A história das crianças agora estava valendo muito dinheiro. Na semana seguinte à publicação no *The Guardian* das matérias que escrevi sobre o resgate, eu recebi meia dúzia de e-mails de documentaristas querendo ajuda para conseguir "acesso" às crianças e aos familiares. Minha resposta a todos eles foi tentar explicar que elas ainda estavam muito debilitadas e se recuperando no hospital, além de provavelmente traumatizadas por tudo que haviam passado. Só dali a alguns meses, eu imaginava, elas seriam capazes de falar sobre o que haviam enfrentado.

Ainda assim, no dia 22 de junho, enquanto os quatro irmãos ainda estavam no hospital militar, Gustavo Petro anunciou no perfil presidencial do X que Simon Chinn, vencedor de dois Oscars, se juntaria à equipe da emissora de televisão estatal RCTV para gravar um documentário sobre a Operação Esperança e o tempo que as crianças haviam passado na floresta. Não se sabe quais foram as bases legais para o governo e a emissora terem divulgado essa notícia. A lei colombiana estabelece que decisões dessa ordem envolvendo menores de idade competem aos seus tutores legais. O que, no caso de Soleiny e Lesly, corresponderia a Andrés Jacobombaire. O *patria de potestad,* ou poder parental, só pode ser removido em caso de abandono ou abuso. Andrés nunca havia abandonado as filhas – em vez disso, as meninas foram levadas para longe dele. Na segunda metade de 2023, quando outros parentes das crianças e membros das equipes de resgate já haviam aceitado ofertas em dinheiro para participar de documentários produzidos às pressas sobre o caso, Andrés se recusava a fazer quaisquer declarações públicas.

Foi apenas em fevereiro de 2024 que representantes da equipe de documentaristas apoiada pelo presidente fizeram contato com Quintero, depois de terem reconhecido Andrés como o mais velho representante legal das crianças. Ele me relatou que seu maior sonho era assegurar o futuro financeiro de Lesly e Soleiny, para que as meninas tivessem a oportunidade de viajar e estudar no exterior. E o contrato com os documentaristas lhe dava a chance de fazer isso. Toda a renda obtida com o filme seria investida num fundo em benefício dos quatro sobreviventes do HK-2803, que teria gestão do ICBF juntamente com uma ONG local.

Em maio de 2024, Lesly e Soleiny foram entrevistadas diante das câmeras pela equipe do documentário. Em agosto, Quintero ajudou as duas a preencher a documentação necessária para obterem seus passaportes e vistos de entrada nos Estados Unidos. O filme tinha a estreia prevista para o final do ano, quando as crianças provavelmente ainda estariam sob a tutela do ICBF, mas o plano era que elas pudessem comparecer à sessão de estreia.

Em junho, o ICBF divulgou uma atualização do caso em razão do aniversário de 1 ano do resgate das crianças. A fotografia publicada mostrava os quatro sentados juntos num gramado, com os braços abertos e rostos sorridentes. As crianças estavam seguindo seus estudos, o boletim afirmava, e contavam com o apoio de uma equipe especializada em direitos indígenas para que não perdessem o contato com a sua cultura nativa, mesmo enquanto permanecessem afastadas do seu território. "Nós todos temos uma dívida de gratidão com os irmãos Mucutuy", o texto concluía, "por eles terem unido o povo colombiano em prol de uma causa única".

Mas pessoas que estavam em contato direto com as crianças afirmaram que elas na verdade estavam entediadas e frustradas depois de um ano inteiro vivendo no abrigo em Bogotá. O seu desejo era voltar para junto das suas famílias.

Epílogo

Um ano depois da operação de resgate, a decoração estéril da sede do CCOES em Bogotá ganhou um toque de cor. No átrio da entrada do edifício, uma ampliação gigantesca do mapa da área de buscas cobre a parede. Uma teia de linhas amarelas indica as rotas da varredura feita pelos soldados ao longo das cinco semanas na floresta, e uma galeria de fotos mostra as patrulhas dos soldados, os rostos estoicos dos voluntários indígenas e cenas dramáticas da remoção das crianças feita pelo helicóptero. Em contraste com a estante de troféus e os suvenires da guerrilha escondidos no corredor do terceiro andar, a nova instalação logo na entrada do edifício representa o apoio integral e destacado à missão humanitária de maior repercussão pública empreendida pelas Forças Armadas do país.

Depois desse tempo todo, o general Pedro Sánchez já se habituou a dar entrevistas. Nos últimos doze meses, ele se tornou um rosto conhecido na mídia local, sendo uma presença constante em programas de TV e eventos literários e transformando-se possivelmente no militar mais conhecido da história colombiana recente. Muita coisa mudou, e mudou depressa, para o homem que enalteceu a atuação anônima e de bastidores da sua unidade na nossa primeira conversa. A fama atrai olhares enviesados de alguns oficiais mais conservadores, mas Sánchez se apressa a negar qualquer implicação de carreirismo. Se tiver que abandonar o exército amanhã para ir ordenhar vacas em algum lugar, ele diz, é isso que vai fazer.

No entanto, também está claro que ele leva bem a sério o seu papel de relações-públicas da instituição. Quando perguntei se achava que a Operação Esperança mudou a visão da opinião pública a respeito dos militares na Colômbia, o general tinha todos os resultados relevantes das pesquisas de opinião ao alcance de um toque na tela do seu celular. E, sim, os índices de aprovação popular tiveram um pico breve em meados de 2023 – mas agora já voltaram a cair e estão ainda mais baixos do que os registrados no início dos anos 2000. Sánchez acredita que a cobertura do resgate feita pela imprensa relegou a participação dos soldados a um papel secundário. Os indígenas tiveram uma participação crucial nas buscas, mas ele faz questão de enfatizar que o sucesso do resgate foi baseado principalmente na estratégia, na tecnologia e no esforço de logística dos militares.

– Havia um clima de desconfiança e confronto – afirma ele. – Nós dizíamos para que prestassem atenção aos mapas, à bússola. E os indígenas queriam tomar *yagé* e falar com os espíritos.

No final, Sánchez conclui, os esforços feitos para trabalharem em conjunto apesar desse choque cultural trouxeram apenas a comprovação de uma coisa que ele já sabia: "A união faz a força", declara ele, antes de estender a mão para pegar um dos livros na sua prateleira abarrotada de volumes sobre liderança e desenvolvimento pessoal.

O título escolhido é *O Poder da Cabala*, e o general desliza o dedo pelas páginas até encontrar um trecho sublinhado. "Existem duas realidades básicas", ele lê: "O 1% da escuridão e os 99% da luz". Até hoje, existem alguns aspectos da operação para os quais ele acha difícil encontrar explicação lógica: a sobrevivência milagrosa das crianças, o fato de os esquadrões de elite não terem conseguido localizá-las e o papel desempenhado pelo *yagé* no resgate delas. O conhecimento, de acordo com o general, é como água despejada em um copo: se estiver cheio até a borda, não haverá espaço para novos aprendizados.

– É preciso deixar sempre o 1% para o mundo da escuridão – ele explica.

A impressão que eu tenho, no entanto, é de que os livros que tratam do estoicismo talvez ofereçam um apoio mais consistente para o trabalho diário desempenhado por Pedro Sánchez. Liderar as Forças Especiais na Colômbia pode ser como uma tarefa de Sísifo. No mesmo dia em que as crianças foram resgatadas, também havia soldados do CCOES trabalhando numa operação secreta e sem cobertura midiática, para eliminar um dos chefões do tráfico de drogas. Em outubro de 2023, um dos mesmos destacamentos que haviam atuado nas varreduras da bacia do Apaporis na busca pelas crianças foi responsável por matar El Gato, o guerrilheiro acusado de aliciar menores para atuarem no EMC. Em junho de 2024, no entanto, após o rompimento de um cessar-fogo, o EMC havia reforçado o controle sobre grandes áreas ao sul do país, abrindo fogo contra postos policiais e detonando bombas nas estradas contra populações civis. Os planos do presidente Petro de conseguir a assinatura de acordos de paz múltiplos com os muitos grupos armados atuantes no país estavam arruinados. Os esquadrões militares voltaram então à sua forma mais básica de atuação profissional, as missões do tipo "pegar ou matar".

E, com tanto dinheiro em jogo na disputa do controle pelas rotas fluviais do tráfico e tão pouca capacidade do Estado de vigiá-las, a morte de um dos chefões resulta apenas na ascensão de algum outro. O enfraquecimento de algum dos grupos armados ilegais leva a uma atuação mais ousada de outros. Sánchez, no entanto, dá a impressão de ter um estilo de atuação diferente do adotado por muitos dos seus antecessores. Depois do abraço trocado com Giovani Yule, o líder da nação Nasa, ele conquistou a confiança de uma boa parcela da população indígena, acendendo uma faísca de esperança pela melhoria das relações entre militares e civis na região amazônica. De todo modo, o general não alimenta ilusões quanto à situação difícil do Povo do Centro, cuja cultura tradicional está sob ameaça com o avanço da intromissão externa.

– Isso é um sinal da triste realidade do nosso país – diz ele, desesperançoso. – É uma realidade na qual a população se vê abandonada, à mercê dos grupos criminosos.

Sánchez reconhece também que muitos dos investimentos feitos para garantir mais proteção, melhor acesso e mais alcance dos serviços públicos nos povoados da floresta podem ter consequências diferentes das planejadas para as culturas originárias e para o meio ambiente.

– Há muita pobreza na região, mas às vezes a construção de uma nova pista de pouso pavimentada acaba levando ao desmatamento da floresta ao redor – ele explica. – É um equilíbrio muito difícil de gerenciar. Existe uma população que quer se desenvolver e prosperar, mas os grupos criminosos estão atrelados a ela.

Em dezembro de 2023, em resposta à pressão exercida por grupos indígenas, a Aerocivil anunciou o investimento de $ 750 mil na repavimentação da pista de pouso de Araracuara. O comunicado divulgado à imprensa afirmava que, além da melhoria das condições de pouso e decolagem, a obra serviria para fomentar o comércio e o turismo na região amazônica.

Mas é pouco provável que investimentos dessa ordem sejam efetivados enquanto a situação de segurança na bacia do Caquetá continuar tão instável. A relativa calmaria que eu constatei por lá na minha visita feita em novembro de 2023 provou ser apenas um breve respiro num processo maior de deterioração. Em junho de 2024, eu compareci ao jantar em comemoração pela formatura de Diana Mendoza na escola de enfermagem. Foi um momento de alegria, que contou com a presença de dezenas de membros da comunidade Uitoto residentes em Bogotá e teve brindes feitos com rodadas de uísque Johnny Walker, mas onde também se fez presente a tristeza por aqueles que não puderam brindar junto. Na parede, atrás do bolo de três andares coberto de glacê branco, viam-se retratos emoldurados de Herman Mendoza e também de sua mãe, esposa de Ismael, falecida em agosto de 2022.

Delio Mendoza, agora mais magro, e Ismael, vestindo terno marrom e gravata, fizeram discursos comoventes em homenagem a Herman e ao trabalho ao qual ele dedicou sua vida inteira. Ismael falou também do seu orgulho pela conquista de Diana e do desafio que os Uitoto enfrentam para alcançar seus objetivos profissionais em meio a todo o preconceito que sofrem e ao mesmo tempo conseguir conservar a conexão com a sua cultura nativa. A sua esperança, ele declarou, era um dia ver aquelas mesmas oportunidades serem oferecidas ao Povo do Centro em seu próprio território. Uma semana depois desse jantar comemorativo, a família Mendoza viu-se diante de mais uma tragédia: em Araracuara, um grupo de homens mascarados abateu a tiros um dos sobrinhos de Ismael, em plena luz do dia.

O EMC havia reconquistado o seu domínio sobre a bacia do rio Caquetá. Alguns meses antes, Sebastian Moreno, advogado de Manuel Ranoque, havia viajado até Puerto Sábalo na companhia de Don Rubio. Diante da assembleia de anciãos do povoado, ele havia solicitado o julgamento de seu cliente de acordo com os preceitos indígenas. Em troca, Manuel ressarciria à comunidade os fundos que retirara do projeto dos créditos de carbono. A assembleia recusou a solicitação.

– Eles me disseram que os guerrilheiros não dariam permissão – explica o advogado.

A situação de Moreno também não demoraria a se agravar. Durante a estada em Puerto Sábalo, o EMC anunciou o bloqueio armado da rota pelo rio Caquetá, e o advogado logo ficou sabendo que os guerrilheiros estavam atrás dele. Deitados no fundo de uma *lancha* para não serem vistos, Don Rubio e Sebastian Moreno partiram na calada da noite e passaram três dias escondidos num povoado rio abaixo. Por fim, o advogado conseguiu burlar a vigilância dos guerrilheiros e chegar até a pista de pouso de Araracuara, onde escapou a bordo de um avião de carga.

Depois de três dias falando com suas fontes em Puerto Sábalo, Moreno chegou à conclusão de que Manuel Ranoque havia mesmo sido ameaçado pela guerrilha.

– Disseram que eles o amarraram a uma árvore e o espancaram – conta o advogado. – E que perguntaram aos moradores se deveriam executá-lo ou não.

Os guerrilheiros têm punições severas para acusações de violência doméstica ou sexual nos povoados, diz Moreno. O próprio EMC negou ter feito ameaças a Manuel, e esse relato também não corresponde à história que William Castro me contou, mas a versão do advogado se encaixa com depoimentos que eu tive de outras fontes, pessoas que conversaram comigo com a condição de que suas identidades permanecessem no anonimato.

Se os guerrilheiros chegaram a ameaçar recrutar Lesly, ou se ela própria quis se juntar a eles para escapar dos abusos do padrasto, é algo que eu já não posso afirmar. O que se sabe é que há milhares de crianças na região amazônica e em outras partes remotas da Colômbia que se encontram em estado de alta vulnerabilidade, em razão da combinação entre a ausência do controle estatal e a presença de grupos criminosos armados. Os empregos oferecidos por esses grupos aos jovens indígenas em diversos tipos de operações ilegais dão a eles uma oportunidade rara de escapar da pobreza e conseguir prover sustento para suas famílias. O alimento e a assistência financeira garantidos à comunidade pelo EMC durante a pandemia de covid-19 também contribuíram para expandir a influência da organização em regiões negligenciadas pelo Estado. E, por fim, a justiça sumária aplicada pelos guerrilheiros contra sujeitos violentos e instáveis, como Manuel Ranoque, garante um mínimo de estabilidade social em territórios onde as forças policiais não atuam.

Tudo isso, no entanto, cobra o seu preço na forma de obediência e silêncio. Ao longo da pesquisa que fiz para este livro, eu ouvi queixas de muitos indígenas a respeito dos riscos físicos que a presença de grupos armados representava para eles próprios e para suas famílias, sobre a corrupção que o dinheiro vindo da guerrilha introduzia na política local e sobre a rápida erosão da sua cultura nativa por causa do acesso a drogas, armas e prostituição. Para alguns, a única solução acaba sendo deixar as terras de seus ancestrais para se instalar nas zonas mais pobres das grandes cidades, distantes das suas redes de apoio familiares e da cultura do seu povo. Essa havia sido a decisão tomada por Magdalena quando ela embarcou com seus filhos no Cessna HK-2803.

O rastro de violência impingida por grupos armados não é o único risco que ameaça as vulneráveis crianças da região amazônica. Às vezes, a ameaça está até mais perto de casa. A última conversa que tive com Manuel Ranoque foi por uma chamada de vídeo feita da cela onde ele estava, na ala destinada a condenados por crimes sexuais de um presídio de segurança máxima em Bogotá. Ele próprio havia solicitado a transferência para lá depois que um membro do EMC fora encarcerado na mesma cela que ocupava, na ala dos presos comuns. Sobre o processo, que ainda está tramitando na justiça, Manuel alega inocência. Ele diz que Lesly e Soleiny eram como se fossem suas próprias filhas, e que a determinação que demonstrou em encontrá-las durante as operações de busca na floresta é a prova da sua devoção às duas. E que, além disso, acrescenta, ele nunca tinha chance de ficar sozinho com as meninas. Seus dias eram passados organizando carregamentos de maconha, derrubando árvores e caçando, e Magdalena não gostava que ficasse dentro de casa.

Esse depoimento não deverá bastar para inocentá-lo. Além de já ter um histórico de declarações mentirosas – incluindo a afirmação de que Magdalena teria sobrevivido por quatro dias depois da queda do avião –, não é provável que Manuel consiga muitas testemunhas que confirmem suas palavras em Puerto Sábalo depois que ele desviou recursos do projeto dos créditos de carbono e de ter perturbado a ordem no povoado por causa do consumo de álcool. E, principalmente, existe o testemunho da própria Lesly, que o incrimina, e que é sustentado por evidências médicas. A menos que a menina volte atrás no que disse, o mais provável é que Manuel Ranoque cumpra entre catorze e vinte anos de prisão.

Se o Cessna não tivesse caído na floresta, os abusos cometidos por Manuel contra Lesly – caso sejam mesmo confirmados em tribunal – poderiam ter continuado a acontecer. Se as quatro crianças não tivessem sobrevivido de forma tão improvável até o dia do resgate, dificilmente haveria um julgamento. Quantos casos semelhantes devem seguir acontecendo na Amazônia colombiana e em outras regiões remotas do país, graças à certeza da impunidade? A triste realidade, confirmada por minhas conversas com ativistas da região e com membros de organizações internacionais, é que as já elevadas taxas de violência doméstica e sexual são provavelmente subnotificadas. Mesmo que contasse com mais recursos financeiros, dificilmente o ICBF poderia ampliar sua presença nos povoados mais remotos da Amazônia, em vista da situação de segurança atual.

A maior parte dos colombianos conhece muito bem os desafios aparentemente insuperáveis enfrentados pelo seu país e está farta deles. Numa nação de maioria mestiça, onde quase todos os habitantes têm algum sangue indígena nas veias, foi motivo de grande orgulho ver a história de sobrevivência de Lesly, Soleiny, Tien e Cristin dar ao mundo tamanho testemunho de resiliência humana e da importância de preservar os conhecimentos das culturas originárias. Lesly, em especial, foi alçada ao posto de heroína nacional, pela força e maturidade que demonstrou. A história dela se encaixou muito bem na visão que Gustavo Petro sustenta da Colômbia como uma "potência mundial da vida" – e essa é a mensagem que possivelmente será enfatizada no documentário sobre a história das crianças que recebeu recursos governamentais.

Para que o seu significado não se esvazie, entretanto, o país precisa estancar o acelerado processo de erosão das culturas indígenas. O sistema de crenças dos Uitoto e das muitas outras nações originárias da Amazônia faz parte do que o etnobotânico Wade Davis chama de "etnosfera", a soma de todas as crenças e ideias surgidas desde o começo da existência da raça humana. E ele constitui, na visão de Davis, "o maior legado da humanidade". Da mesma maneira que a biosfera sofre com a degradação de sistemas vegetais e animais, a etnosfera vem sendo erodida pela perda de culturas humanas no mundo, o que tem acontecido num ritmo cada vez mais acelerado. O conhecimento sobre a floresta passado de geração a geração, que foi o que deu a Lesly as ferramentas para salvar a si mesma e a seus irmãos, está sendo ameaçado pela indústria do extrativismo, pelas novas tecnologias e pela poderosa cultura globalizada. E esse mesmo tipo de ameaça recai também sobre a espiritualidade ancestral, que ajudou os voluntários indígenas a localizar as crianças perdidas, à medida que as novas gerações se afastam dos ensinamentos repassados por seus avós.

Homens como Don Rubio são um grupo em extinção. Nos dias que se seguiram ao resgate, ele conduziu uma cerimônia de purificação para os homens de Puerto Leguízamo que haviam encontrado as crianças. Na época, todos apresentavam sintomas análogos aos da gripe e dois tinham sinais de leishmaniose, mas eles se recuperaram completamente pouco tempo depois. Não havia nenhuma outra pessoa que tivesse os conhecimentos necessários para fazer rituais para a purificação do próprio Don Rubio, no entanto. Ele deixou a floresta com a garganta inflamada e rouquidão – as consequências, segundo explicou, de ter tido o pescoço agarrado pelo *duende*. Nos meses seguintes, a sua saúde física e mental continuou se deteriorando. Ele sofreu com os carrapatos e piolhos que tinha trazido da selva e podia sentir os parasitas se locomovendo em seu corpo. E, o que era ainda pior, segundo ele, a sua alma havia se contaminado com as energias soturnas dos espíritos da floresta e do *duende*. Ele sentiu que estava a ponto de perder a sanidade e em seguida caiu em depressão.

– A minha vontade era voltar para o *monte* e me afogar nas águas do rio – Don Rubio me disse.

Em abril de 2024, depois de retornar da perigosa jornada pelas águas do Caquetá na companhia do advogado de Manuel, Don Rubio decidiu visitar a casa de um amigo que vivia na floresta, nos arredores de Puerto Leguízamo. Lá, ele voltou a tomar o *yagé* pela primeira vez depois do tempo passado na bacia do Apaporis e tratou de preparar cuidadosamente o cipó, para que ele proporcionasse a purga de que necessitava. A bebida fez a limpeza do seu corpo, mas também aguçou sua consciência e lhe deu um novo sentido de propósito. Don Rubio pensou nos dois filhos que perdera e no risco de ver a sua herança desaparecer.

– Quando eu estiver totalmente recuperado, quero passar os ensinamentos adiante – foi o que ele me disse na última conversa que tivemos.

O curandeiro vinha reparando que mais jovens estavam começando a usar o *mambé* e sentia neles o anseio por aprender mais sobre o passado e a cultura do seu povo.

– Eu quero criar uma *maloca* onde possa ensinar esses rapazes a tratar pessoas usando as plantas, a entoar os cânticos, a tomar o *yagé* e a entrar em comunhão com os espíritos.

Rubio me pareceu animado. Ele estava muito falante e alegre, um sujeito diferente da figura taciturna e misteriosa da época da operação de busca na floresta. E ele tinha ainda uma última boa notícia: segundo me disse, Wilson estava vivo e com saúde. Rubio havia amargado acusações de que teria usado o cão dos militares como moeda de troca para reaver as crianças com vida. Mas agora, nas visões inspiradas pelo *yagé*, ele enxergara o pastor-belga caminhando pela mata junto com dois homens. Os homens lhe explicaram que Wilson havia fugido para ir atrás de uma fêmea de cachorro-vinagre que estava no cio, mas que agora estava sob a proteção deles.

– O Wilson está lá no Apaporis, e não foi devorado pelos tigres – Rubio diz. – O cão está bem.

Infelizmente, até a escrita deste livro ser concluída, Lesly, Soleiny, Tien e Cristin ainda não estavam livres para voltar a viver na floresta. Eles continuam sob a custódia do ICBF e o seu futuro é incerto. Entre muitos colombianos existe a esperança, ou mesmo até a expectativa, de que Lesly seja transformada num símbolo da cultura tradicional amazônica e numa defensora dos direitos indígenas, uma espécie de Greta Thunberg latino-americana.

Ainda não se sabe se a menina, que mal completou 14 anos, estará disposta a assumir esse papel. A Colômbia já deu ao mundo outras lendas vivas da Amazônia. Em 1976, Alberto Lesmes Rojas, conhecido como Kapax, completou a nado um percurso de 1.600 quilômetros pelas águas do rio Magdalena em cinco semanas. O feito transformou o "Tarzan da Amazônia" numa celebridade instantânea e num embaixador das causas ambientais da região. Aos 77 anos de idade, ele vive hoje numa casinha na zona central de Letícia. Ao longo dos anos que se passaram depois que nadou nas águas do rio Magdalena, Rojas viu 1 milhão de quilômetros quadrados de floresta serem desmatados em toda a Amazônia.

Desde que foi estabelecida como país, a Colômbia vem dando as costas para a selva e para os povos que vivem nela. Por toda a Amazônia colombiana, milhares de crianças em situação de vulnerabilidade sofrem os efeitos da negligência por parte do Estado, e muitas outras ainda serão perdidas para a floresta, recrutadas por grupos criminosos, cairão vítimas da violência doméstica ou acabarão sucumbindo ao alcoolismo ou ao vício em drogas. No entanto, apesar de tudo isso, o Povo do Centro – mesmo quando forçado a deixar o território nativo para ir morar nas grandes cidades – continua sentindo uma profunda conexão emocional com seus clãs tradicionais e com suas terras cobertas pela floresta.

Na última vez que Andrés foi visitar Soleiny, ele conta que a filha mais nova caiu no choro. "Eu só quero ir para casa", ela lhe disse.

Agradecimentos

Eu iniciei as pesquisas para este livro em Bogotá, a 600 quilômetros de distância do local onde a história se desenrolou e 2 mil metros mais perto do céu. O meu conhecimento sobre a floresta amazônica era limitado, e, se fui capaz de capturar nestas páginas algo da verdadeira essência amazônica, isso se deve à generosidade e paciência dos homens e mulheres Uitoto, Muinane e Andoque que se dispuseram a me ajudar ao longo dos meses seguintes. Num momento em que viajar até Araracuara e pelos trechos adjacentes do rio Caquetá parecia uma missão impossível, Ismael Mendoza se mostrou um guia fundamental e divertido. Eu nunca vou me esquecer dos dias compridos navegando pelo rio, da *caguana* e da anta defumada, e das conversas de rede para rede que tivemos ao longo daquela semana. Obrigado por tudo, Ismael.

Eu sou grato também à família Jacobombaire, pela confiança que depositou em mim quando eu tinha pouco a lhes oferecer além da curiosidade sobre a sua história. Em um momento que estava sendo tão difícil, Andrés, Rosamira e Jairo concordaram em se encontrar comigo e me ajudar a entender os acontecimentos que moldaram a trajetória de Magdalena até o dia do acidente. E, nesse aspecto, estendo meus agradecimentos também a Diana Rodríguez, que contribuiu com a sua perspectiva única. Magdalena, certamente, foi afortunada por ter contado com a sua amizade.

Preciso agradecer, ainda, a Edwin Paky pela explicação detalhada que forneceu sobre os esforços dos voluntários indígenas durante as buscas, e a Don Rubio pelas descrições vívidas dos efeitos do *yagé* e do aspecto do *duende*. Em Bogotá, eu contei com a generosidade do general Pedro Sánchez, que me cedeu muitas tardes do seu tempo para esmiuçar os detalhes da estratégia militar usada durante a Operação Esperança e para me ajudar a marcar encontros com os soldados e pilotos que haviam desempenhado papéis importantes no resgate das crianças.

Por fim, eu agradeço também a todos os *paisanos*, pilotos, policiais, antropólogos, especialistas em segurança e historiadores que concordaram em se encontrar comigo ao longo da minha pesquisa. Alguns foram citados diretamente nestas páginas, muitos não foram, mas nenhum deles tem responsabilidade sobre quaisquer erros publicados neste livro.

Em Londres, eu devo agradecimentos a Richard E. Kelly, por ter me esclarecido (mais uma vez) sobre os elementos fundamentais para a composição de uma narrativa, e a Nicole Wilkins, pelos esforços incansáveis de revisão e pelas sugestões. E deixo um "muito obrigado" também à minha companheira, Vivian Chen, por ter criado os belos mapas incluídos neste livro e por ter me dado o seu apoio durante a gestação dele.

MATRIX